myBook+

Ihr Portal für alle Online-Materialien zum Buch!

Arbeitshilfen, die über ein normales Buch hinaus eine digitale Dimension eröffnen. Je nach Thema Vorlagen, Informationsgrafiken, Tutorials, Videos oder speziell entwickelte Rechner – all das bietet Ihnen die Plattform myBook+.

Und so einfach geht's:

- Gehen Sie auf **https://mybookplus.de**, registrieren Sie sich und geben Sie Ihren Buchcode ein, um auf die Online-Materialien Ihres Buches zu gelangen
- **Ihren individuellen Buchcode finden Sie am Buchende**

Wir wünschen Ihnen viel Spaß mit myBook+!

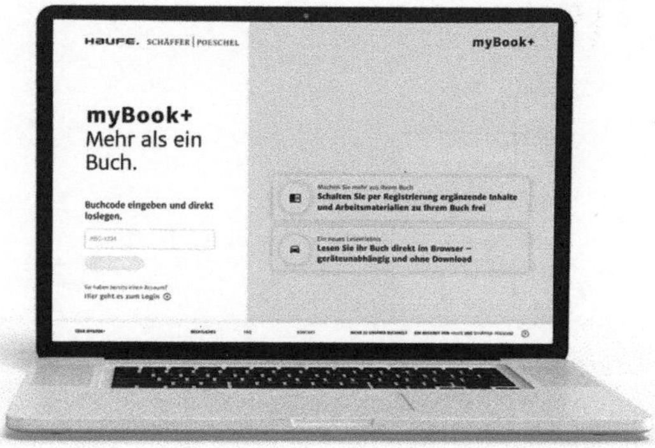

Eigenbedarf rechtssicher gestalten

Kathrin Gerber/Andrea Nasemann

Eigenbedarf rechtssicher gestalten

Wie Vermieter die Kündigung durchsetzen

1. Auflage

Haufe Group
Freiburg · München · Stuttgart

Bibliografische Information der Deutschen Nationalbibliothek

Die Deutsche Nationalbibliothek verzeichnet diese Publikation in der Deutschen Nationalbibliografie; detaillierte bibliografische Daten sind im Internet über http://dnb.dnb.de/ abrufbar.

Print: ISBN 978-3-648-18201-7 Bestell-Nr. 16117-0001
ePub: ISBN 978-3-648-18202-4 Bestell-Nr. 16117-0100
ePDF: ISBN 978-3-648-18203-1 Bestell-Nr. 16117-0150

Kathrin Gerber/Andrea Nasemann
Eigenbedarf rechtssicher gestalten
1. Auflage, Dezember 2024

Munzinger Str. 9, 79111 Freiburg
www.haufe.de | info@haufe.de

Bildnachweis (Cover): © Halfpoint, iStock

Produktmanagement: Jasmin Jallad
Lektorat: Cornelia Rüping

Inhaltsverzeichnis

Vorwort

Eigenbedarf ist der wichtigste und häufigste Grund für Kündigungen von Mietverträgen in Deutschland. Die Gerichte – allen voran das Bundesverfassungsgericht (BVerfG) – haben in einer Vielzahl von Entscheidungen die Voraussetzungen und Grenzen des Kündigungsrechts ausgelotet. Dennoch sind nicht alle Rechtsfragen geklärt. Zurück bleibt häufig ein verwirrter Immobilieneigentümer, der vieles falsch machen kann und nicht selten Lehrgeld bezahlen muss, wenn er wegen Eigenbedarfs kündigen will.

Zwar ist das berechtigte Interesse des Vermieters, seinen Wohnbedarf nach eigenen Vorstellungen und Wünschen zu bestimmen, längst anerkannt. Daher kann Eigenbedarf auch bei überhöhtem Wohnbedarf, einem nur vorübergehenden Bedarf und beim Wunsch, die gekündigte Wohnung als Zweitwohnung zu nutzen, geltend gemacht werden. Er kann hingegen abgelehnt werden, wenn er nur vorgeschoben ist und ganz andere Gründe eine Rolle spielen. Vorsicht ist daher bei Mietverhältnissen geboten, die bereits schlecht und von Zwistigkeiten zwischen Vermieter und Mieter geprägt sind. Kündigungen, die dazu dienen sollen, einen unliebsamen Mieter schnell loszuwerden, wird häufig kein Erfolg beschieden sein, wenn dieser sich dagegen wehrt. Zumindest ist das Gericht dann gehalten, den Eigenbedarfswunsch des Vermieters besonders sorgfältig zu prüfen.

Nicht nur in solchen Fällen können grobe Fehler des Vermieters, insbesondere bei der Begründung des Eigenbedarfs, zur Unwirksamkeit der Kündigung führen. Um den Auszug abzuwehren, können sich Mieter zudem auf sogenannte Härtegründe wie Alter, Krankheit, Schwangerschaft, Verwurzelung im Umfeld oder kurz bevorstehende Prüfungen berufen. Wegen Wohnungsknappheit keine neue Bleibe zu finden, kann ebenfalls ein Härtegrund sein. Mieter müssen jedoch nachweisen, dass sie intensiv gesucht haben. Gerichte sind zur genauen Nachprüfung der genannten Härtefallgründe und zur Interessenabwägung verpflichtet. Wird Mietern ein schützenswertes Interesse am Verbleib in der Wohnung zugebilligt, verlängert sich das Mietverhältnis um eine vom Gericht festzusetzende Frist.

Um nicht gegen den Mieter zu unterliegen, ist es ratsam, sich die vielen Hinweise und Tipps in diesem Fachbuch zu Gemüte zu führen. Im Einzelfall empfehlen die Autorinnen zusätzlich die Unterstützung durch versierte Fachleute, die auf Mietrecht spezialisiert sind. Allerdings sind Prozesse um Eigenbedarfskündigungen meist aufwändig, teuer und ziehen sich manchmal Jahre hin. Um gütlich langjährige Mietverhältnisse zu beenden, sollten vermietende Eigentümer früh mit ihren Mietern reden, damit diese sich mit ausreichend Vorlauf eine neue Wohnung suchen können. Auch nach dem Verschicken der Eigenbedarfskündigung sollten Mieter und Vermieter das Gespräch suchen. Es kann unter diesen Umständen sinnvoll sein, einen sogenannten Mietaufhebungsvertrag abzuschließen, der Rechtssicherheit für beide Seiten schafft. Gemeinsam wird darin ein verbindlicher Auszugstermin für den Mieter festgelegt. Zieht er an diesem Termin nicht aus, muss der Vermieter zwar ebenfalls eine Räumungsklage einlegen. Doch das Gericht entscheidet dann in der Regel schnell, da an dieser Stelle die Rechtmäßigkeit der Eigenbedarfskündigung nicht mehr überprüft wird. Die Rechtssicherheit gibt es für den Vermieter jedoch meist nicht kostenlos: Mieter fordern für ihren Auszug häufig eine Ablöse. Deren Höhe unterliegt dem Verhandlungsgeschick beider Seiten. Sie kann auch – je nach Zeitpunkt des Auszugs – gestaffelt werden. Diese elegante Lösung verhindert einen langjährigen Rechtsstreit und spart Kosten.

München, den 1.12.2024

Andrea Nasemann und Kathrin Gerber

1 Formalien der Kündigung wegen Eigenbedarfs

Bei der ordentlichen Kündigung wegen Eigenbedarfs muss der Vermieter bestimmte Formalien beachten. Vermieter und Mieter können jedes Mietverhältnis auch jederzeit einvernehmlich durch einen Mietaufhebungsvertrag beenden. Ein Zeitmietvertrag endet grundsätzlich ohne Zutun der Vertragspartner mit Ablauf der vereinbarten Mietzeit. Ansonsten bleibt nur die Kündigung, wenn sie gesetzlich möglich ist.

Jedoch berechtigt nicht jedes Problem mit dem Mieter den Vermieter zur Kündigung. Erforderlich ist – von wenigen Ausnahmen abgesehen –, dass ein Kündigungsgrund vorliegt, zum Beispiel Eigenbedarf. Eine ordentliche Kündigung wegen Eigenbedarfs kann ein Mietverhältnis, das auf unbestimmte Zeit geschlossen wurde, beenden. Bei vertraglichem Verzicht auf die ordentliche Kündigung oder bei einem Zeitmietvertrag kann der Vermieter dagegen nicht ordentlich kündigen. Abgesehen davon muss der Vermieter bei der Kündigung bestimmte Vorgaben beachten.

1.1 Einhaltung der Schriftform

Eine mündliche Kündigung von Wohnraum bleibt ohne Folgen, denn das Gesetz schreibt die Schriftform vor (§ 568 Abs. 1 BGB). Dies gilt sowohl für den Vermieter als auch den Mieter. Von der gesetzlichen Schriftform abweichende Regelungen im Mietvertrag sind unwirksam. Zur Einhaltung der Schriftform muss der Kündigende die Kündigungserklärung schriftlich abfassen und sie eigenhändig unterschreiben (§ 126 BGB). Es genügt die Unterzeichnung mit dem Nachnamen. Die Unterschrift muss unter dem Text der Kündigungserklärung stehen und diesen räumlich abschließen.

Achtung

Der Vermieter muss Mietverhältnisse über Wohnraum immer schriftlich kündigen und die Kündigung eigenhändig unterschreiben. Ein Namenstempel, die eingescannte Unterschrift oder eine Fotokopie genügen nicht – damit ist die Schriftform nicht eingehalten und die Kündigung unwirksam.

Die Schriftform kann gemäß § 126 Abs. 1 BGB durch die elektronische Form ersetzt werden, wenn sich aus dem Gesetz nicht etwas anderes ergibt. Weil sich in den mietrechtlichen Vorschriften keine Bestimmung findet, wonach die schriftliche Form nicht durch die elektronische Form ersetzt werden darf, ist dies auch bei Kündigung von Wohnraum grundsätzlich möglich. Wie eine derartige Erklärung in elektronischer Form auszusehen hat, ergibt sich aus § 126a BGB. Danach muss der Kündigende der

Erklärung seinen Namen hinzufügen und das elektronische Dokument mit einer qualifizierten elektronischen Signatur nach dem Signaturgesetz (SigG) versehen. Qualifizierte elektronische Signaturen sind elektronische Signaturen, die auf einem zum Zeitpunkt ihrer Erzeugung gültigen qualifizierten Zertifikat beruhen und mit einer sicheren Signaturerstellungseinheit erzeugt werden (§ 2 Nr. 3 SigG). Der Kündigende muss hierzu also ein entsprechend gestaltetes Zertifikat mit einer sicheren, eindeutig zuordenbaren Signaturerstellungseinheit haben.

Achtung

Die Versendung der Kündigung per E-Mail genügt den Anforderungen der qualifizierten elektronischen Form im Sinne des § 126a BGB in Verbindung mit dem Signaturgesetz grundsätzlich nicht.

1.2 Kündigung durch einen Bevollmächtigten

Der Vermieter kann einen Bevollmächtigten damit beauftragen, die Kündigung auszusprechen. Im Kündigungsschreiben muss dann aber klar auf das Vertretungsverhältnis hingewiesen werden (§ 164 BGB). Geeignet ist zum Beispiel folgende Formulierung: »Namens und in Vollmacht der Vermieter Herr X und Frau Y kündige ich das Mietverhältnis über die Räumlichkeiten ...«

Gemäß § 174 BGB ist die Kündigung unwirksam, wenn der Bevollmächtigte keine Vollmachtsurkunde vorlegt und der andere das Rechtsgeschäft aus diesem Grund unverzüglich zurückweist. Der Bevollmächtigte benötigt also eine von allen Vermietern unterschriebene Originalvollmacht. Sie ist dem Kündigungsschreiben beizufügen. Eine Fotokopie, eine beglaubigte Abschrift oder eine per Telefax übermittelte Vollmacht genügt nicht (BGH, Urteil vom 4.2.1981, VIII ZR 313/79).

Achtung

Fügt der Bevollmächtigte der Kündigung keine Originalvollmacht bei, ist die Kündigung nicht schon deshalb unwirksam. Der Kündigungsempfänger hat aber dann die Möglichkeit, die Kündigung aus diesem Grund unverzüglich zurückzuweisen. In einem solchen Fall ist die Kündigung wegen fehlender Originalvollmacht unwirksam (§ 174 BGB).

»Unverzüglich« bedeutet ohne schuldhaftes Zögern (§ 121 BGB). Dem Kündigungsempfänger ist eine angemessene Zeit zur Einholung von Rechtsrat zuzubilligen. Bei der Beurteilung der Frage, was noch als unverzüglich anzusehen ist, ist auf den jeweiligen Einzelfall abzustellen. Die Rechtsprechung hierzu ist nicht einheitlich. In der Regel gilt ein Zeitraum von einer Woche, höchstens aber von zwei Wochen als unverzüglich. Die Zeitdauer von zwei Wochen ist bereits der kritische Bereich, in dem es besonders eingehender Überprüfung bedarf, ob der Widersprechende seine Erklärung gegenüber dem Vertragspartner ohne schuldhaftes Zögern abgegeben hat (LG Hagen, Beschluss vom 7.9.1990, 13 T 500/90).

Bei Berufstätigen sahen die Gerichte eine Zurückweisung innerhalb von ein bis zwei Wochen als rechtzeitig an (LG München II, Urteil vom 20.6.1995, 12 S 5539/94; LG Hamburg, Urteil vom 20.10.1998, 316 S 126/98).

Die Zurückweisung kann auch nach 26 Tagen seit dem Zugang der Kündigung noch unverzüglich sein, wenn der Kündigungsempfänger zum Zeitpunkt des Zugangs der Kündigung in Urlaub war (OLG München, Urteil vom 4.8.1995, 21 U 5934/94).

Nicht unverzüglich ist die Zurückweisung jedoch, wenn sie über die Geschäftsstelle des Gerichts geleitet wird und deshalb dem Kündigenden erst nach einem Monat zugeht.

Die Beweislast für den rechtzeitigen Zugang der Zurückweisung trägt der Kündigungsempfänger.

Es gibt eine Ausnahme: § 174 BGB ist nicht anwendbar, es muss also keine Vollmacht vorgelegt werden, wenn sich die Vertretungsmacht aus dem Gesetz oder einem öffentlichen Register ergibt, zum Beispiel bei der Kündigung durch

- den Geschäftsführer einer GmbH (§ 35 GmbHG),
- den Vorstand einer Aktiengesellschaft (§ 78 AktG),
- den Vorstand einer Genossenschaft (§ 24 GenG),
- den Vorstand eines Vereins (§ 26 BGB) sowie
- den Gesellschafter einer OHG (§ 125 HGB).

Im Unterschied dazu muss der Vertretungsberechtigte bei einer Gesellschaft bürgerlichen Rechts (GbR, zum Beispiel bei einer Erben- oder Eigentümergemeinschaft) seine Vertretungsmacht nachweisen. Denn die Vertretungsmacht ergibt sich in diesem Fall weder aus dem Gesetz noch aus einem öffentlichen Register. Der Nachweis der Vertretungsmacht kann erfolgen, indem der Vertretungsberechtigte der Kündigung eine von den anderen Gesellschaftern unterschriebene Vollmacht, den Gesellschaftsvertrag oder eine Erklärung der anderen Gesellschafter beifügt, sofern sich daraus die Befugnis des handelnden Gesellschafters zur alleinigen Vertretung der Gesellschaft ergibt (BGH, Urteil vom 9.11.2001, LwZR 4/C1).

Weist der Kündigungsempfänger die Kündigung nicht, nicht unverzüglich oder nicht ausdrücklich wegen fehlender Originalvollmacht zurück, ist die Kündigung auch ohne Vollmachtsvorlage wirksam.

Der Kündigungsempfänger ist nicht zur Zurückweisung der Kündigung wegen fehlender Vollmacht berechtigt, wenn der Vollmachtgeber den Kündigungsempfänger von der Bevollmächtigung in Kenntnis gesetzt hatte (§ 174 Satz 2 BGB).

§ 174 BGB bezieht sich auf den Fall, dass die Kündigung von einem Bevollmächtigten, das heißt von einer zur Kündigung berechtigten Person, erklärt wurde, und diese lediglich keine Originalvollmacht vorgelegt hat. Unterschreibt die Kündigung dagegen eine hierzu nicht bevollmächtigte Person, ist die Kündigung schon wegen fehlender Vertretungsvollmacht grundsätzlich unwirksam (§ 180 Satz 1 BGB). Jedoch kann die Kündigung vom Berechtigten nachträglich genehmigt und damit wirksam gemacht werden, wenn der Kündigungsempfänger die vom Vertreter durch die Unterzeichnung der Kündigung konkludent behauptete Vertretungsmacht nicht beanstandet (§§ 180 Satz 2, 177 BGB). Sofern zum Beispiel ein Mangel der Vertretungsmacht bei einer Kündigung durch die Hausverwaltung vorlag, muss der Mieter die Erklärung nach § 180 Satz 2 BGB zurückweisen. Hat er dies nicht getan, kann der Vermieter die Kündigung nachträglich genehmigen und damit eine rückwirkende Wirksamkeit herbeiführen. Eine solche Genehmigung ist in der Erhebung der Räumungsklage zu sehen (AG München, Urteil vom 15.2.2018, 423 C 14088/17).

Der Umfang der Vollmacht sollte genau festgelegt sein. Eine Vollmacht, die sich lediglich auf eine außerordentliche fristlose Kündigung bezieht, bevollmächtigt zum Beispiel nicht zu einer hilfsweise ausgesprochenen ordentlichen Kündigung (LG Berlin, Urteil vom 8.10.2001, 61 S 608/00).

1.3 Kündigung bei mehreren Vermietern oder Mietern

Alle Vermieter müssen die Kündigung gegenüber allen Mietern aussprechen. Das bedeutet: Als Absender der Kündigung sind alle Vermieter anzugeben, zum Beispiel alle Beteiligten einer Eigentümer- oder Erbengemeinschaft, und als Adressaten alle Mieter, zum Beispiel beide Ehegatten. Alle Vermieter müssen die Kündigung unterschreiben, andernfalls ist die Kündigung unwirksam. Allerdings kann ein Mitvermieter die anderen beim Ausspruch der Kündigung vertreten. Dann muss er sein Vertretungsverhältnis offenlegen und eine Originalvollmacht vorlegen.

Weigert sich ein Mitvermieter, an der Kündigung mitzuwirken, kann er von den anderen Mitvermietern verklagt und vom Gericht zur Mitwirkung verurteilt werden (OLG Hamburg, Urteil vom 1.6.2001, 11 U47/01).

Mehrere Vermieter können auch in unterschiedlichen Schreiben kündigen. Für den Kündigungszeitpunkt kommt es dann auf den Zugang des letzten Schreibens an.

Beispiel

Bei Vermietung einer Wohnung durch zwei Miteigentümer bleiben beide auch dann Vermieter – und ist eine Kündigung gegenüber dem Mieter demgemäß von beiden Vermietern auszusprechen –, wenn der eine seinen Miteigentumsanteil später an den anderen veräußert (BGH, Beschluss vom 9.1.2019, VIII ZB 26/17).

Der Fall: Die Klägerin und ihr Ehemann waren zunächst Miteigentümer eines Zweifamilienhauses und vermieteten im Jahr 2013 eine der beiden Wohnungen. Später wurde die Klägerin durch Übertragung des Miteigentumsanteils ihres Ehemanns Alleineigentümerin des Anwesens. Sie erklärte im Jahr 2016 die Kündigung des Mietvertrags.

Die Kündigung sei unwirksam, entschied der Bundesgerichtshof (BGH). Denn die Kündigung hätte auch von dem früheren Ehemann erklärt werden müssen. An dessen Vermieterstellung hätte sich durch die Übertragung seines Miteigentumsanteils an die Klägerin nichts geändert. Die Vorschrift des § 566 BGB, die den Fall regelt, dass der neue Eigentümer anstelle des bisherigen in den Mietvertrag eintritt, finde auf einen solchen Eigentumserwerb weder direkte noch analoge Anwendung. Denn nach dem Wortlaut des § 566 BGB müsse die Veräußerung an einen Dritten erfolgen, der bis zum Erwerb nicht Vermieter war. Auch sei Sinn und Zweck des § 566 BGB der Schutz des Mieters vor einem Verlust des Besitzes an der Wohnung gegenüber einem neuem Erwerber im Fall der Veräußerung der Mietsache. Dieser Schutzzweck sei von vornherein nicht berührt, wenn – wie hier – einer von zwei vermietenden Miteigentümern seinen Eigentumsanteil auf den anderen überträgt, sodass dieser Alleineigentümer der Mietsache wird.

Ein Mietverhältnis, an dem auf Mieterseite mehrere Personen beteiligt sind, kann wirksam nur gegenüber allen Vertragsparteien gekündigt werden. Dies gilt auch dann, wenn ein Mitmieter nur zu Sicherungszwecken als weiterer solventer Schuldner in den Mietvertrag mit aufgenommen wurde und in die Wohnung nie eingezogen ist (AG Ludwigsburg, Urteil vom 8.12.2022, 1 C 843/22). Nur ausnahmsweise kann die Berufung eines Mieters auf die Notwendigkeit einer Kündigung auch gegenüber dem anderen Mieter treuwidrig sein (BGH, Urteil vom 19.9.2018, VIII ZR 261/17). Davon ist zum Beispiel auszugehen, wenn der eine Mieter an einer Vertragsänderung zur Entlassung des anderen Mieters nicht mitwirkt und für die fehlende Mitwirkung auch keine schutzwürdigen Belange existieren (BGH, Urteil vom 16.3.2005, VIII ZR 14/04).

1.4 Wann die Kündigung dem Mieter wirksam zugeht

Eine Kündigung ist eine einseitige empfangsbedürftige Willenserklärung und wird erst in dem Zeitpunkt wirksam, in welchem sie dem Kündigungsempfänger zugegangen ist (§ 130 Abs. 1 BGB). Die Kündigung muss hierfür so in den Machtbereich des Empfängers gelangen, dass dieser unter gewöhnlichen Umständen unter Berücksichtigung der Verkehrsauffassung die Möglichkeit hat, von ihrem Inhalt Kenntnis zu nehmen (BGH, Urteil vom 13.2.1980, VIII ZR 5/79).

Eine Annahme der Kündigung durch den Kündigungsempfänger ist nicht erforderlich. Demzufolge ist ein Schweigen auf die Kündigung bedeutungslos und bewirkt insbesondere kein Einverständnis des Kündigungsempfängers mit der Kündigung.

Zum Machtbereich des Empfängers gehören auch die von ihm zur Entgegennahme von Erklärungen bereitgehaltenen Einrichtungen wie zum Beispiel ein Briefkasten. Bei Einwurf in den Briefkasten geht das Schreiben dann zu, wenn nach der Verkehrsanschauung mit der nächsten Leerung des Briefkastens zu rechnen ist. Es kommt nicht darauf an, wann der Mieter den Briefkasten tatsächlich leert. Danach geht beispielsweise eine nachts eingeworfene Kündigung erst am nächsten Morgen zu (BAG, Urteil vom 12.8.1983, 2 AZR 337/82).

Ein nach 16:00 Uhr in den Briefkasten eingeworfenes Schreiben geht nach Ansicht des LG Berlin auch erst am darauffolgenden Tag zu. Denn nach der Verkehrssitte kann nicht in jedem Fall davon ausgegangen werden, dass ein Mieter nach 16:00 Uhr noch seinen Hausbriefkasten leert. Eine Privatperson muss regelmäßig nicht damit rechnen, dass noch am späten Nachmittag Post in ihren Briefkasten eingeworfen wird. Die Rechtsprechung, nach der ein Zugang innerhalb der gewöhnlichen Geschäftszeiten zu erwarten ist, gilt nur für Geschäftsbriefkästen, nicht jedoch für Briefkästen, die zur Wohnung von Privatleuten gehören (LG Berlin, Urteil vom 13.11.2001, 65 S 132/01).

Dementsprechend geht ein Kündigungsschreiben nicht schon am dritten Werktag zu, wenn der Kündigende es erst um 22:30 Uhr in den Briefkasten des Empfängers wirft und diesen mündlich über den Einwurf und den Inhalt informiert. Die bloß mündliche Information über den Einwurf wahrt zum einen das Schriftformgebot nicht. Zum anderen verlegt die mündliche Information um 22:30 Uhr auch den Zeitpunkt der erwartbaren Kenntnisnahme nicht auf den Zeitpunkt der mündlichen Information vor (LG Krefeld, Urteil vom 21.9.2022, 2 S 27/21).

Hat der Empfänger jedoch aufgrund seiner besonderen Situation mit dem Zugang des Schreibens zu rechnen, kann dieses ausnahmsweise bereits mit Einwurf in den Briefkasten am Abend – hier 18:05 Uhr – zugehen (LG München II, Urteil vom 14.11.1991, 8 S 983/91).

Von der wirksamen Zustellung durch Einlegen in den Hausbriefkasten ist auch dann auszugehen, wenn der Briefkasten zwar defekt ist, zum Beispiel weil die Klappe fehlt, der Mieter den Mangel jedoch bereits über ein Jahr akzeptiert hatte (AG Berlin-Wedding, Urteil vom 17.2.2016, 18 C 380/15).

Ist kein Briefkasten vorhanden, kann der Vermieter das Schreiben zustellen, indem er es unter der Wohnungstür durchschiebt oder an die Türe heftet. Der Zugangsbeweis kann hierbei sogar mit der Zeugenaussage zu den Beobachtungen eines siebenjährigen Kindes erbracht werden (AG Bergisch Gladbach, Urteil vom 11.8.1993, 61 C 705/92).

Hinweis

Ist der Empfänger im Urlaub oder im Krankenhaus, hindert dies den Zugang nicht. Der Mieter muss bei längerer Abwesenheit Vorkehrungen treffen, dass ihn die Post erreicht, zum Beispiel einen Nachsendeantrag stellen oder jemanden mit der Leerung des Briefkastens beauftragen.

Das Schreiben gilt auch dann als zugegangen, wenn der Empfänger den Zugang arglistig vereitelt. Davon ist zum Beispiel auszugehen, wenn der Mieter keinen mit seinem Namen beschrifteten Briefkasten oder ähnliche Zugangsvorrichtung bereithält. Denn im Rahmen des Mietverhältnisses hat der Mieter die Obliegenheit, Vorkehrungen für den Zugang mietvertraglich relevanter Erklärungen bereitzuhalten (LG Berlin, Urteil vom 10.10.2001, 63 S 87/01). Erreichen ihn Erklärungen des Vermieters mangels erforderlicher Vorkehrungen nicht, muss der Mieter sich so behandeln lassen, als sei ihm die Erklärung zugegangen.

Auch wenn der Empfänger die Annahme unberechtigt verweigert, gilt das Schreiben als zugegangen (BGH, Urteil vom 27.10.1982, V ZR 24/82). Bei unzureichender Frankierung oder falscher Adressierung wäre der Mieter allerdings dazu berechtigt, die Annahme zu verweigern.

Ein Schreiben kann auch dann wirksam zugehen, wenn ein Empfangsbote es entgegennimmt. Empfangsbote ist, wer vom Empfänger zur Entgegennahme von Erklärungen bestellt wurde oder nach der Verkehrsanschauung als bestellt anzusehen ist. Das Schreiben geht dem Kündigungsempfänger allerdings nicht bereits mit der Übermittlung an den Empfangsboten zu, sondern erst dann, wenn mit dessen Weitergabe unter gewöhnlichen Verhältnissen zu rechnen ist. Das Risiko der fehlerhaften Übermittlung trägt der Empfänger. Leben Ehegatten in einer gemeinsamen Wohnung, sind sie nach der Verkehrsanschauung grundsätzlich füreinander als Empfangsboten anzusehen. Dies gilt auch, wenn das Schreiben dem Ehegatten des Kündigungsadressaten außerhalb der Wohnung übergeben wird. Denn in beiden Fällen ist nach der Verkehrsanschauung davon auszugehen, dass der Ehegatte das Schreiben dem Kündigungsadressaten aushändigt. In der Regel ist mit einer Aushändigung des Kündigungsschreibens am Tag der Übergabe zu rechnen (BAG, Urteil vom 9.6.2011, 6 AZR 687/09).

Die hier dargelegten Grundsätze gelten nicht nur für Eheleute, sondern auch für in der Wohnung des Empfängers lebende sonstige Angehörige und Haushaltsmitglieder, insbesondere also für den Partner einer nichtehelichen Lebensgemeinschaft (vgl. BGH, Urteil vom 17.3.1994, X ZR 80/92). Gleiches gilt für die Schwägerin, auch wenn sie einen Stock tiefer im selben Gebäude wohnt (OLG Köln, Beschluss vom 18.1.2006, 22 U 164/05). Dagegen kann ein allein in der Wohnung des Mieters lebender Untermieter im Allgemeinen nicht als Empfangsbote angesehen werden (LG München I, Urteil vom 28.6.2007, 31 S 14583/06).

Kündigungszugang bei bestehender Betreuung des Mieters für Wohnungsangelegenheiten

Steht der Wohnraummieter für den Bereich Wohnungsangelegenheiten unter Betreuung, muss eine Kündigung dem Betreuer zugestellt werden (§ 131 Abs. 2 BGB in Verbindung mit § 1903 Abs. 1 Satz 2 BGB). Es reicht nicht aus, wenn der Betreuer auf anderem Wege – etwa durch eine Abschrift – von der Kündigungserklärung erfährt. Denn der Zweck des § 131 BGB – Schutz des Geschäftsunfähigen – darf nicht dadurch unterlaufen werden, dass der Kündigungszugang fingiert wird. Das Verhalten ist auch nicht treuwidrig im Sinne von § 242 BGB, wenn der Wohnungsmieter bzw. sein Vertreter in der außergerichtlich geführten Korrespondenz zu keinem Zeitpunkt den fehlenden ordnungsgemäßen Zugang gerügt hat (AG Idar-Oberstein, Urteil vom 21.6.2018, 303 C 784/17).

Wie der Zugang nachgewiesen werden kann

Es kommt immer wieder vor, dass ein Adressat vorgibt, eine Kündigung nicht erhalten zu haben. In diesem Fall muss der Kündigende den Zugang beim Empfänger beweisen. Um auf Nummer sicher zu gehen, sollte der Vermieter wichtige Schreiben daher nachweisbar zustellen.

Bei wichtigen Erklärungen im Mietrecht kann es darauf ankommen, dass sie den Empfänger rechtzeitig erreichen, weil Fristen in Gang gesetzt werden. Dann stellt sich die Frage, wie das Schreiben wirksam zugestellt werden kann. Für die verschiedenen Zustellmöglichkeiten gilt Folgendes:

- Bei Versendung eines Briefs auf dem normalen Postweg mit Einwurf in den Hausbriefkasten kann der Vermieter den Zugang beim Adressaten nicht nachweisen.
- Beim Einwurf-Einschreiben wirft der Postbote das Einschreiben in den Briefkasten und bestätigt den Einwurf auf einem Auslieferungsbeleg. Der Absender kann sich gegen Entgelt einen schriftlichen Datenauszug von der Post zuschicken lassen. Hieraus lässt sich entnehmen, wann der Brief eingeworfen wurde. Die Gerichte sind jedoch unterschiedlicher Auffassung, ob ein solcher Datenauszug als Beweis für den Zugang ausreicht.

- Ein Einschreiben mit Rückschein geht zu, wenn der angetroffene Mieter die Übergabe selbst quittiert. Der Absender erhält den Rückschein mit Datum des Zugangs und der Unterschrift des Empfängers. Mit dem Rückschein kann der Zugang nachgewiesen werden. Trifft der Postbote den Mieter nicht an und hinterlässt einen Benachrichtigungsschein, dass das Einschreiben bei der Post abgeholt werden kann, ist das Einschreiben noch nicht zugegangen. Das ist erst der Fall, wenn es beim Postamt abgeholt wird. Holt der Empfänger den Einschreibebrief nicht ab, muss er sich jedoch so behandeln lassen, als sei ihm dieser zugegangen, wenn er damit rechnen musste, dass er ein Kündigungsschreiben bekommt (LG Osnabrück, Urteil vom 16.6.2000, 12 S 1325/99).
- Der Vermieter kann auch einen Boten beauftragen, der das Schreiben persönlich übergibt oder in den Briefkasten einwirft. Der Bote ist anzuhalten, das Originalschreiben durchzulesen. Bei der Botenzustellung enthält das Original des Schreibens über der Anschrift des Empfängers den Zusatz »durch Boten«. Auf der Durchschrift der Erklärung wird vermerkt, dass der Bote das Original gelesen und wann er es in den Briefkasten des Empfängers eingeworfen hat. Dies bestätigt der Bote durch seine Unterschrift. Wirft der Bote das Originalschreiben in den Briefkasten, gilt es grundsätzlich auch dann als zugegangen, wenn der Adressat abwesend ist.
- Der Zugangsnachweis kann auch geführt werden, wenn der Vermieter selbst die Kündigung im Beisein von Zeugen, die den Inhalt des Schreibens kennen, übergibt oder sich den Erhalt quittieren lässt.
- Darüber hinaus besteht die Möglichkeit, einen Gerichtsvollzieher mit der Zustellung zu beauftragen (§ 132 Abs. 1 BGB). Jeder Gerichtsvollzieher im Bundesgebiet kann eine Willenserklärung zustellen. Die entsprechenden Adressen können einfach beim örtlichen Amtsgericht erfragt werden. Soll die Zustellung im eigenen Gerichtsvollzieherbezirk erfolgen, kann der Gerichtsvollzieher die Zustellung persönlich vornehmen. Er übergibt das Schreiben dann dem Empfänger oder, falls er den Adressaten nicht antrifft, einem erwachsenen Familienangehörigen oder Mitbewohner bzw. wirft das Schreiben in den Briefkasten des Empfängers ein. In der Zustellungsurkunde hält er Ort, Datum und Uhrzeit der Aushändigung fest, auch an wen und in welcher Form die Zustellung erfolgt ist. Die Zustellungsurkunde verbindet er dann mit der beglaubigten Abschrift des zugestellten Schriftstücks und sendet beides an den Auftraggeber zurück. Damit gilt es als zugegangen.

  Wohnt der Empfänger nicht am Sitz des Gerichtsvollziehers, kann der Gerichtsvollzieher per Post zustellen. Der Gerichtsvollzieher übergibt das zuzustellende Schreiben in einem entsprechenden Umschlag mit einer Zustellungsurkunde an die Post und der Postbeamte stellt das Schriftstück dem Empfänger zu. Die erfolgte Zustellung bestätigt der Postbeamte auf der beigefügten Zustellungsurkunde und sendet diese an den Gerichtsvollzieher zurück. Mit dem Einwurf in den Briefkasten des Adressaten durch den Postboten gilt das Schreiben als zugestellt, Fristen werden ab dem Zeitpunkt der Zustellung in Gang gesetzt.

Tipp

Die sicherste Methode, um ein wichtiges Schreiben zeitnah und nachweisbar zuzustellen, ist die Botenzustellung.

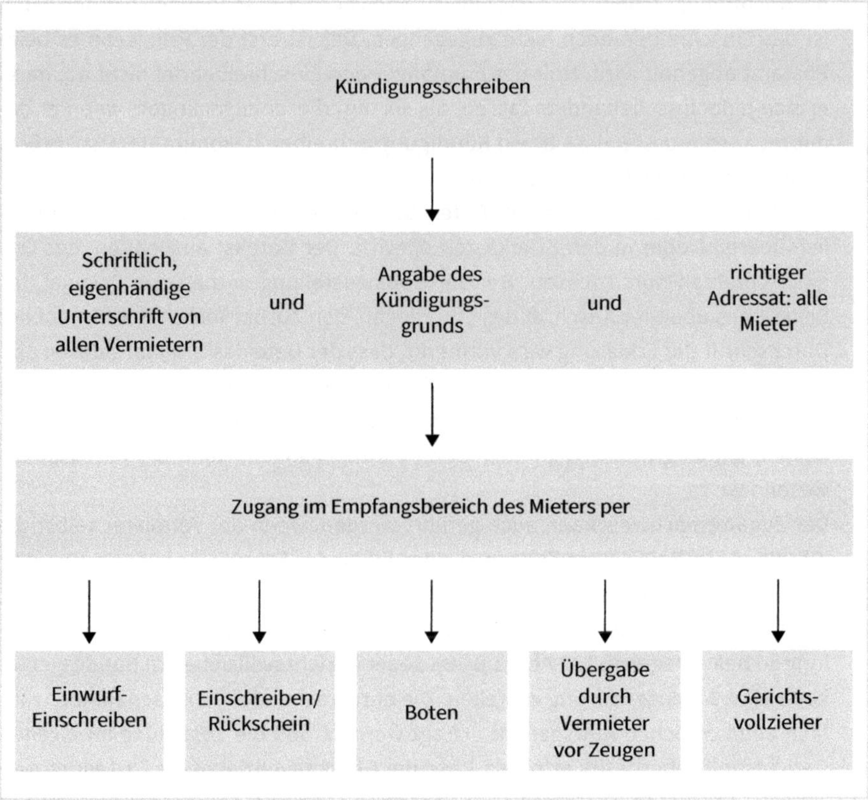

Abb. 1: Formalien der Kündigung durch den Vermieter

1.5 Eindeutigkeit der Kündigung

Der Kündigende muss im Kündigungsschreiben eindeutig und unzweifelhaft zum Ausdruck bringen, dass er das Mietverhältnis beenden will. Deshalb sollte im Kündigungsschreiben das Wort »Kündigung« enthalten sein.

Achtung

Die Kündigung darf grundsätzlich nicht unter einer Bedingung ausgesprochen werden. Unwirksam ist eine Kündigung des Vermieters zum Beispiel, wenn dieser seine bisherige Wohnung aufgeben muss oder der Mieter die Schönheitsreparaturen nicht durchführt.

Die Kündigung wird mit Zugang wirksam, wenn nicht dem Kündigungsempfänger zuvor oder gleichzeitig ein Widerruf zugeht. Eine Rücknahme oder ein Widerruf der Kündigung ist nach Zugang nicht mehr möglich, kann aber als Angebot zur Fortsetzung oder Neubegründung des Mietverhältnisses ausgelegt werden.

Da die Kündigung des Mietverhältnisses als Gestaltungsrecht grundsätzlich bedingungsfeindlich ist, kann sie nicht einseitig zurückgenommen werden. Beruft sich der Vermieter nach seiner gegenüber dem Mieter erklärten fristlosen Kündigung auf die Unwirksamkeit seiner eigenen Kündigung und fordert die Fortsetzung des Mietverhältnisses, um weitere Mietforderungen geltend machen zu können, stellt dies ein widersprüchliches Verhalten im Sinne von § 242 BGB dar, das gegen den Grundsatz von Treu und Glauben verstößt (AG Donaueschingen, Urteil vom 22.7.2022, 2 C 30/22).

1.6 Unzulässige Teilkündigung

Eine Teilkündigung des Mietverhältnisses ist grundsätzlich unzulässig; der Vermieter kann ein Mietverhältnis nur als Ganzes kündigen. Ausnahme: Eine Teilkündigung von nicht zum Wohnen bestimmten Nebenräumen (zum Beispiel ein Speicher) oder von Grundstücksteilen (zum Beispiel ein Garten) ist ausnahmsweise unter den Voraussetzungen des § 573b BGB zulässig, wenn der Vermieter die Kündigung auf diese Räume oder Grundstücksteile beschränkt und sie dazu verwenden will, Wohnraum zum Zweck der Vermietung zu schaffen oder den neu zu schaffenden und den vorhandenen Wohnraum mit Nebenräumen oder Grundstücksteilen auszustatten.

1.7 Widerspruch gegen stillschweigende Verlängerung

Setzt der Mieter das Mietverhältnis nach Beendigung mit Wissen des Vermieters fort, verlängert sich das Mietverhältnis auf unbestimmte Zeit, wenn nicht eine Vertragspartei innerhalb von zwei Wochen widerspricht (§ 545 BGB). Die Folge davon: Der Vermieter muss erneut kündigen. Bereits im Kündigungsschreiben sollte er also einer stillschweigenden Verlängerung des Mietverhältnisses über den Beendigungszeitpunkt hinaus im Sinne von § 545 BGB widersprechen (siehe auch Kapitel 7.1).

1.8 Vermieter muss Eigenbedarf begründen

Eine ordentliche Kündigung ist nur dann wirksam, wenn der Vermieter ein berechtigtes Interesse wie etwa Eigenbedarf hat. Das gilt selbst dann, wenn der Mieter noch nicht in die Wohnung eingezogen ist, aber der Vertrag schon abgeschlossen wurde.

Wann der Vermieter im Einzelnen ein berechtigtes Interesse hat, ist beispielhaft in § 573 Abs. 2 BGB geregelt. Danach liegt insbesondere ein Kündigungsgrund vor, wenn der Vermieter die Räume als Wohnung für sich oder seine Angehörigen benötigt, also Eigenbedarf hat (§ 573 Abs. 2 Nr. 2 BGB).

Achtung

Das Kündigungsschreiben des Vermieters muss die Gründe, aus denen sich der Eigenbedarf für die Kündigung ergibt, konkret unter Darlegung eines nachprüfbaren Sachverhalts beinhalten (§ 573 Abs. 3 BGB). Dies gilt grundsätzlich auch dann, wenn der Vermieter seinem Mieter die Gründe bereits vorher mündlich oder schriftlich mitgeteilt hat (BayObLG, RE vom 17.12.1984, RE-Miet 6/84). Denn dem Mieter soll zum frühestmöglichen Zeitpunkt klar sein, ob er sich gegen die Kündigung erfolgreich wehren soll und kann.

Wurde die Kündigung gar nicht oder nicht ausreichend begründet, ist sie unwirksam. Eine einmal unwirksam ausgesprochene Kündigung lässt sich auch nicht durch das Nachschieben von Gründen heilen. In diesem Fall muss der Vermieter erneut unter Einhaltung der Kündigungsfrist kündigen. Nur für Gründe, die nach einer wirksamen Kündigung entstanden sind, kommt ein Nachschieben und ggf. deren Berücksichtigung bei einer Räumungsklage in Betracht. Die Kündigung kann auch dann wirksam bleiben, wenn der im Kündigungsschreiben angegebene rechtfertigende Grund für die Beendigung des Mietverhältnisses nach Ausspruch der Kündigung entfällt, aber neue nachträglich entstandene Gründe die Kündigung stützen können.

Hinweis

Es gibt Ausnahmen von der Begründungspflicht: Die erleichterte Kündigungsmöglichkeit einer Wohnung in einem vom Vermieter selbst bewohnten Zweifamilienhaus (§ 573a Abs. 1 BGB). Darüber hinaus ist der Mieter bei bestimmten Mietverhältnissen nach § 549 Abs. 2 BGB nicht vor einer Eigenbedarfskündigung geschützt (Näheres hierzu siehe Kapitel 5).

1.9 Vertraglicher Ausschluss des ordentlichen Kündigungsrechts

Die Mietvertragsparteien können ein Interesse daran haben, dass der Mietvertrag eine gewisse Zeit andauert. Der Vermieter will sichergehen, dass der Mieter nicht gleich wieder kündigt und er gleich wieder einen neuen Mieter suchen muss – der Vermieter ist also daran interessiert, dass der Mieter zumindest eine Zeit lang am Mietvertrag festhält. Der Mieter möchte Sicherheit, dass er für eine gewisse Zeit nicht mit einer Eigenbedarfskündigung des Vermieters rechnen muss.

Seit dem 1.9.2001 ist ein einfacher Zeitmietvertrag nicht mehr möglich. Ein Zeitmietvertrag, der für eine bestimmte Zeit abgeschlossen ist und während seiner Dauer nicht ordentlich gekündigt werden kann, kann für Wohnraum nur noch dann wirksam abgeschlossen werden, wenn für die Befristung ein gesetzlich vorgesehener Grund vorliegt, zum Beispiel Eigenbedarf nach Ablauf der Mietzeit.

Liegt bei Vertragsschluss kein Befristungsgrund auf Vermieterseite vor, so kann dem Interesse der Vertragsparteien an einer langfristigen Bindung des Mietverhältnisses dadurch Rechnung getragen werden, dass die Parteien einen unbefristeten Mietvertrag schließen und für einen vertraglich festgelegten Zeitraum das ordentliche Kündigungsrecht beiderseits ausschließen.

Ein individualvertraglich vereinbarter Kündigungsverzicht ist grundsätzlich ohne zeitliche Beschränkung wirksam (BGH, Urteil vom 22.12.2003, VIII ZR 81/03). Dementsprechend ist ein individualvertraglich vereinbarter Kündigungsausschluss für die Dauer von zehn Jahren grundsätzlich zulässig (BGH, Urteil vom 13.10.2010, VIII ZR 98/10).

Individualvertraglich kann auch ein einseitiger Verzicht des Mieters auf das Recht zur ordentlichen Kündigung wirksam vereinbart werden (BGH, Urteil vom 22.12.2003, VIII ZR 81/03).

Dagegen ist ein einseitiger formularmäßiger Kündigungsverzicht eines Mieters grundsätzlich unwirksam, entschied der BGH. Im Vertrag stand die Klausel: »Es wird vereinbart, dass der Mieter auf sein ordentliches Kündigungsrecht ein Jahr lang, ab Mietbeginn, verzichtet.« Diese Klausel, so die Richter, benachteilige den Mieter unangemessen. Entscheidend sei, dass der Mieter hier einseitig auf sein Kündigungsrecht verzichte, ohne dafür einen ausgleichenden Vorteil von seinem Vertragspartner zu erhalten (BGH, Urteil vom 19.11.2008, VIII ZR 30/08). Wirksam ist jedoch der einseitige formularmäßige Kündigungsverzicht eines Mieters in einem Staffelmietvertrag, aber nicht für einen Zeitraum von mehr als vier Jahren seit Abschluss der Staffelmietvereinbarung (BGH, Urteil vom 12.11.2008, VIII ZR 270/07).

Ein beiderseitiger Verzicht kann formularmäßig, aber für höchstens vier Jahre vereinbart werden (BGH, Urteil vom 6.4.2005, VIII ZR 27/04). Hierbei ist der Zeitraum zwischen Vertragsschluss, also nicht der in der Regel spätere Mietbeginn, und dem Zeitpunkt maßgebend, zu dem der Mieter das Mietverhältnis erstmals beenden kann (BGH, Urteil vom 8.12.2010, VIII ZR 86/10). Wird der Zeitraum von vier Jahren überschritten, ist der formularmäßige Kündigungsverzicht insgesamt unwirksam, bleibt also nicht für den Zeitraum von vier Jahren bestehen (BGH, Urteil vom 2.3.2011, VIII ZR 163/10).

Beispiele

- Eine unzulässige Überschreitung des formularmäßig vereinbarten Zeitraums von vier Jahren liegt zum Beispiel vor, wenn die Kündigung erst nach Ablauf von vier Jahren erklärt werden darf, der Mieter also vier Jahre zuzüglich der gesetzlichen Kündigungsfrist von drei Monaten an den Vertrag gebunden ist (BGH, Urteil vom 2.3.2011, VIII ZR 163/10). Als Folge kann der Mieter den Vertrag jederzeit durch Kündigung unter Einhaltung der dreimonatigen gesetzlichen Kündigungsfrist beenden.
- Wirksam ist dagegen eine formularmäßige Klausel, wonach die Kündigung erstmals zum Ablauf des Vierjahreszeitraums ab Vertragsschluss erklärt werden kann (BGH, Beschluss vom 23.8.2016, VIII ZR 23/16).

Tipp

Ein Kündigungsverzicht sollte stets nur über einen Zeitraum von höchstens vier Jahren vereinbart werden. Denn der Vermieter kann in aller Regel nicht den ihm obliegenden Beweis führen, dass eine Individualvereinbarung vorliegt, bei der ein längerer Zeitraum im Einzelnen »ausgehandelt« wurde.

Schließen die Parteien das Recht zur ordentlichen Kündigung über ein Jahr hinaus aus, ist der Ausschluss auch bei Mietverträgen von unbestimmter Dauer nur wirksam, wenn er schriftlich abgeschlossen wurde (BGH, Beschluss vom 9.7.2008, XII ZR 117/06). Dies gilt auch, wenn der Vermieter nicht generell auf sein Recht zur ordentlichen Kündigung verzichtet, sondern nur auf den Kündigungsgrund Eigenbedarf. Ein einseitiger Verzicht des Vermieters auf das Recht, das Wohnraummietverhältnis wegen Eigenbedarfs zu kündigen, bedarf – wie der gesamte Mietvertrag – gemäß § 550 Satz 1 BGB der Schriftform, wenn der Verzicht für mehr als ein Jahr gelten soll. Denn das Schriftformerfordernis verfolgt vor allem den Zweck, einen Käufer, der in einen bestehenden Mietvertrag eintritt, über den Umfang der auf ihn übergehenden Rechte und Pflichten zu informieren. Dies gilt auch im Fall des – eingeschränkten – Kündigungsverzichts wegen Eigenbedarfs. Ohne Einhaltung der Schriftform würde der Erwerber anhand des Mietvertrags die Beschränkung des Kündigungsrechts nicht erkennen können, obwohl gerade der Erwerber von Wohnraum nicht selten ein gesteigertes Interesse am Kündigungsrecht wegen Eigenbedarfs haben wird (BGH, Urteil vom 4.4.2007, VIII ZR 223/06; LG Berlin, Urteil vom 6.5.2011, 63 S 439/10).

Im Zusammenhang mit einem Staffelmietvertrag gilt für Vereinbarungen über einen Kündigungsverzicht Folgendes: Für Staffelmietverträge schreibt die gesetzliche Regelung in § 557a Abs. 3 BGB ausdrücklich vor, dass das Kündigungsrecht des Mieters für höchstens vier Jahre seit Abschluss der Staffelmietvereinbarung ausgeschlossen werden kann. Erstreckt sich ein formularmäßig vereinbarter Kündigungsausschluss über einen längeren Zeitraum als vier Jahre seit Abschluss der Staffelmietvereinbarung, ist die Klausel insgesamt unwirksam (BGH, Urteil vom 25.1.2006, VIII ZR 3/05).

Ist der Kündigungsausschluss in einem Staffelmietvertrag dagegen individualvertraglich vereinbart und übersteigt dieser den nach § 557a Abs. 3 BGB zulässigen Zeitraum von vier Jahren, so ist der Kündigungsverzicht nicht insgesamt, sondern nur insoweit unwirksam, als seine Dauer den genannten Zeitraum überschreitet. Die Vereinbarung über den Kündigungsausschluss entfällt also im letzteren Fall nicht insgesamt, sondern bleibt in dem gesetzlich zulässigen Umfang wirksam, also für die Dauer von vier Jahren (BGH, Urteil vom 14.6.2006, VIII ZR 257/04).

Beispiel

In dem vom BGH zu entscheidenden Fall wurde der Mietvertrag am 6.9.2003 abgeschlossen, der Mietbeginn war am 1.10.2003 und das Kündigungsrecht wurde bis zum 30.9.2007 ausgeschlossen. Der BGH hielt den Kündigungsausschluss für unwirksam. Die gesetzliche Höchstfrist zum Ausschluss des Kündigungsrechts des Mieters von vier Jahren seit Abschluss des Staffelmietvertrags sei auch dann maßgeblich, wenn ihr Ende auf einen Kalendertag vor dem Ende eines Monats fällt. Ein formularmäßiger Kündigungsausschluss, der die Höchstfrist übersteigt, führe zur gänzlichen Unwirksamkeit der Klausel (BGH, Urteil vom 3.5.2006, VIII ZR 243/05).

Umdeutung unwirksamer Zeitmietvertrag

Erweist sich die Vereinbarung eines Zeitmietvertrags als unwirksam, weil die nach § 575 Abs. 1 Satz 1 BGB erforderlichen Voraussetzungen nicht erfüllt sind, zum Beispiel weil kein gesetzlicher Befristungsgrund wie Eigenbedarf am Mietende vorliegt, kann die unwirksame Befristung in einen befristeten Kündigungsausschluss umgedeutet werden. Dem bei Vertragsschluss bestehenden Willen der Mietvertragsparteien, das Mietverhältnis nicht vor Ablauf der vorgesehenen Mietzeit durch ordentliche Kündigung nach § 573 BGB zu beenden, kann im Einzelfall dadurch Rechnung getragen werden, dass im Wege der ergänzenden Vertragsauslegung an die Stelle der unwirksamen Befristung ein beiderseitiger Kündigungsverzicht tritt, der eine ordentliche Kündigung frühestens zum Ablauf der (unwirksam) vereinbarten Mietzeit ermöglicht (BGH, Urteil vom 11.12.2013, VIII ZR 235/12).

Kündigungsausschluss gilt auch für Käufer

Wird der vermietete Wohnraum nach Überlassung an den Mieter vom Vermieter an einen Dritten veräußert, so tritt der Erwerber anstelle des Vermieters in die sich aus dem Mietverhältnis ergebenden Rechte und Pflichten ein (§ 566 BGB). Danach muss ein infolge einer Veräußerung in das Mietverhältnis eintretender Erwerber kündigungseinschränkende Vereinbarungen im Mietvertrag zwischen dem Mieter und dem vormaligen Eigentümer grundsätzlich gegen sich gelten lassen.

Bei der in einem Kaufvertrag des Vermieters über ein Hausgrundstück enthaltenen Vereinbarung, wonach der Mieter einer Wohnung des Hauses ein lebenslanges Wohnrecht hat und eine ordentliche Kündigung des Mietverhältnisses durch den in den Mietvertrag eintretenden Erwerber ausgeschlossen sein soll, handelt es sich um einen (echten) Vertrag zugunsten Dritter (hier: des Mieters) gemäß § 328 BGB. Der Mieter erwirbt hierdurch unmittelbar das Recht, auf Lebenszeit von dem Käufer die Unterlassung einer ordentlichen Kündigung des Mietverhältnisses zu verlangen (BGH, Urteil vom 14.11.2018, VIII ZR 109/18).

Beispiel

Der Ausübung des Sonderkündigungsrechts des Erstehers nach § 57a Zwangsversteigerungsgesetz (ZVG) (siehe Kapitel 5.2) stehen, wenn die Zuschlagserteilung zu den gesetzlichen Versteigerungsbedingungen erfolgt, Kündigungsbeschränkungen (hier: Ausschluss der Eigenbedarfskündigung), die zwischen Mieter und vormaligem Eigentümer (Vermieter) vereinbart wurden, nicht entgegen.

Der Fall: Der beklagte Mieter ist seit Mai 2005 Mieter einer Eigentumswohnung in München. Der Mietvertrag enthält folgende Vereinbarung: »Eine Eigenbedarfskündigung durch den Vermieter ist ausgeschlossen.« Die Kläger erwarben die Wohnung nach Durchführung eines Zwangsversteigerungsverfahrens mit Zuschlagsbeschluss vom 16.10.2018. Mit Schreiben vom 20.10.2018 erklärten sie gegenüber dem Mieter die Kündigung des Mietverhältnisses wegen Eigenbedarfs, da die Wohnung für den volljährigen Sohn benötigt werde.

Dieser Eigenbedarfskündigung steht der Kündigungsausschluss nicht entgegen, entschied der BGH. Der Ersteher tritt zwar nach § 57 ZVG und § 566 BGB in das Mietverhältnis ein. Dieser Eintritt wird jedoch dergestalt modifiziert, dass er »nach Maßgabe« der gesetzlichen Versteigerungsbedingungen erfolgt, zu denen das Sonderkündigungsrecht nach § 57a ZVG zählt. Während der nach § 566 BGB infolge einer Veräußerung in das Mietverhältnis eintretende Erwerber kündigungseinschränkende Vereinbarungen zwischen Mieter und vormaligem Eigentümer grundsätzlich gegen sich gelten lassen muss, gilt dies somit nicht für den Ersteher, dessen Eintritt in das Mietverhältnis mit der Zubilligung eines gesetzlichen Sonderkündigungsrechts einhergeht (BGH, Urteil vom 15.9.2021, VIII ZR 76/20).

2 Welche Fristen gelten?

Der Vermieter muss bei der Kündigung wegen Eigenbedarfs die gesetzlichen Kündigungsfristen und – unter bestimmten Umständen – die Kündigungssperrfrist beachten.

2.1 Diese Kündigungsfristen sind zu beachten

Bei der ordentlichen Kündigung wegen Eigenbedarfs sind die gesetzlichen Kündigungsfristen einzuhalten. Für Vermieter und Mieter gelten seit Inkrafttreten der Mietrechtsreform am 1.9.2001 folgende unterschiedliche sogenannte asymmetrische Kündigungsfristen (§ 573c Abs. 1 BGB):

- Der Mieter kann unabhängig von der Mietdauer immer mit der kurzen dreimonatigen Frist kündigen.
- Bis zu einer Mietdauer von fünf Jahren gilt auch für den Vermieter die dreimonatige Kündigungsfrist. Ab einer Mietdauer von fünf Jahren verlängert sich die Kündigungsfrist für den Vermieter auf sechs Monate und ab acht Jahren auf neun Monate. Für die Berechnung der Dauer des Mietverhältnisses ist der Zeitpunkt des Zugangs der Kündigung, nicht der Kündigungstermin maßgebend.

Kündigungsfristen bei Wohnraum		
Mietdauer	**Mieter**	**Vermieter**
Bis fünf Jahre	Drei Monate	Drei Monate
Fünf bis acht Jahre	Drei Monate	Sechs Monate
Ab acht Jahren	Drei Monate	Neun Monate

In folgenden Fällen gelten für den Vermieter abweichende Fristen:

- Bei der Kündigung einer Wohnung in einem vom Vermieter selbst bewohnten Zweifamilienhaus (Einliegerwohnung) und bei Wohnraum innerhalb der vom Vermieter selbst bewohnten Wohnung nach § 573a BGB verlängern sich die Fristen für den Vermieter um weitere drei Monate.
- Möblierte Zimmer innerhalb der vom Vermieter selbst bewohnten Wohnung nach § 549 Abs. 2 Nr. 2 BGB können beide Vertragsparteien spätestens am 15. eines jeden Monats zum Ende des Monats kündigen.

Den Parteien ist es nicht möglich, von den gesetzlichen Kündigungsfristen zum Nachteil des Mieters abweichende Regelungen zu treffen (§ 573c Abs. 4 BGB). Kürzere Kündigungsfristen für den Vermieter können die Vertragsparteien daher grundsätzlich nicht wirksam vereinbaren. Bei Vermietung von Wohnraum zum vorübergehenden

Gebrauch, zum Beispiel für die Dauer einer Messe, ist die Vereinbarung einer kürzeren Frist aber ausnahmsweise zulässig (§ 573c Abs. 2 BGB).

Berechnung der Kündigungsfrist

Der Lauf der Kündigungsfrist setzt stets voraus, dass die Kündigung als zugegangen gilt. Die Kündigung ist spätestens am dritten Werktag eines Kalendermonats zum Ablauf des übernächsten Monats zulässig (§ 573c Abs. 1 BGB). Sie muss dem Mieter also spätestens am dritten Werktag eines Kalendermonats zugehen, damit dieser Monat bei der Kündigungsfrist mitzählt.

Wann der Samstag mitzählt

Bei der Berechnung der sogenannten Karenzzeit von drei Werktagen, die den Parteien eines Wohnraummietvertrags zur Wahrung der Kündigungsfrist zusteht, ist der Samstag als Werktag mitzuzählen, wenn nicht der letzte Tag der Karenzzeit auf diesen Tag fällt, hier ist § 193 BGB anwendbar. Fällt danach der dritte Werktag des Monats, bis zu dem die Kündigung dem Mieter zugehen muss, auf einen Samstag oder Sonn- oder Feiertag, so tritt an dessen Stelle der nächste Werktag (LG Berlin, Urteil vom 22.2.2017, 65 S 395/16).

Ist beispielsweise der dritte Werktag eines Monats ein Samstag, gilt die Zustellung der Kündigung am darauffolgenden Werktag, also dem Montag, noch als fristgerecht. Fällt dagegen der erste oder zweite Werktag auf einen Samstag, ist dieser bei der Karenzzeit als gewöhnlicher Werktag mitzuzählen.

Beispiel

Fällt der erste Tag eines Monats auf einen Samstag, zählt dieser als erster Werktag, der Montag als zweiter Werktag und der Dienstag als dritter Werktag (Fristablauf).

Wechselt der Vermieter, zum Beispiel bei Verkauf der Wohnung, hat dies keinen Einfluss auf die Berechnung der Kündigungsfristen. Denn der neue Vermieter tritt mit allen Rechten und Pflichten in das bestehende Mietverhältnis ein.

Hinweis

Ein bereits am 1.9.2001 bestehendes Mietverhältnis über Wohnraum, das auf bestimmte Zeit abgeschlossen und bei dem vereinbart wurde, dass es sich mangels Kündigung jeweils um einen bestimmten Zeitraum verlängert, kann nur zu dem im Vertrag vereinbarten Ablauftermin gekündigt werden (BGH, Beschluss vom 21.7.2008, VIII ZR 249/07). Gleiches gilt, wenn im befristeten Altmietvertrag vorgesehen ist, dass sich das Mietverhältnis nicht verlängert, falls eine der Parteien rechtzeitig widerspricht (BGH, Urteil vom 19.9.2018, VIII ZR 261/17).

Der Vermieter sollte im Kündigungsschreiben den Beendigungstermin des Mietverhältnisses angeben. Hat er keinen oder den falschen Beendigungstermin angegeben oder geht die Kündigung dem Mieter nicht rechtzeitig zu, ist die Kündigung nicht unwirksam. Das Mietverhältnis endet dann zum nächstmöglichen Termin.

Fällt der Beendigungstermin auf einen Sonn- oder Feiertag, wird die Verpflichtung zur Räumung erst am nächsten Werktag fällig. Dies hat zur Folge, dass der Mieter für diese Zeit keine Nutzungsentschädigung zahlen muss.

2.2 Wann die Kündigungssperrfrist greift

Bei der Kündigung wegen Eigenbedarfs sind Sperrfristen einzuhalten, innerhalb derer der Vermieter nicht kündigen kann, wenn die Wohnung nach Überlassung an den Mieter in Wohnungseigentum umgewandelt und veräußert wurde (§ 577a BGB).

Die Umwandlung vermieteter Wohnräume in Wohnungseigentum ermöglicht dem Eigentümer, die Eigentumswohnungen einzeln zu verkaufen. Die Umwandlung ist vollzogen, wenn das Grundbuchamt für die Wohnung ein eigenes Grundbuchblatt angelegt hat. Das Mietverhältnis bleibt bei der Umwandlung bestehen, allein wegen der Umwandlung kann der Vermieter nicht kündigen.

Der Erwerber einer vermieteten Eigentumswohnung tritt in das bestehende Mietverhältnis mit allen Rechten und Pflichten ein. Hat er die Wohnung zur Eigennutzung gekauft, kann er grundsätzlich wie jeder andere Vermieter unter Einhaltung der gesetzlichen Kündigungsfrist wegen Eigenbedarfs kündigen. Für in Eigentumswohnungen umgewandelte Mietwohnungen gilt aber als rechtliche Besonderheit eine Kündigungssperrfrist. Danach darf der Käufer einer solchen Wohnung dem Mieter frühestens drei Jahre nach dem Grundbucheintrag wegen Eigenbedarfs kündigen, wenn die Mietwohnung erst nach dem Einzug des Mieters in eine Eigentumswohnung umgewandelt und anschließend veräußert wurde (§ 577a Abs. 1 BGB).

Entsprechendes gilt für Personenmehrheiten, zum Beispiel eine GbR, die vermieteten Wohnraum erwerben und wegen Eigenbedarfs eines Miteigentümers kündigen wollen, ohne eine Aufteilung in Wohnungseigentum vorzunehmen (BGH, Urteil vom 21.3.2018, VIII ZR 104/17). Eine Ausnahme besteht, wenn die Gesellschafter oder Erwerber derselben Familie oder demselben Haushalt angehören oder vor Überlassung des Wohnraums an den Mieter Wohnungseigentum begründet wurde (§ 577a Abs. 1a BGB).

Beispiel

Der Mieter lebte seit 1981 in der Wohnung. Im Jahr 2015 kaufte eine GbR das Haus, in dem sich die Wohnung befindet. Mit Schreiben vom Mai 2015 kündigte die GbR das Mietverhältnis und begründete dies mit dem Eigenbedarf eines ihrer Gesellschafter. Dieser habe sich von seiner Ehefrau getrennt und benötige als erfolgreicher Immobilienunternehmer repräsentative Wohnräume in entsprechender Wohnlage in der Nähe eines seiner Büros. Der Mieter widersprach der Kündigung und verlangte die Fortsetzung des Mietverhältnisses. Denn Eigenbedarf liege nicht vor und außerdem sei die Kündigungssperrfrist einzuhalten. Die Vermieterin dagegen verneinte die Anwendbarkeit der Vorschriften über die Kündigungssperrfrist, weil sie keine Wohnungsumwandlung beabsichtige.

Der BGH entschied jedoch, dass die Kündigung schon wegen der Nichteinhaltung der Kündigungssperrfrist unwirksam sei. Denn die Vorschrift gelte beim Erwerb vermieteten Wohnraums durch Personengesellschaften unabhängig davon, ob Wohnungseigentum begründet wird oder werden soll. Mit der Einführung der Vorschrift sei zwar insbesondere beabsichtigt, die faktische Umgehung der Sperrfrist bei der Umwandlung von Miet- in Eigentumswohnungen nach dem sogenannten Münchener Modell zu unterbinden. Bei diesem verzichte eine GbR oder eine Miteigentümergemeinschaft nach dem Erwerb des mit Mietwohnraum bebauten Grundstücks zunächst auf die Begründung von Wohnungseigentum und den anschließenden Verkauf von Eigentumswohnungen an Interessenten. Stattdessen kündige sie die betreffenden Wohnungen wegen Eigenbedarfs ihrer Gesellschafter oder der Miteigentümer und umgehe so die Kündigungssperre des § 577a Abs. 1 BGB. Mit der eingefügten Neuregelung des § 577a Abs. 1a BGB wollte der Gesetzgeber jedoch nicht allein Umgehungen der Sperrfrist nach dem »Münchener Modell« entgegenwirken, sondern ausdrücklich auch etwaigen neuen Umgehungstatbeständen vorbeugen. Deshalb habe er für ein Eingreifen der Sperrfrist jede Veräußerung eines mit Mietwohnraum bebauten Grundstücks an eine GbR oder an mehrere Erwerber ausreichen lassen, da sich nach seiner Einschätzung bereits hierdurch das Verdrängungsrisiko für den Mieter erhöhe und dieser insoweit eines Schutzes bedürfe (BGH, Urteil vom 21.3.2018, VIII ZR 104/17).

Die Wartefrist gilt auch für die Kündigung wegen Hinderung angemessener wirtschaftlicher Verwertung.

Tipp

Die Sperrfrist bei Wohnungsumwandlung steht nur einer ordentlichen Kündigung des Vermieters wegen Eigenbedarfs oder wegen Hinderung angemessener wirtschaftlicher Verwertung entgegen (BGH, Urteil vom 11.3.2009, VIII ZR 127/08). Trotz Kündigungssperrfrist ist zum Beispiel eine außerordentliche fristlose Kündigung aus wichtigem Grund durch den Vermieter möglich.

Kündigungssperrfrist bis zu zehn Jahren

In manchen Bundesländern kann die Sperrfrist bis zu zehn Jahren andauern, wenn die ausreichende Versorgung der Bevölkerung mit Mietwohnungen zu angemessenen Bedingungen in einer Gemeinde oder einem Teil einer Gemeinde besonders gefährdet ist. Unter diesen Umständen kann die Landesregierung von ihrer Ermächtigung Gebrauch machen, durch Rechtsverordnung in solchen Gebieten die Sperrfrist bis zu einer Dauer von höchstens zehn Jahren zu verlängern (§ 577a Abs. 2 BGB) – wie zum Beispiel im Bundesland Bayern. Dort gilt nach der Mieterschutzverordnung (MiSchuV) vom 14.12.2021 in zahlreichen darin aufgeführten Städten und Gemeinden vom 1.1.2022 bis 31.12.2025 eine verlängerte Kündigungssperrfrist von zehn Jahren. Auch beispielsweise in ganz Berlin gilt eine verlängerte Kündigungssperrfrist von zehn Jahren. Diese ist wirksam, stellte der BGH klar (Urteil vom 22.6.2022, VIII ZR 356/20). In Bundesländern, die von dieser Ermächtigung keinen Gebrauch gemacht haben, gilt lediglich die allgemeine Sperrfrist von drei Jahren.

Achtung

Wer eine vermietete Eigentumswohnung kaufen will, um sie selbst zu nutzen, sollte vor dem Kauf unbedingt prüfen, ob bei einer Eigenbedarfskündigung nach den Vorgaben des § 577a BGB eine Kündigungssperrfrist einzuhalten ist. Ist dies der Fall, sollte auch bei der Gemeinde angefragt werden, ob in dem betreffenden Gebiet eine verlängerte Sperrfrist gilt.

Es ist immer aktuell im Einzelfall zu prüfen, ob das jeweilige Bundesland eine Rechtsverordnung zur Verlängerung der Kündigungssperrfrist bei Wohnungsumwandlung neu erlassen hat bzw. ob eine bereits bestehende Rechtsverordnung erweitert oder verlängert wurde.

Beispiel: Bundesland Bayern mit durch Rechtsverordnung verlängerter Kündigungssperrfrist bei Wohnungsumwandlung	
Mieterschutzverordnung (MiSchuV) Geltungsdauer: 1.1.2022 bis 31.12.2025, Kündigungssperrfrist: zehn Jahre	
• Abtswind	• Landsberg am Lech
• Albertshofen	• Landshut
• Alling	• Lauf an der Pegnitz
• Altdorf bei Nürnberg	• Lenggries
• Andechs	• Lindau (Bodensee)
• Anzing	• Maisach
• Aschaffenburg	• Manching
• Aschheim	• Markt Indersdorf
• Aßling	• Markt Schwaben
• Attenkirchen	• Marktschellenberg

Beispiel: Bundesland Bayern mit durch Rechtsverordnung verlängerter Kündigungssperrfrist bei Wohnungsumwandlung	
• Augsburg	• Martinsheim
• Aying	• Memmingen
• Bad Aibling	• Mering
• Bad Endorf	• Miesbach
• Bad Feilnbach	• Moosburg an der Isar
• Bad Reichenhall	• München
• Bad Tölz	• Münsing
• Bad Wiessee	• Murnau am Staffelsee
• Baierbrunn	• Neubeuern
• Baiern	• Neubiberg
• Bamberg	• Neuburg an der Donau
• Bayerbach bei Ergoldsbach	• Neufahrn bei Freising
• Bayreuth	• Neumarkt in der Oberpfalz
• Benediktbeuren	• Neuried
• Berg	• Neusäß
• Bergkirchen	• Neu-Ulm
• Bernau am Chiemsee	• Nürnberg
• Bichl	• Oberasbach
• Brannenburg	• Oberaudorf
• Bruck	• Oberhaching
• Bruckmühl	• Oberpframmern
• Brunnthal	• Oberschleißheim
• Bubenreuth	• Odelzhausen
• Dachau	• Olching
• Dettelbach	• Otterfing
• Dießen am Ammersee	• Ottobrunn
• Dorfen	• Passau
• Ebersberg	• Penzberg
• Eching	• Petershausen
• Eckenthal	• Pfaffenhofen an der Ilm
• Edling	• Pfaffing
• Egling	• Pfeffenhausen

Beispiel: Bundesland Bayern mit durch Rechtsverordnung verlängerter Kündigungssperrfrist bei Wohnungsumwandlung	
• Egmating	• Planegg
• Eichenau	• Pliening
• Eiselfing	• Pöcking
• Emmering	• Poing
• Erding	• Prien am Chiemsee
• Ergolding	• Puchheim
• Erlangen	• Pullach im Isartal
• Feldafing	• Putzbrunn
• Feldkirchen	• Raubling
• Feldkirchen-Westerham	• Regensburg
• Feucht	• Reichersbeuern
• Fischbachau	• Riedering
• Forchheim	• Rimsting
• Forstinning	• Rohrdorf
• Frauenneuharting	• Rosenheim
• Freising	• Röthenbach an der Pegnitz
• Friedberg	• Rottach-Egern
• Fürstenfeldbruck	• Rottenburg an der Laaber
• Fürth	• Rüdenhausen
• Gaißach	• Sankt-Englmar
• Garching bei München	• Sauerlach
• Gauting	• Schäftlarn
• Geretsried	• Schliersee
• Germering	• Schwabach
• Gersthofen	• Schwaig bei Nürnberg
• Gilching	• Seefeld
• Glonn	• Seehausen am Staffelsee
• Gmund am Tegernsee	• Senden
• Gräfelfing	• Sonthofen
• Grafing bei München	• Stadtbergen
• Grasbrunn	• Stammham
• Gröbenzell	• Starnberg

Beispiel: Bundesland Bayern mit durch Rechtsverordnung verlängerter Kündigungssperrfrist bei Wohnungsumwandlung	
• Großkarolinenfeld	• Stein
• Grünwald	• Steinhöring
• Haar	• Stephanskirchen
• Haimhausen	• Stockstadt am Main
• Hallbergmoos	• Straßlach-Dingharting
• Hausham	• Sulzemoos
• Herrsching am Ammersee	• Taufkirchen
• Herzogenaurach	• Tegernsee
• Hohenbrunn	• Traunreut
• Höhenkirchen-Siegertsbrunn	• Traunstein
• Hohenlinden	• Trostberg
• Holzkirchen	• Tuntenhausen
• Icking	• Tutzing
• Ingolstadt	• Unterföhring
• Inning am Ammersee	• Unterhaching
• Irschenberg	• Unterschleißheim
• Ismaning	• Uttenreuth
• Karlsfeld	• Vaterstetten
• Kaufering	• Wackersberg
• Kempten (Allgäu)	• Wasserburg am Inn
• Kiefersfelden	• Weilheim in OB
• Kirchheim b. München	• Wendelstein
• Kirchseeon	• Weßling
• Kirchweidach	• Weyarn
• Kissing	• Wiesenbronn
• Kleinaitingen	• Wolfratshausen
• Kolbermoor	• Wörthsee
• Königsbrunn	• Würzburg
• Krailling	• Zolling
• Kreuth	• Zorneding

Tipp

Vor Erklärung einer Eigenbedarfskündigung, bei der nach den Vorgaben des § 577a BGB eine Kündigungssperrfrist einzuhalten ist, sollten Sie bei der Gemeinde anfragen, ob in dem betreffenden Gebiet eine verlängerte Kündigungssperrfrist gilt.

Gemäß § 577a Abs. 1 BGB genießt nur derjenige Mieter einen Kündigungsschutz, dem die Wohnung zum Zeitpunkt der Bildung des Wohnungseigentums bereits »überlassen« war. Eine Überlassung der Wohnräume im Sinne dieser Vorschrift liegt nur dann vor, wenn die Einräumung des Besitzes aufgrund eines Mietvertrags mit dem Bewohner erfolgt, sodass es nicht ausreicht, dass die Räume bei Begründung des Wohnungseigentums aufgrund eines anderen Rechtsverhältnisses, zum Beispiel eines Untermietvertrags, genutzt wurden (BGH, Urteil vom 22.6.2022, VIII ZR 356/20).

Kündigungssperrfrist für eintretenden Angehörigen des verstorbenen Mieters
Die Sperrfrist ist auch gegenüber dem Mieter einzuhalten, der zur Zeit der Begründung des Wohnungseigentums als Angehöriger in der Wohnung lebt und mit dem Tode des Mieters kraft Gesetzes (§ 563 Abs. 2 BGB) in das Mietverhältnis eintritt (BGH, Urteil vom 9.7.2003, VIII ZR 26/03).

Ist in der Person eines von mehreren Mietern einer Wohnung der Kündigungsschutz aus § 577a Abs. 1, 2 BGB bereits angelegt, war also diesem Mitmieter die Wohnung zum Zeitpunkt der Bildung des Wohnungseigentums schon überlassen, und wird das Mietverhältnis nach dessen Ableben mit dem überlebenden Mitmieter gemäß § 563a Abs. 1 BGB fortgesetzt, tritt dieser (auch) bezüglich des Kündigungsschutzes an die Stelle des Verstorbenen und kann sich – nach der (erstmaligen) Veräußerung des Wohnungseigentums – gegenüber einer Eigenbedarfs- bzw. Verwertungskündigung des Erwerbers auf die Kündigungssperrfrist berufen (BGH, Urteil vom 22.6.2022, VIII ZR 356/20). Hier war dies deshalb von Bedeutung, weil der überlebende Mitmieter erst dann durch Zusatzvereinbarung in das Mietverhältnis eintrat, als das Wohnungseigentum bereits begründet war.

Zuschlag in der Zwangsversteigerung
Als Veräußerung im Sinne von § 577a Abs. 1 BGB gilt auch der Erwerb einer Eigentumswohnung durch Zuschlag bei einer Zwangsversteigerung (BayObLG, RE vom 10.6.1992, RE-Miet 2/92).

Erfüllung eines Vermächtnisses
Ebenso ist die Übertragung einer Eigentumswohnung in Erfüllung eines Vermächtnisses als Veräußerung im Sinne von § 577a Abs. 1 BGB anzusehen (BayObLG, RE vom 29.6.2001, RE-Miet 1/01).

Realteilung

Auch gelten die Vorschriften über die Kündigungssperrfrist, wenn ein Grundstück, auf dem eine vermietete Reihenhaussiedlung steht, durch Realteilung in Einzelgrundstücke mit je einem Reihenhaus aufgeteilt wird. Zwar wird in diesem Fall kein Wohnungseigentum begründet, aber die Interessenlage ist für den Mieter bei Umwandlung in Wohnungseigentum und Realteilung des Grundstücks im Wesentlichen gleich (BGH, Urteil vom 28.5.2008, VIII ZR 126/07).

Die Sperrfrist greift jedoch nicht ein, wenn die Vermietung nach erstmaliger Eintragung von Wohnungseigentum in das Grundbuch erfolgte. Eine spätere Realteilung des Grundstücks mit Grundbucheintragung löst keine erneute Sperrfrist aus (AG Berlin, Urteil vom 26.3.2014, 2 C 225/13).

Achtung

Wann die Frist beginnt

Die Kündigungssperrfrist beginnt mit der Eintragung des ersten Erwerbers des nach Überlassung des Wohnraums an den Mieter begründeten und danach veräußerten Wohnungseigentums im Grundbuch, aber nicht schon mit Abschluss des Kaufvertrags. Weitere Erwerber des Wohnungseigentums treten in die Frist ein; für sie beginnt die Frist nicht neu zu laufen (BayObLG, RE vom 24.11.1981, Allg. Reg. 64/81).

Wird die Aufteilung nach dem Wohnungseigentumsgesetz jedoch später geändert und das Sondereigentum an der Mietwohnung mit einem veränderten Miteigentumsanteil erneut veräußert, fängt nach einem Urteil des LG Berlin eine neue Kündigungssperrfrist an zu laufen (Urteil vom 26.10.2022, 66 S 249/21).

Kündigung wegen Eigenbedarfs erst nach Ablauf der Sperrfrist

Während die Kündigungssperrfrist läuft, kann eine ordentliche Kündigung wegen Eigenbedarfs nicht wirksam ausgesprochen werden. Eine Kündigung ist erst nach Ablauf der Sperrfrist möglich. Auch danach muss der Mieter nicht sofort auszuziehen, denn der Vermieter muss auch die allgemeine Kündigungsfrist einhalten.

Beispiel

Der Mieter hat eine Wohnung in München gemietet. Diese Mietwohnung wurde danach in eine Eigentumswohnung umgewandelt. Anschließend wurde die Wohnung verkauft. Der Erwerber wurde am 15.9.2016 als Eigentümer im Grundbuch eingetragen. In München gilt eine Sperrfrist von zehn Jahren ab Grundbucheintragung. Der Erwerber kann erst nach Ablauf der Sperrfrist unter Einhaltung der neunmonatigen allgemeinen Kündigungsfrist wegen Eigenbedarfs kündigen. Erklärt er die Kündigung nach Ablauf der Sperrfrist noch bis zum dritten Werktag des Oktober 2026, endet das Mietverhältnis am 30.6.2027.

3 Kündigung wegen Eigenbedarfs

3.1 Verfassungsrechtliche Grundsätze

Vermieter können das Mietverhältnis nur dann kündigen, wenn sie ein berechtigtes Interesse an der Kündigung nachweisen können. Ein solches berechtigtes Interesse besteht, wenn der Vermieter die Wohnung für sich, seine Familienangehörigen oder Angehörige seines Haushalts benötigt. Das steht in § 573 Abs. 2 Nr. 2 BGB. Davon kann ausgegangen werden, wenn der Vermieter die ernsthafte Absicht hat, die Räume selbst als Wohnung zu nutzen oder diese einem Angehörigen zu überlassen, und wenn diese Absicht auf vernünftigen Erwägungen beruht. Der Eigenbedarf muss sich auf die gesamte Wohnung erstrecken und nicht nur auf einen Teil von ihr.

Während früher dem Eigenbedarfswunsch des Vermieters nur dann stattgegeben wurde, wenn bei ihm eine Wohnungsnot vorlag, kam es 1988 zu der sogenannten Jahrhundertentscheidung des BGH (20.1.1988, VIII ARZ 4/87). Er entschied damals, dass der Eigenbedarf des Vermieters grundsätzlich beachtet werden müsste, wenn der Vermieter dafür vernünftige und nachvollziehbare Gründe anführen könne und Missbrauch ausscheide. In der Entscheidung ging es um eine Wohnung, die der Vater für seinen studierenden Sohn kündigen wollte, damit dieser seinen eigenen Hausstand gründen konnte, statt weiter im entfernteren Elternhaus leben zu müssen. Belange des Mieters seien erst auf seinen Widerspruch hin zu prüfen. Eine Interessenabwägung finde erst statt, wenn begründeter Eigenbedarf angenommen werden müsse. Da der Verlust der Wohnung jeder Kündigung immanent sei, müssten auf Mieterseite besondere Härtegründe vorliegen, damit der Mieter wirksam gegen die Kündigung vorgehen könne.

Hinweis

Die Einschränkung des Eigentumsrechts hält das Bundesverfassungsgericht wegen der Sozialpflichtigkeit des Eigentums für verfassungsgemäß und hat neben der Eigentumsgarantie nach Art. 14 Abs. 1 Satz 1 Grundgesetz (GG) das Besitzrecht des Mieters ebenfalls als schützenswertes Grundrecht nach Art. 14 GG festgehalten.

Grundsätzlich hat der Eigentümer einer Immobilie das Recht, seine vermietete Wohnung zu kündigen, wenn er sie selbst nutzen oder seinen nahen Angehörigen zur Nutzung überlassen will. Das Bundesverfassungsgericht hat ausdrücklich betont, dass die Gerichte die Entscheidung des Eigentümers über seinen Wohnbedarf respektieren müssen und ihm nicht fremde Vorstellungen über angemessenes Wohnen und seine weitere Lebensplanung aufdrängen dürfen (BGH, Urteil vom 4.3.2015, VIII ZR 166/14). Die Gerichte dürfen den Eigennutzungswunsch des Vermieters daraufhin überprüfen, ob dieser Wunsch ernsthaft verfolgt wird, ob er von vernünftigen und nachvollziehbaren Gründen getragen ist, die Wohnung die Nutzungswünsche des Vermieters überhaupt erfüllen kann oder der Wohnbedarf in einer anderen, frei gewordenen Wohnung des Vermieters ohne wesentliche Abstriche befriedigt werden kann. Dem Vermieter wird aber ein weiter Ermessensspielraum bei der Messung seines Bedarfs eingeräumt. Der vom Vermieter angemeldete Wohnbedarf ist daher nicht auf Angemessenheit, sondern nur auf Rechtsmissbrauch zu überprüfen. Rechtsmissbräuchlich ist erst der weit überhöhte Wohnbedarf. Wann ein solcher vorliegt, hängt nicht allein von der Wohnfläche oder der Anzahl der Räume ab, sondern von einer umfassenden Würdigung der gesamten Umstände des Einzelfalls.

Der Wunsch des Vermieters, seine Wohnung selbst zu Wohnzwecken zu nutzen, ist im Hinblick auf sein in Art. 14 Abs. 1 Satz 1 GG geschütztes Eigentum grundsätzlich zu achten und einer gerichtlichen Nachprüfung entzogen. Das Besitzrecht des Mieters an der Wohnung fällt aber ebenfalls unter das Eigentumsrecht von Art. 14 Abs. 1 GG. Der Gesetzgeber muss deshalb die beiden miteinander konkurrierenden Eigentumspositionen inhaltlich ausgestalten, gegeneinander abgrenzen und die jeweiligen Befugnisse so bestimmen, dass die beiden Eigentumspositionen angemessen gewahrt bleiben.

Wichtig

Der Mieter wird über die sogenannte Sozialklausel des § 574 BGB geschützt, indem er Härtegründe anbringen kann. Der Mieter kann verlangen, dass das Gericht bei der Anwendung der Sozialklausel den Begriff der »Härte« angemessen hinreichend erfasst und berücksichtigt.

Vermieter sollten möglichst alle bekannten und ermittelbaren Tatsachen, die für den Kündigungsgrund Eigenbedarf sprechen, in das Kündigungsschreiben mitaufnehmen. Im Zweifel gilt: Was an bekannten Kündigungsgründen nicht im Kündigungsschreiben enthalten ist, kann hinterher nicht mehr in den Prozess eingeführt werden und erhöht das Prozessrisiko erheblich! Deshalb muss der Vermieter die Gründe für den Eigenbedarf bereits im Kündigungsschreiben darlegen, damit der Mieter zum frühestmöglichen Zeitpunkt Klarheit über seine Rechtsposition bekommt und die Erfolgsaussichten eines Vorgehens gegen die Kündigung abschätzen kann. Dementsprechend genügt allein die Wiedergabe des Gesetzestextes nicht den Anforderungen an die Begründungspflicht der Kündigung.

Dem Begründungserfordernis ist jedoch im Allgemeinen bereits Genüge getan, wenn das Kündigungsschreiben den Kündigungsgrund so bezeichnet, dass er identifiziert und von anderen Gründen unterschieden werden kann. Bei einer Kündigung wegen Eigenbedarfs reicht daher grundsätzlich die Angabe der Person, für die die Wohnung benötigt wird, sowie die Darlegung des Interesses dieser Person an der Wohnung aus. Daher genügt es nach einem Beschluss des BGH, wenn der Vermieter seinen Sohn als Bedarfsperson benennt und dessen Interesse an der Wohnung aufgrund höheren

Raumbedarfs infolge regelmäßiger Homeoffice-Tätigkeiten darlegt. Die Frage, ob der angegebene Kündigungsgrund auch tatsächlich besteht, ist dagegen im Rahmen der materiell-rechtlichen Prüfung der Begründetheit der Kündigung in einem Prozess durch eine Beweisaufnahme zu klären. Somit ist nicht erforderlich, dass bereits das Kündigungsschreiben die gerichtliche Feststellung erlaubt, dass die Kündigung begründet ist (BGH, Beschluss vom 9.2.2021, VIII ZR 346/19).

Achtung

Der Eigenbedarf darf nicht für den Vermieter, hilfsweise für seine Tochter, hilfsweise für den Sohn etc. geltend gemacht werden. Grund: Der eigene Bedarf würde durch eine solche Aufzählung relativiert.

3.1.1 Selbstnutzungswunsch des Vermieters

Der Vermieter muss den ernsthaften Wunsch haben, die vermietete Wohnung zu nutzen. Nach § 573 Abs. 2 Nr. 2 BGB muss der Vermieter die Räumlichkeiten für sich oder seine Angehörigen als Wohnung benötigen. Privilegiert ist also nur die Wohnnutzung, nicht die Nutzung der vermieteten Räume zu beruflichen oder sonstigen Zwecken. Dafür kommt es auch auf den Lebensplan des Vermieters an. Der daraus folgende Wohnbedarf muss auf Grundlage einer konkreten zuverlässigen Zukunftsplanung bestehen. Für diese wiederum ist ein steter Lebenswandel notwendig. Deshalb ist die Eigenbedarfskündigung zugunsten des Sohnes des Vermieters nur wirksam, wenn dessen Wohnbedarf auf eine gewisse Dauer angelegt ist (hier mindestens drei Jahre, LG Hamburg, Beschluss vom 14.9.2010, 333 S 34/10). Die Gerichte müssen allen Gesichtspunkten nachgehen, die Zweifel an der Ernsthaftigkeit des Nutzungswunsches begründen. Es ist Sache des Eigentümers, seinen Nutzungswunsch darzulegen. Der Mieter muss seinerseits konkrete Einwände gegen den Nutzungswunsch vorbringen. Bestreitet der Mieter den Nutzungswunsch, muss das Gericht darüber Beweis erheben. Den Absichten, Motiven und der Lebensplanung des Vermieters muss ausreichend Rechnung getragen werden.

Wird die Eigenbedarfskündigung mit der Pflegebedürftigkeit der Bedarfsperson begründet, ist der kündigende Eigentümer verpflichtet, Details zur Bedürftigkeit darzulegen. Insbesondere in Zeiten von knappem Wohnraum und rückläufigen Baugenehmigungen sind Mieter auf den Schutz der Gerichte angewiesen. Diese sind daher gehalten, die Bedarfsabsicht des Vermieters gewissenhaft zu überprüfen. Die Darlegungs- und Beweislast bei bestrittenem Eigenbedarf trägt stets der Vermieter. Dieser muss sein berechtigtes Interesse schlüssig und widerspruchsfrei darlegen. Will der Vermieter die Wohnung selbst nutzen, muss auch diese innere Tatsache im Prozess dargelegt und bewiesen werden. Der Vermieter muss dann jedenfalls sogenannte Stütztatsachen vortragen und beweisen, die den Schluss auf die Nutzungsabsicht rechtfertigen (AG Berlin-Mitte, Urteil vom 15.3.2023, 21 C 50/23).

An der Ernsthaftigkeit des Nutzungswillens fehlt es bei einer nur vagen oder für einen späteren Zeitpunkt verfolgten Nutzungsabsicht. Der Nutzungswunsch muss vielmehr in einem zeitlichen Zusammenhang zur Kündigung stehen und sich so weit »verdichtet« haben, dass ein konkretes Interesse an einer alsbaldigen Nutzung besteht; sogenannte Vorratskündigungen sind unzulässig (LG Berlin, Urteil vom 29.6.2021, 65 S 344/20).

Vor dem Hintergrund des Gewichts des Besitzrechts des vertragstreuen Mieters, das das Bundesverfassungsgericht wegen der Bedeutung der Wohnung als Mittelpunkt (auch) der privaten Existenz des Mieters zur Befriedigung elementarer Lebensbedürfnisse sowie zur Freiheitssicherung und Entfaltung seiner Persönlichkeit als Eigentum im Sinne von Art. 14 Abs. 1 Satz 1 GG anerkennt, ist dem Eigentümer/Vermieter ein Zugriff auf das vermietete Objekt erst dann zu gestatten, wenn und soweit dies durch gegenwärtig beachtliche Gründe motiviert ist.

Diese Voraussetzungen waren in dem oben angegebenen Fall des LG Berlin vom 29.6.2021 allerdings nicht gegeben. Denn als Grund für die Eigenbedarfskündigung hatte der Vermieter angegeben, dass er ein zeitlich unbegrenztes Seniorenstudium in Berlin beginnen wolle. Das Gericht bezweifelte den Sachverhalt: Es habe sich nur um einen vagen Plan gehandelt, mit dessen Umsetzung der Vermieter nicht einmal ansatzweise begonnen habe. Der geltend gemachte Eigenbedarf werde nicht ernsthaft verfolgt, sondern sei möglicherweise sogar nur vorgeschoben.

Hinweis

Die Ernsthaftigkeit des Nutzungswunsches des Eigentümers wird aber nicht schon infrage gestellt, wenn der Vermieter nicht sofort nach Räumung der Wohnung selbst einzieht. Wird allerdings ein Zeitrahmen überschritten, der üblicherweise für die Renovierung der Wohnung benötigt wird, so kann eine fehlende Ernsthaftigkeit der Eigenbedarfskündigung vorliegen.

Vermieter können nachvollziehbare und vernünftige Gründe haben, um künftig in ihrem Eigentum zu wohnen bzw. ihre Familienangehörigen oder Haushaltsangehörigen in ihrem Eigentum wohnen zu lassen, da in der eigenen Wohnung Freiheiten ausgelebt werden können, die in einer Mietwohnung nicht möglich sind. Es können zum Beispiel Einbauten, Umbauten, Grundrissänderungen erfolgen, es besteht gänzliche Gestaltungsfreiheit oder das Erleben von Eigentum soll möglich werden. Der Eigenbedarfswunsch muss immer gut und ausführlich begründet werden, damit er für den Mieter nachvollziehbar ist. Unterlässt der Vermieter dies in seinem Schreiben, droht die Kündigung zu scheitern.

Achtung

Vermieter müssen damit rechnen, dass bei einem Rechtsstreit über das tatsächliche Bestehen des Eigenbedarfsgrundes mehrere Instanzen und damit hohe Kosten für die Beauftragung eines Rechtsanwalts oder eine teure Beweisaufnahme mit Sachverständigengutachten auflaufen können. Außerdem kann sich dadurch die tatsächliche Eigennutzung erheblich verzögern und verteuern.

Eine auf Eigenbedarf gestützte Kündigung belastet aber auch den Mieter, dem keine Vertragsverletzung vorgeworfen werden kann und der trotzdem finanzielle und persönlich nachteilige Folgen durch die Kündigung erlebt. So muss er eine neue Wohnung suchen, hat die Kosten für den Umzug und einen Makler sowie Renovierungskosten in der alten und in der neuen Wohnung zu tragen, muss neue Möbel anschaffen, verliert sein vertrautes Umfeld, hat unter Umständen eine höhere Miete zu leisten.

3.1.2 Kündigung des Vermieters zu Wohnzwecken

Grundsätzlich müssen die Räume zu Wohnzwecken benötigt werden. Ein Benötigen zu anderen Zwecken, zum Beispiel gewerblichen oder beruflichen, stellt keinen Eigenbedarf dar. Es ist aber nicht erforderlich, dass der Vermieter sämtliche Räume zu Wohnzwecken nutzen will, die Wohnnutzung muss allerdings im Vordergrund stehen. Will der Vermieter nur einen geringen Teil der Wohnung selbst nutzen und die überwiegenden Räume an Dritte vermieten, so liegt keine Wohnraumnutzung vor. Eine Kündigung nach § 573 Abs. 2 Nr. 2 BGB ist dann nicht möglich. Wenn der Vermieter allerdings einen Teil der Räume zu Wohnzwecken und einen Teil freiberuflich nutzen möchte, kann der Vermieter die Kündigung zwar nicht auf Eigenbedarf, dafür aber auf ein allgemeines berechtigtes Interesse stützen (§ 573 Abs. 1 BGB). Grund: Der Wunsch des Vermieters, die Wohnung auch für berufliche Zwecke zu nutzen, ist durch die in Art. 12 GG geschützte Berufsfreiheit gedeckt. Das allgemeine berechtigte Interesse des Vermieters nach § 573 Abs. 1 BGB ist nicht geringer zu bewerten als der in § 573 Abs. 2 Nr. 2 BGB geregelte Eigenbedarf des Vermieters (BGH, Beschluss vom 5.10.2005, VIII ZR 127/05). Durch die Formulierung »insbesondere« in § 573 Abs. 1 BGB kommt zum Ausdruck, dass die Aufzählung dort nicht abschließend ist und die Generalklausel des § 573 Abs. 1 BGB auch dann anwendbar bleibt, wenn die besonderen Kündigungstatbestände des § 573 Abs. 2 BGB (zum Beispiel Eigenbedarf) nicht vorliegen. Daher kann der Vermieter auch dann, wenn er die vermietete Wohnung ausschließlich für seine berufliche Tätigkeit oder die eines Familienangehörigen (hier: als Anwaltskanzlei für die Ehefrau) nutzen will, ein berechtigtes Interesse an der Beendigung des Mietverhältnisses geltend machen. Das sei besonders dann anzunehmen, wenn die selbst genutzte Wohnung des Vermieters und die wegen beruflicher Nutzungswünsche gekündigte vermietete Wohnung im selben Haus lägen (BGH, Urteil vom 26.9.2012, VIII ZR 330/11).

Achtung

Zu beachten sind in diesem Fall allerdings örtliche Zweckentfremdungsvorschriften, wonach eine Nutzung von Wohnraum zu gewerblichen oder freiberuflichen Zwecken nur eingeschränkt bzw. unter bestimmten Voraussetzungen zulässig ist.

Will der Vermieter die Wohnung zwar überwiegend für seine geschäftliche Tätigkeit, aber auch zu Wohnzwecken nutzen und in der Wohnung somit seinen persönlichen Lebensmittelpunkt begründen, reicht es für sein Kündigungsrecht aus, dass dem Vermieter bei Ablehnung durch den Mieter ein »beachtenswerter Nachteil« entstünde, was bei einer auf nachvollziehbaren vernünftigen Erwägungen beruhenden Lebens- und Berufsplanung des Vermieters häufig der Fall sein dürfte. Entsprechendes gilt, wenn die Mischnutzung durch den Ehegatten oder Lebenspartner des Vermieters erfolgen soll.

Beispiel

Den Wunsch eines Vermieters, die Räume des Mieters zu kündigen, um darin sein Beratungsunternehmen ausweiten zu können, schlug der BGH ab. Es handle sich nicht um einen anerkennenswerten Kündigungsgrund. Sei eine ausschließlich geschäftliche oder gewerbliche Nutzung beabsichtigt, zeige dies eine größere Nähe zur Verwertungskündigung. Weil der Mieter allein aus geschäftlich motivierten Gründen aus seinem Lebensmittelpunkt vertrieben werden soll, müsse dem Vermieter »ein Nachteil von einigem Gewicht« entstehen, wenn ihm der Bezug der Wohnung verwehrt werde. Dies könnte anzunehmen sein, wenn die geschäftliche Tätigkeit ohne Nutzung der Wohnung nicht rentabel durchzuführen sei. Dies müsse der Vermieter schlüssig vortragen und unter Beweis stellen. Im vorliegend entschiedenen Fall hatte dies der Ehemann der Vermieterin, der diese Nutzung anstrebte, nicht vorgetragen (Urteil vom 29.3.2017, VIII ZR 45/16). Der Berufsbedarf wird daher als solcher als Kündigungsgrund nicht anerkannt.

Bei mehreren Vermietern genügt es, wenn die Räume von einem der Vermieter genutzt werden sollen.

Grundsätzlich muss der Vermieter auch die feste Absicht haben, also den Nutzungswillen, die Räume selbst als Wohnung zu nutzen oder diese einem Familien- oder Haushaltsangehörigen zu überlassen. Fehlt dieser Nutzungswille, ist die Kündigung unwirksam. Soll die Wohnung einem Angehörigen überlassen werden, kommt es auf den Überlassungswillen des Vermieters an. Fehlt es am Nutzungswillen des Angehörigen, ist die Eigenbedarfskündigung ebenfalls unwirksam, weil der Vermieter die Räume dann gar nicht benötigt. Dies gilt ebenfalls, wenn der Angehörige die Wohnung gar nicht nutzen kann. Eine bevorstehende Einberufung zum Wehrdienst schließt aber weder den Nutzungswillen noch die Nutzungsmöglichkeit aus (AG Nürtingen, Urteil vom 2.4.1993, 16 C 363/93).

Benötigen der Mietwohnung für den eigenen Bedarf

↓

Berechtigtes eigenes Interesse

↓

Grundsätze für das berechtigte eigene Interesse:

- Der Vermieter hat als Eigentümer grundsätzlich die Freiheit, den Gegenstand selbst zu nutzen.
- Durch die Vermietung begibt sich der Eigentümer nicht aller Rechte hinsichtlich einer Eigennutzung.
- Der bloße Wunsch einer Eigennutzung reicht nicht aus, es muss ein objektiv berechtigtes Interesse vorliegen.

Abb. 2: Berechtigtes eigenes Interesse bei Eigenbedarfskündigung

3.1.3 Kündigung des Vermieters für ein Mietmischverhältnis

Unter einem Mietmischverhältnis versteht man eine Nutzung der Räume sowohl zu Wohn- als auch zu gewerblichen Zwecken. Hier ist entscheidend, welche Nutzungsart überwiegt.

Kündigt der Eigentümer das Wohnmietverhältnis nach § 573 Abs. 1 BGB, weil er die Wohnung selbst sowohl zu gewerblichen Zwecken als auch zu Wohnzwecken nutzen möchte (sogenannte Mischnutzung) können die typisierten Regeltatbestände des § 573 Abs. 2 Nr. 2, 3 BGB einen Anhalt für die Interessenbewertung und -abwägung geben. Tendenziell ist das Interesse des Vermieters wegen des dann auch personalen Bezugs umso höher zu bewerten, als es einem Eigenbedarf nahekommt. Steht das Interesse an der wirtschaftlichen Ertragskraft der Wohnung im Vordergrund, ist die Interessenlage eher derjenigen bei einer Verwertungskündigung vergleichbar, sodass dem Räumungsverlangen nur stattgegeben werden kann, wenn dem Vermieter sonst gewichtige Nachteile drohen (LG Berlin, Urteil vom 23.11.2022, 64 S 333/21).

Beispiel

Der Vermieter vermietete ein Wohnhaus, in dem der Mieter nicht nur wohnte, sondern auch sein Ladengeschäft betrieb. Der Vertrag wurde insgesamt dem Wohnraummietrecht unterworfen. Der Vermieter kündigte die Wohnräume wegen Eigenbedarfs für seine 28-jährige Tochter und deren siebenjährigen Sohn. Der BGH gab der Klage statt. Da das Mietverhältnis wegen überwiegender Wohnnutzung ein Wohnraummietverhältnis sei, könne der Vermieter den Eigenbedarf nur auf die Wohnräume beziehen (Urteil vom 1.7.2015, VIII ZR 14/15). Der auf den Mieter von Wohnraum zugeschnittene Schutz schließe eine in das Mietverhältnis mitaufgenommene gewerbliche Nutzung der Mietsache nicht ein.

3.1.4 Kündigung des Vermieters für eine gewerbliche Nutzung

Strengere Voraussetzungen gelten, wenn der Vermieter die Wohnung ausschließlich zu geschäftlichen Zwecken nutzen will. Weil der Mieter dann allein aus geschäftlich motivierten Gründen aus seinem räumlichen Lebensmittelpunkt verdrängt werden soll, besteht ein Kündigungsrecht nur dann, wenn der Fortbestand des Mietverhältnisses für den Vermieter einen Nachteil von »einigem Gewicht« darstellen würde, zum Beispiel wenn die wirtschaftliche und rentable Durchführung der geschäftlichen Tätigkeit des Vermieters gefährdet wäre oder die konkrete Lebensgestaltung des Vermieters die Nutzung der Mietwohnung erfordert. Dies kann zum Beispiel der Fall sein, wenn der Vermieter die Räume benötigt, um sein Büro näher am Eigenheim zu platzieren, um so Familie und Beruf besser in Einklang bringen zu können. Gleiches gilt bei gesundheitlichen Einschränkungen des Vermieters sowie bei der Betreuung von Kindern oder pflegebedürftigen Personen.

Diese Voraussetzungen sind aber zum Beispiel dann nicht erfüllt, wenn der Vermieter die Wohnung nur zur Auslagerung eines teilweise 30 Jahre zurückreichenden Aktenbestands für seine im selben Haus befindliche Beratungsfirma nutzen will. Hier stellt die Lagerung der Akten in einer anderen, etwas weiter entfernten Räumlichkeit für den Vermieter keinen erheblichen Nachteil dar (BGH, Urteil vom 29.3.2017, VIII ZR 45/16).

Benötigt der Vermieter die Räume nur teilweise für Wohnzwecke bzw. freiberufliche Zwecke (zum Beispiel zum Betrieb eines Architekturbüros), kann der Vermieter die Kündigung zwar nicht auf Eigenbedarf gemäß § 573 Abs. 2 Nr. 2 BGB stützen, aber auf ein allgemeines berechtigtes Interesse im Sinne von § 573 Abs. 1 BGB, da der Wunsch des Vermieters, seine Wohnung überwiegend für eigene berufliche Zwecke zu nutzen, im Hinblick auf die durch Art. 12 GG geschützte Berufsfreiheit grundsätzlich zu beachten ist (BGH, Beschluss vom 5.10.2005, VIII ZR 127/05). Dieses allgemeine berechtigte Interesse des Vermieters ist gesetzlich nicht geringer zu bewerten als der Eigenbedarf des Vermieters zu Wohnzwecken (BGH, Urteil vom 26.9.2012, VIII ZR 330/11).

Wie streng die Voraussetzungen für eine Kündigung des Vermieters sind, hängt davon ab, ob das Interesse des Vermieters an der Erlangung der Räume eher mit Eigenbedarf oder eher mit einer wirtschaftlichen Verwertung vergleichbar ist. Bei einer Vergleichbarkeit mit Eigenbedarf reicht bereits ein »beachtenswerter Nachteil« aus. Bei einer Vergleichbarkeit mit einer wirtschaftlichen Verwertung ist eine Kündigung nur bei einem »Nachteil von einigem Gewicht« begründet (BGH, Urteil vom 10.5.2017, VIII ZR 292/15).

In Stuttgart wollte eine Vermieterin eine ordentliche Kündigung wegen Eigenbedarfs durchführen, um die Wohnung als Büro zu nutzen. Ob für die Vermieterin ein »Nachteil von einigem Gewicht« bei einer Versagung der Nutzung vorgelegen hätte, ließ das Gericht dahinstehen. Hier scheiterte die Eigenbedarfskündigung schon deshalb, weil keine Genehmigung für eine Zweckentfremdung vorlag. In Stuttgart gibt es eine Zweckentfremdungsverordnung, die eine Nutzung von Wohnraum für eine gewerbliche Nutzung nur ausnahmsweise vorsieht. Eine solche Genehmigung muss daher bereits bei Ausspruch der Kündigung vorliegen; andernfalls handelt es sich um eine unzulässige Vorratskündigung (AG Stuttgart, Urteil vom 8.11.2021, 34 C 1880/21). Um eine sogenannte Mischnutzung ging es auch in dem vom BGH entschiedenen Fall vom 10.4.2024 (VIII ZR 286/22). Beabsichtigt der Vermieter, die Mietwohnung nicht nur zu Wohnzwecken zu beziehen, sondern dort zugleich überwiegend einer (frei-)beruflichen Tätigkeit nachzugehen (hier: Betrieb einer Rechtsanwaltskanzlei), wird es für das Vorliegen eines berechtigten Interesses an der Beendigung des Mietverhältnisses im Sinne von § 573 Abs. 1 Satz 1 BGB regelmäßig ausreichen, dass ihm bei verwehrtem Bezug ein beachtenswerter Nachteil entstünde.

Hinweis

Für eine beabsichtigte Mischnutzung aus Wohnen und Arbeiten gelten keine höheren Maßstäbe als für eine reine Wohnnutzung.

3.1.5 Kündigung durch eine Stadt/Gemeinde

Auch eine öffentlich-rechtliche Körperschaft, zum Beispiel eine Stadt oder eine Gemeinde, kann eine von ihr vermietete Wohnung kündigen, wenn sie diese für die Umsetzung von Aufgaben braucht und an deren Erfüllung ein gewichtiges öffentliches Interesse besteht. Daher kann die beabsichtigte Nutzung der Räume als Beratungsstelle für Erziehungs-, Ehe- und Lebensfragen ein berechtigtes Interesse an der Beendigung des Mietverhältnisses darstellen. Bei juristischen Personen des öffentlichen Rechts kann ein dem Kündigungsgrund des § 573 Abs. 2 Nr. 2 BGB (Eigenbedarf) »artverwandtes« Interesse für die Kündigung bestehen (BGH, Urteil vom 9.5.2012, VIII ZR 238/11).

Wie streng die Voraussetzungen für eine Kündigung des Vermieters nach der Generalklausel des § 573 Abs. 1 BGB sind, hängt somit davon ab, ob das Interesse des Vermieters an der Erlangung der Räume eher mit Eigenbedarf oder eher mit einer wirtschaftlichen Verwertung vergleichbar ist. Bei einer Vergleichbarkeit mit Eigenbedarf reicht bereits ein »beachtenswerter Nachteil« aus. Dagegen ist bei einer Vergleichbarkeit mit einer wirtschaftlichen Verwertung eine Kündigung nur bei einem »Nachteil von einigem Gewicht« begründet. Ob dies der Fall ist, muss in jedem Einzelfall entschieden werden (BGH, Urteil vom 10.5.2017, VIII ZR 292/15).

3.1.6 Kündigung durch einen gemeinnützigen Verein

Ein solches dem Eigenbedarfstatbestand »artverwandtes« berechtigtes Interesse liegt auch dann vor, wenn ein gemeinnütziger eingetragener Verein die von ihm vermieteten Räume benötigt, um diese einer Verwendung zuzuführen, die unmittelbar der Umsetzung seiner satzungsgemäßen, gemeinnützigen Ziele dient (hier: zur Betreuung von kindeswohlgefährdeten Kindern und Jugendlichen nach dem Modell des »familienanalogen Wohnens«). In diesem Fall kann der Verein ein Mietverhältnis über eine im selben Haus belegte Mietwohnung gemäß § 573 Abs. 1 BGB mit der Begründung ordentlich kündigen, er benötige diese wegen des kapazitätsübersteigenden Bedarfs der Jugendämter an Unterbringungsplätzen (AG Hamburg, Urteil vom 18.12.2015, 532 C 395/15).

Hinweis

Der generalklauselartige Kündigungstatbestand des § 573 Abs. 1 Satz 1 BGB ist den in § 573 Abs. 2 BGB genannten Kündigungsgründen, die Regelbeispiele darstellen, gleichgewichtig. Nach § 573 Abs. 1 Satz 1 BGB kann der Vermieter Umstände aus dem Interessenbereich Dritter berücksichtigen, wenn sich aufgrund familiärer, wirtschaftlicher oder rechtlicher Zusammenhänge mit diesen ein eigenes Interesse des Vermieters ergibt.

Der Vermieter kann den Eigenbedarf immer nur für die ganze Wohnung geltend machen, nicht für einzelne Teile. Eine Teilkündigung ist immer unwirksam. Ist ein Mietverhältnis daher wegen überwiegender Wohnnutzung als Wohnraummietverhältnis anzusehen, braucht sich der vom Vermieter geltend gemachte Eigenbedarf nur auf die Wohnräume zu beziehen.

3.2 Wer für wen Eigenbedarf geltend machen kann

Voraussetzung jeder Eigenbedarfskündigung ist es, dass es eine Person gibt, derentwegen der Vermieter Eigenbedarf geltend machen kann. Dabei wurde der Personenkreis, für den Eigenbedarf beansprucht werden darf, in den letzten Jahren von der Rechtsprechung immer mehr ausgeweitet.

Grundsätzlich kann der Vermieter den Eigenbedarf für sich selbst anmelden. Im Zeitpunkt der Abgabe und des Zugangs der Kündigungserklärung muss der Kündigende die Stellung des Vermieters einnehmen. Bei mehreren Vermietern genügt es, wenn der Eigenbedarf für einen von ihnen besteht (LG Berlin, Urteil vom 10.10.2000, 64 S 121/00). In § 573 Abs. 2 Nr. 2 BGB stellt der Gesetzgeber nicht auf das Erlangungsinteresse des Eigentümers ab, sondern ausschließlich auf den Bedarf des »Vermieters«. Daher muss der wegen Eigenbedarfs Kündigende nicht Eigentümer der Wohnung sein. So kann auch der Sohn, der die Wohnung mit Zustimmung seiner Eltern (Eigentümer) vermietet hat, wegen Eigenbedarfs für sich oder seine Angehörigen kündigen (LG Hamburg, Urteil vom 9.6.2011, 307 S 41/11).

3.2.1 Eigenbedarf des Erwerbers und des Erben

Grundsätzlich ist der Eigenbedarf höchstpersönlich. Wird die Wohnung verkauft, tritt der Erwerber in den Mietvertrag ein, denn »Kauf bricht nicht Miete« (§ 566 Abs. 1 BGB). Der Erwerber kann sich aber erst mit seiner Eintragung im Grundbuch auf Eigenbedarf berufen (LG Münster, Beschluss vom 17.12.1990, 3 T 17/90). Genau wie der Verkäufer kann er nur dann kündigen, wenn er selbst ein berechtigtes Interesse hat, zum Beispiel Eigenbedarf. In vorher erklärte Kündigungen kann er nicht eintreten. Denn mit dem Verkauf der Mieträume ist ein etwaiger Eigenbedarf des Veräußerers weggefallen. Vorher kann die Vermieterstellung nur wechseln, wenn sich Verkäufer, Käufer und Mieter darüber einig sind. Hatte der Verkäufer Eigenbedarf angemeldet und dem Mieter gekündigt, verliert seine Kündigung ihre Wirkung, wenn das Grundstück vor der Beendigung des Mietvertrags verkauft wird, denn dann ist der Erlangungswunsch des Verkäufers erloschen. Ausnahme: Die Eigenbedarfskündigung bleibt bestehen, wenn der Verkäufer den Eigenbedarf für einen Familienangehörigen geltend gemacht hat, an den er die Wohnung verkauft oder verschenkt hat. Der Angehörige hat dann nicht nur einen eigenen, sondern einen mit dem – fortbestehenden – Verkäuferbedarf praktisch deckungsgleichen Eigenbedarf (OLG Hamm, RE vom 21.7.1992, 30 RE-Miet 1/92).

Nach dieser Rechtsprechung dürfen sich für den Mieter aus einem Vermieterwechsel zwar keine Nachteile ergeben, jedoch soll der Vermieterwechsel dem Mieter auch keine Vorteile bringen. Deshalb wirkt die Kündigung des Vermieters auch dann zugunsten des Käufers – des Angehörigen –, wenn dieser bei einer eigenen Kündigung wegen Eigenbedarfs eine Sperrfrist wegen einer vorangegangenen Umwandlung in Eigentumswohnungen einhalten müsste. Nicht erforderlich ist, dass die Person des Vermieters nach Ausspruch der Kündigung identisch bleibt. Daher darf der in die Vermieterstellung eingetretene Erwerber (§ 566 BGB) der Mietwohnung die vom Veräußerer ausgesprochene Eigenbedarfskündigung weiter verfolgen, wenn der bisherige Kündigungsgrund in seiner Person fortbesteht (LG Itzehoe, Beschluss vom 20.12.2013, 9 S 31/13).

Ob einem Erwerber durch eine Vereinbarung das Recht, Eigenbedarf geltend zu machen, eingeräumt werden kann, ist strittig. Selbst wenn man mit der herrschenden Meinung die Möglichkeit einer Ermächtigung des Erwerbers zum Ausspruch einer Kündigung bereits vor seiner Eintragung im Grundbuch bejaht, kommt es ganz maßgeblich darauf an, ob in diesen Fällen die Kündigungsgründe in der Person des Veräußerers oder in der Person des Erwerbers liegen. Selbst mit einer Ermächtigung zum Ausspruch einer Eigenbedarfskündigung kann der Erwerber nur aufgrund von Tatsachen kündigen, die auch den Veräußerer zur Kündigung berechtigen würden. Eine Wartefrist für den Erwerber, um Eigenbedarf geltend zu machen, besteht nur dort, wo das Gesetz dies ausdrücklich vorsieht, zum Beispiel bei § 577a BGB.

Hat der verstorbene Vermieter vor seinem Tod noch wegen Eigenbedarfs gekündigt, so können sein Erbe oder die Erbengemeinschaft die Kündigung nur dann weiterverfolgen, wenn der Kündigungsgrund auch von ihnen geltend gemacht werden kann. Das gilt in aller Regel bei einem Eigenbedarf, den der Verstorbene für sich selbst geltend gemacht hat, nicht (OLG Karlsruhe, Urteil vom 22.4.1993, 11 U 60/92).

Kann dagegen gekündigt werden, so ist die Kündigung von allen Mitgliedern der Erbengemeinschaft zu unterschreiben und an alle Mieter des Mietverhältnisses zu richten. Denn bei einer Erbengemeinschaft sind zur Kündigung und ggf. zur Erhebung einer Räumungsklage nur alle Miterben gemeinschaftlich berechtigt. Weigern sich einzelne Miterben, wegen begründeten Eigenbedarfs zu kündigen, müssen sie von den anderen Miterben auf Abgabe dieser Erklärung verklagt werden (§ 2038 Satz 1 BGB).

3.2.2 Eigenbedarf bei Umwandlung

Wurde das Mietshaus nach der Vermietung in Eigentumswohnungen umgewandelt, muss der Erwerber, der nach dem Kauf wegen Eigenbedarfs kündigen will, die Kündigungssperrfrist des § 577a BGB von drei bis zehn Jahren beachten. Dies gilt ebenfalls für den Fall, dass vermieteter Wohnraum nach der Überlassung an den Mieter an eine Personengesellschaft oder mehrere Erwerber veräußert wurde bzw. zu deren Gunsten mit einem Recht belastet wurde, durch dessen Ausübung dem Mieter der vertragsgemäße Gebrauch entzogen wird (§ 577a Abs. 1, Abs. 2 BGB).

3.2.3 Eigenbedarf bei Vermietung auf bestimmte Zeit

Wurde ein Mietvertrag für eine bestimmte Zeit abgeschlossen, können weder Vermieter noch Mieter kündigen, auch nicht wegen Eigenbedarfs. Es kann auch das ordentliche Kündigungsrecht vertraglich für maximal vier Jahre ausgeschlossen werden.

3.2.4 Eigenbedarf des Untervermieters und Nießbrauchers

Eigenbedarf kann nicht nur vom Eigentümer geltend gemacht werden, dieses Recht hat auch der Untervermieter gegenüber dem Untermieter (LG Lüneburg, Urteil vom 21.9.1998, 4 T 140/98). Dasselbe gilt für den Nießbrauchsberechtigten, der zum Beispiel das Eigentum an der Immobilie seinen Kindern übertragen, sich aber den Nießbrauch vorbehalten hat. Er kann auch dann eine Kündigung wegen Eigenbedarfs erklären; er muss nicht zugleich Eigentümer der Immobilie sein (AG Andernach, Urteil vom 23.8.2007, 6 C 387/07).

3.2.5 Eigenbedarf einer Gesellschaft bürgerlichen Rechts

Auch eine GbR kann ein Mietverhältnis wegen Eigenbedarfs eines ihrer Gesellschafter kündigen. Grund: Es wäre nicht gerechtfertigt, Gesellschafter einer bürgerlichrechtlichen Gesellschaft schlechter zu stellen als Mitglieder einer einfachen Vermietermehrheit, das entschied der BGH. Dabei bezog er sich auf die Ehegatten, die Miteigentümer eines Hauses sind und die Mietverträge als GbR abschließen, oder die kleinere GbR, die ein Mehrfamilienhaus erwirbt, um es zu sanieren und zu bewohnen (BGH, Urteil vom 27.6.2007, VIII ZR 271/06). Es hinge oft nur vom Zufall ab, ob eine Personenmehrheit – etwa ein Ehepaar – eine Wohnung als einfache Bruchteilsgemeinschaft oder als GbR vermiete. Es sei daher nicht ersichtlich, weshalb diese Personenmehrheit nur als Gesamthandsgemeinschaft, nicht aber als Gesellschaft berechtigt sein soll, eine Eigenbedarfskündigung zugunsten eines ihrer Gesellschafter oder deren Familienangehöriger auszusprechen.

Um den Mieter vor einem unkalkulierbaren Risiko und Eigenbedarfskündigungen durch einen nicht überschaubaren Personenkreis zu bewahren, verlangte der BGH zunächst, dass der Kreis der Gesellschafter, für die Eigenbedarf geltend gemacht werden kann, auf die bei Abschluss des Mietvertrags vorhandenen Gesellschafter beschränkt ist. Dies verlangt der BGH heute nicht mehr. Deshalb kann eine GbR Eigenbedarf auch zugunsten solcher Gesellschafter geltend machen, die erst nach Abschluss des Mietvertrags bzw. nach Eintritt der GbR in das Mietverhältnis Gesellschafter wurden (BGH, Urteil vom 23.11.2011, VIII ZR 74/11). Denn auch dann, wenn eine Wohnung verkauft wird, tritt der Käufer nach § 566 BGB in die Stellung der Mitvermieter ein, sodass ein Miteigentümer, der diese Stellung erst nach Abschluss des Mietvertrags erwarb, für sich ebenso Eigenbedarf geltend machen kann.

Hinweis

Der BGH verkennt nicht, dass die Gesellschaft durch einen späteren Gesellschafterwechsel Eigenbedarf willkürlich herbeiführen kann. Dennoch ist eine unterschiedliche Behandlung von Gesellschaftern einer GbR und anderen Vermietermehrheiten nicht gerechtfertigt.

Diese Rechtslage bestätigte der BGH in einem weiteren Urteil. Damit erteilte er der Ansicht des LG München I eine Absage, dass eine Änderung der Rechtsprechung angestrebt hatte. Das Gericht war der Auffassung, dass der Mieter vor einer unüberschaubaren Anzahl von Personen auf Vermieterseite, die Eigenbedarf geltend machen können, geschützt werden müsse. Eine GbR könne daher zugunsten ihrer Gesellschafter keinen Eigenbedarf geltend machen. Sie sei mit Blick auf den durch § 573 Abs. 2 BGB vermittelten Verdrängungs- und Bestandsschutz des Wohnraummieters, vor allem in angespannten Wohnraummärkten, nicht mit einer Vermietermehrheit vergleichbar. In diesem Fall hatte die Mieterin circa 30 Jahre in einer Wohnung gelebt. Das Haus, in der sich die Wohnung befand, wurde von einer aus vier Personen bestehenden GbR gekauft, deren vertraglicher Zweck in der »Instandsetzung, Modernisierung und dem Ausbau des Anwesens, dessen Vermietung und nach Möglichkeit dessen Aufteilung« lag. Innerhalb von 14 Jahren wurden alle übrigen Wohnungen saniert. Danach wurde die Wohnung der Mieterin wegen Eigenbedarfs für die Tochter eines der Gesellschafter gekündigt. Es sei gerade kein Zufall mehr, dass sich GbRs statt Vermietermehrheiten bildeten. Von den auf Amortisation und Vermehrung der getätigten Investitionen ausgerichteten, organisierten Gesellschaften gehe ein schwer überschaubares Risiko einer Eigenbedarfskündigung aus (Urteil vom 7.10.2015, 14 S 2969/15).

Anders der BGH: Auch bei Vermietermehrheiten bestünde – ebenso wie bei GbRs – eine große Bandbreite unterschiedlicher Strukturen. Neben kleinen und kompakten Miteigentümer- und Erbengemeinschaften gebe es auch solche, die eine große Mitgliederzahl oder verflochtene Strukturen aufweisen, was etwa bei über mehrere Generationen fortgesetzten Erbengemeinschaften der Fall sei. Folglich dürften Gesellschafter einer GbR nicht schlechter gestellt werden als Mitglieder einer einfachen Vermietermehrheit (BGH, Urteil vom 14.12.2016, VIII ZR 232/15). Dies hat der BGH in einem weiteren Urteil bestätigt. Auch bei Vermietermehrheiten gebe es – ebenso wie bei Gesellschaften bürgerlichen Rechts – eine große Bandbreite unterschiedlicher Strukturen, insbesondere hinsichtlich der Zahl der Mitglieder (Urteil vom 15.3.2017, VIII ZR 92/16). Das Risiko der Eigenbedarfskündigung bei einer GbR gestalte sich nicht anders als bei einer Miteigentümer- oder Erbengemeinschaft.

Achtung

Kündigen muss in einer solchen Konstellation die Gesamtheit der Gesellschafter.

Eine Personengesellschaft ist nach dem Erwerb der Mietsache und Eintritt in das bestehende Mietverhältnis gemäß § 577a Abs. 1a Satz 2 Alt. 1 BGB wegen des Ausspruchs einer Eigenbedarfskündigung ausnahmsweise nicht von der gesetzlichen Kündigungssperre des § 577a Abs. 1a Satz 1 Nr. 1 Alt.1 BGB erfasst, wenn sämtliche ihrer Gesellschafter zum Zeitpunkt des Erwerbs derselben Familie angehörten. Dazu zählen auch entfernte Verwandte, jedenfalls bei enger sozialer Bindung. Im vorliegenden Fall gehörten die Gesellschafter oder Erwerber derselben Familie oder demselben Haushalt an (hier: bei Eigentumserwerb die Gesellschafter als Cousins), zudem bestand eine hinreichend enge soziale Bindung der beiden Gesellschafter. Die Eigenbedarfskündigung war daher wirksam (LG Berlin, Urteil vom 19.10.2023, 67 S 119/23).

Meldet der Vermieter Eigenbedarf an, muss er die Absicht haben, die Räume selbst, entweder allein oder mit anderen zusammen, zu bewohnen. Gibt er allerdings nach dem Ausspruch der Kündigung seinen ursprünglichen Selbstnutzungswunsch auf und überlässt er dann die Wohnung einem Familienangehörigen, der einen entsprechenden Bedarf hat, ist umstritten, ob ein solches Auswechseln des Kündigungsgrundes zulässig ist, ohne eine neue Kündigung aussprechen zu müssen.

Hat der Verwalter eines Grundstückseigentümers den Mietvertrag im eigenen Namen abgeschlossen, ist der Verwalter Vermieter. Eine Eigenbedarfskündigung des Grundstückseigentümers ist dann nicht möglich. Soweit der Grundstückseigentümer wegen Eigenbedarfs kündigen will, ginge dies nur über die Generalklausel des berechtigten Interesses des kündigenden Verwalters nach § 573 Abs. 1 BGB. Dies gilt ebenfalls dann, wenn ein Miteigentümer des Grundstücks, der den Mietvertrag nicht mit unterschrieben hat, Eigenbedarf anmelden will.

Dagegen kommt für Aktiengesellschaften (AG) Eigenbedarf nicht in Betracht, da sie Wohnräume weder als »Wohnung für sich« noch für »Familien- oder Haushaltsangehörige« benötigen können. Dies gilt nach einem Beschluss des BGH auch dann, wenn eine juristische Person einen kleinen Miteigentumsanteil an einer vermieteten Wohnung auf eine natürliche Person überträgt, um eine Eigenbedarfskündigung zu ermöglichen. Die anschließende Kündigung ist rechtsmissbräuchlich und somit nicht wirksam. In dem vom BGH entschiedenen Fall übertrug eine Aktiengesellschaft nach einer zuvor gescheiterten Eigenbedarfskündigung nach anwaltlicher Beratung schenkungsweise einen 5/100-Miteigentumsanteil an der Wohnung an die 18-jährige Tochter des Vorstands. Nach Vollzug der Schenkung wurde das Mietverhältnis wegen Eigenbedarfs der Tochter erneut gekündigt und schließlich mangels erfolgter Herausgabe Räumungsklage erhoben. Der BGH hielt die Kündigung für rechtsmissbräuchlich und damit für unwirksam, weil durch die schenkweise Übertragung eines unbedeutenden Miteigentumsanteils keine nennenswerte Änderung der Eigentums- bzw. der wirtschaftlichen Verhältnisse erfolgte und dadurch nur der Ausschluss einer Eigenbedarfskündigung durch die Aktiengesellschaft umgangen werden sollte (BGH, Beschluss vom 30.3.2021, VIII ZR 221/19).

3.2.6 Eigenbedarf für eine offene Handelsgesellschaft (OHG)

Für Personenhandelsgesellschaften, zum Beispiel eine OHG, gilt Folgendes: Sie entstehen nicht zufällig, sondern durch zum Teil umfangreiches rechtsgeschäftliches Tätigwerden ihrer Mitglieder von der Errichtung eines Gesellschaftsvertrags bis zur Eintragung im Handelsregister. Die Gefahr einer vom Zufall abhängenden Ungleichbehandlung von Personenmehrheiten ist bei einer Personenhandelsgesellschaft ausgeschlossen. Eine Gruppe, die sich zum Betrieb eines Handelsgewerbes zusammenfindet, hat auch keine Beziehung zum Wohnbedarf ihrer Mitglieder. Diese treten dem Mieter nur als zum Handelszweck verbundene Gesellschafter und nicht als natürliche Personen gegenüber (LG Hamburg, Urteil vom 7.8.2009, 311 S 128/08). Deshalb kann eine OHG keine Eigenbedarfskündigung durchführen.

3.2.7 Eigenbedarf für eine Kommanditgesellschaft (KG)

Ist eine KG Vermieterin, kommt Eigenbedarf nicht in Betracht. Grund: Eine KG kann Wohnräume weder als Wohnung für sich noch für Familien- oder Haushaltsangehörige beanspruchen. Dies gilt auch für den Geschäftsführer der Komplementärgesellschaft der KG, der nicht Gesellschafter ist (BGH, Urteil vom 23.5.2007, VIII ZR 122/06).

Es bleibt aber die Möglichkeit einer Kündigung nach der Generalklausel des § 573 Abs. 1 BGB wegen eines berechtigten Interesses, insbesondere sogenannter Betriebsbedarf, der auch für die Gesellschafter der Personenhandelsgesellschaft geltend gemacht werden kann. Bejaht wurde der Betriebsbedarf für eine Kommanditgesellschaft, die eine Wohnung für einen Hausmeister benötigte, der aus betrieblichen Gründen auf dem Firmengelände wohnen sollte. Ohne einen solchen Betriebsbedarf kann die KG jedoch nicht mit der Begründung kündigen, dass ein Gesellschafter die Wohnung rein privat nutzen will (BGH, Urteil vom 15.12.2010, VIII ZR 210/10).

Ein berechtigtes Interesse einer KG an der Beendigung des mit einem betriebsfremden Mieter abgeschlossenen Mietverhältnisses gemäß § 573 Abs. 1 Nr. 1 BGB besteht also nur dann, wenn das Wohnen ihres Mitarbeiters gerade in dieser Wohnung nach seiner betrieblichen Funktion und Aufgabe für den Betriebsablauf von nennenswertem Vorteil ist. Dies gilt auch für den Geschäftsführer der Komplementärin der KG (BGH, Urteil vom 23.5.2007, VIII ZR 113/06). Das Interesse des Vermieters an der Beendigung des Mietverhältnisses ist danach zu gewichten, ob und ggf. welche Bedeutung es für das Unternehmen hat, dass der Mitarbeiter seinen Wohnsitz in der vermieteten Wohnung nimmt. Dabei kommt es insbesondere auf die Funktion und die Aufgaben des Mitarbeiters an.

Der BGH wies in diesem Fall den Eigenbedarfswunsch des Vermieters ab. Aus betrieblichen Gründen sei es weder geboten noch für den Betriebsablauf von nennenswertem Vorteil, dass der Geschäftsführer der KG auf dem Gelände wohne. Termine mit gewerblichen Mietinteressenten könne er auch von den Büroräumen der KG auf dem Gelände aus organisieren. Dies sei auch kurzfristig möglich. Dazu bedürfe es keiner Wohnung auf dem Betriebsgelände. Es gehe dem Vermieter im Wesentlichen darum, dem Geschäftsführer nach langer Arbeitszeit zu einem kurzen Heimweg zu verhelfen. Dem habe das Berufungsgericht jedoch unter Berücksichtigung der Gesamtumstände ohne Rechtsfehler kein entscheidendes Gewicht zugemessen. Ein berechtigtes Interesse einer KG an der Beendigung des mit einem Betriebsfremden abgeschlossenen Mietverhältnisses nach § 573 Abs. 1 Nr. 1 BGB bestehe nur dann, wenn das Wohnen des Mitarbeiters gerade in dieser Wohnung nach seiner betrieblichen Funktion und Aufgabe für den Betriebsablauf von nennenswertem Vorteil sei.

Auch eine GmbH & Co. KG kann ein Mietverhältnis nicht wegen Eigenbedarfs ihrer Gesellschafter kündigen. Im Gegensatz zu einer GbR geschieht die Bildung einer Handels- oder Kommanditgesellschaft nicht zufällig, sondern beruht auf einer bewussten Entscheidung aufgrund wirtschaftlicher, steuerlicher oder haftungsrechtlicher Überlegungen. Auch ein Betriebsbedarf ist nicht gegeben, wenn lediglich ein persönlicher Nutzungswunsch der Kommanditisten oder Gesellschafter oder Geschäftsführer der Komplementärin besteht (BGH, Urteil vom 15.12.2010, VIII ZR 210/10).

Gleiches gilt für juristische Personen wie eine GmbH. Diese haben kein Kündigungsrecht wegen Eigenbedarfs, da die Räume von einer juristischen Person nicht als Wohnung benutzt werden können. Es genügt nicht, wenn ein Gesellschafter, ein gesetzlicher Vertreter oder ein Angestellter der juristischen Person die Räume nutzen will. Der Nutzungswillige gehört nicht zum privilegierten Personenkreis, da er weder Vermieter noch Angehöriger ist.

3.2.8 Eigenbedarf für Familienangehörige

Auch für Familienangehörige kann Eigenbedarf angemeldet werden. Nach Ansicht des BGH bieten die Regelungen über das Zeugnisverweigerungsrecht einen Anknüpfungspunkt dafür, wie weit der Kreis der privilegierten Familienangehörigen zu ziehen ist (§ 52 Abs. 1 Ziff. 1 StPO). Darauf, ob die Familienangehörigen bereits zum Haushalt gehören, kommt es nicht an. Ebenso wenig darauf, ob ein besonders enges persönliches Verhältnis zum Vermieter besteht.

Achtung

Als Familienangehörige zählen der Ehegatte und die Verwandten und Verschwägerten in gerader Linie (Eltern, Großeltern, Kinder, Enkel, Urenkel etc.), zudem die Verwandten in der Seitenlinie bis zum dritten Grad (Neffen und Nichten, Onkel und Tanten, Geschwister) und die Verschwägerten in der Seitenlinie bis zum zweiten Grad (Schwiegerkinder und Schwiegereltern).

Auch Ehegatten zählen zu den Familienangehörigen. Das gilt selbst dann, wenn sie getrennt leben, ein Scheidungsantrag bereits eingereicht ist oder die Scheidung schon vollzogen wurde (BGH, Urteil vom 2.9.2020, VIII ZR 35/19). Durch den Wunsch zum Getrenntleben wird die Familienzugehörigkeit aber nicht aufgehoben. Deshalb kann der Vermieter kündigen, wenn er eine weitere Wohnung benötigt, damit er von seinem Ehegatten getrennt leben kann. Für den geschiedenen Ehegatten gilt dies jedoch ebenso wenig wie für die Schwiegereltern (AG Hamburg, Urteil vom 21.7.1995, 43b C 250/95). Mit der Scheidung verliert der Ehegatte seine Familienzugehörigkeit.

Zulässig ist die Eigenbedarfskündigung auch dann, wenn der Vermieter eine Wohnung für die Mutter seiner nichtehelichen Kinder kündigt, damit für die Kinder eine Wohnung zur Verfügung steht. Dieser Fall ist der Kündigung zugunsten eines Angehörigen gleichzustellen.

Für die Schwiegermutter hat dies das LG München I entschieden (Urteil vom 13.7.2017, 14 S 1848/16): Der Vermieter kann Eigenbedarf anmelden, wenn er seine 83-jährige pflegebedürftige Schwiegermutter im eigenen Haus wohnen lassen will. Gleiches gilt für die eigene Mutter, wenn diese beabsichtigt, aus einer größeren und teureren Wohnung auszuziehen. Dies gilt auch dann, wenn es sich bei dieser Wohnung um eine Eigentumswohnung in besserer Wohnlage handelt (AG Berlin, Urteil vom 13.1.2011, 8 C 66/10). Eigenbedarf ist außerdem möglich für Stiefkinder (LG Hamburg, Urteil vom 12.12.1996, 307 S 206/96), Pflegekinder und Pflegeeltern.

Zu den Familienangehörigen zählen die Geschwister (BGH, Urteil vom 9.7.2003, VIII ZR 276/02), Eltern und Kinder, die Enkel sowie der Schwiegersohn (AG Köln, Urteil vom 21.12.1988, 211 C 440/88). Das Gericht entschied zugunsten des Enkels des Vermieters und gegen die Mieter. Trotz deren erheblichen Alters (hier: 82 Jahre) und Krankheit sei dem Vermieter der Vorzug zu geben, zumal der Vermieter eine Wohnung zum Tausch im Parterre angeboten habe.

Auch die Kinder der Geschwister, also Neffen und Nichten, und die Großnichte zählen zum privilegierten Personenkreis, unabhängig von einem besonderen Näheverhältnis (BGH, Urteil vom 27.1.2010, VIII ZR 159/09). Sie sind noch so eng mit dem Vermieter verwandt, dass es nicht darauf ankommt, ob im Einzelfall eine besondere persönliche Beziehung oder eine soziale Verbindung zum Vermieter besteht. Entferntere Verschwägerte und Verwandte, etwa die mit dem Vermieter im vierten Grad verwandten

Cousins und Cousinen, gehören dagegen nur dann zu den Familienangehörigen, wenn besondere Umstände vorliegen, die eine enge Bindung des Vermieters zu der betreffenden Person ergeben oder der Vermieter ihr rechtlich oder zumindest moralisch zur Gewährung von Unterhalt oder sonstiger Fürsorge verpflichtet ist und sich daraus eine moralische und sittliche Verantwortlichkeit des Vermieters für den Wohnbedarf dieses Angehörigen ergibt.

Der BGH bestätigte, dass Cousins nicht zur Familie gehören. Der Begriff der »Familie« sei deckungsgleich mit dem der »Familienangehörigen« in § 573 Abs. 2 Nr. 2 BGB. Dabei handele es sich ausschließlich um diejenigen Personen, denen ein Zeugnisverweigerungsrecht aus persönlichen Gründen (§ 383 ZPO, § 52 StPO) zustehe. Entferntere Verwandte – wie ein Cousin oder eine Cousine – gehören nicht zum privilegierten Personenkreis. Der BGH beruft sich bei seiner Entscheidung darauf, dass der Gesetzgeber innerhalb enger Verwandtschaft ein typisches Verhältnis von persönlicher Verbundenheit und Solidarität annimmt. Die Annahme basiert auf objektiven Kriterien des Verwandtschaftsgrades, wie sie im Zeugnisverweigerungsrecht zu finden sind. Es sei daher sachgerecht, diese Wertung auch auf die Ausnahmeregelungen im Mietrecht anzuwenden (BGH, Urteil vom 10.7.2024, VIII ZR 276/23).

Das LG Braunschweig entschied mit Urteil vom 31.1.1994 (7 S 61/93), wann ein solcher sozialer Kontakt besteht, aus dem sich eine sittliche Verantwortung des Vermieters für den Wohnbedarf der Cousine ergibt. Dies folgte in dem entschiedenen Fall daraus, dass der Vermieter die Cousine nicht unerheblich finanziell unterstützte. Neben Paket- und Geldsendungen nach Polen hatte er ein Auto, einen neuen Fernseher, einen Küchenschrank und eine Waschmaschine für sie und ihre Familie gekauft. Über die familiären Bindungen hinaus sei deshalb auch ein tatsächliches besonderes Näheverhältnis zwischen dem Vermieter und seiner Cousine anzunehmen.

Gleiches gilt, wenn die entfernteren Verschwägerten und Verwandten dem Vermieter persönlich nahestehen, zum Beispiel weil familiäre Beziehungen zu diesen Personen unterhalten werden und die Überlassung der Wohnung der Pflege dieser Beziehungen dienen soll (LG Ravensburg, Urteil vom 17.6.1992, 2 S 85/92). Die generelle Beschränkung des Begriffs der »Familienangehörigen« nur auf Verwandte gerader Linie wäre eine unzulässige Einschränkung des Verfügungsrechts des Vermieters (OLG Braunschweig, RE vom 1.11.1993, 1 W 26/93).

Achtung

Wer Eigenbedarf für einen entfernteren Verwandten oder Verschwägerten geltend machen will, muss bereits im Kündigungsschreiben angeben, aus welchen besonderen Sachumständen sich die enge Verbindung zu dieser Person ergibt. Faustregel: Je entfernter der Grad der Verwandtschaft ist, desto enger muss der soziale Kontakt sein, um den Eigenbedarf für einen Verwandten beanspruchen zu können. Es kommt dafür immer auf die besonderen Umstände des Einzelfalls an.

Ein besonderes Verhältnis wurde verneint und damit der Eigenbedarfswunsch abgelehnt für die Tochter eines Cousins (AG Waiblingen, Urteil vom 9.12.1993, 8 C 2083/93). Zwar bestanden enge familiäre Beziehungen, die Patentochter wollte künftig mit der Vermieterin ihre Freizeit gestalten und auch bei Urlaubsabwesenheit die Wohnung der Vermieterin versorgen. Dies jedoch führte noch nicht zu einer moralischen Unterhalts- und Fürsorgepflicht der Vermieterin für ihr Patenkind.

Achtung

Der Vermieter kann auch Eigenbedarf zugunsten seines Stiefsohns geltend machen, wenn dieser in die Familie aufgenommen ist und sich die Familienstruktur nicht wesentlich von einer Familie unterscheidet, in der gemeinsame Kinder vorhanden sind. Pflegekinder gelten nur dann als Familienangehörige, wenn sie in die Familie aufgenommen wurden.
Für Stiefkinder des Vermieters, die mit diesem weder in einem gemeinsamen Haushalt leben noch mit ihm verwandt oder verschwägert sind, kann Eigenbedarf nicht geltend gemacht werden, da diese – auch bei enger persönlicher Bindung – keine Bedarfspersonen im Sinne von § 573 Abs. 2 Nr. 2 BGB sind (AG Siegburg, Urteil vom 17.10.2018, 105 C 97/18).

Auch Schwager und Schwägerin gehören zum privilegierten Personenkreis, wenn ein besonders enger Kontakt zum Vermieter besteht oder eine moralische Pflicht des Vermieters, für diese zu sorgen (BGH, Beschluss vom 3.3.2009, VIII ZR 247/08). Gleiches gilt für eine Kündigung zugunsten des Großneffen des Vermieters. Daher ist im Einzelfall ein besonderes und herausgehobenes persönliches Näheverhältnis erforderlich, das über allgemein enge Familienbande hinausgeht und eine moralische Verpflichtung des Vermieters gerade gegenüber der Bedarfsperson begründet (AG Fürstenfeldbruck, Urteil vom 9.8.2019, 5 C 364/19).

Beispiel

Die Vermieterin kündigte das Mietverhältnis mit der Begründung, sie wolle die Wohnung ihrem Schwager, seiner Ehefrau und den beiden gemeinsamen minderjährigen Kindern zur Verfügung stellen. Zwischen den Familien bestehe ein besonders enger persönlicher Kontakt und deshalb der Wunsch nach größerer Nähe. Dies lasse sich nur durch den Einzug in die gekündigte Wohnung verwirklichen (BGH, Beschluss vom 3.3.2009, VIII ZR 247/08).

Die Schwiegereltern und der Schwager gelten als Familienangehörige, solange die das Schwägerschaftsverhältnis begründende Ehe fortbesteht. Nach der Scheidung sind die Schwiegereltern nicht mehr als Familienangehörige anzusehen (LG Frankfurt/Main, Urteil vom 9.6.1987, 2/11 S 532/86). Der Eigenbedarfswunsch des Eigentümers einer benachbarten Zweizimmerwohnung für die Mutter der geschiedenen Frau ging damit ins Leere. Der Vermieter hatte den Mietvertrag gekündigt, weil sich seine 71-jährige Schwiegermutter aus Gesundheitsgründen nicht mehr selbst versorgen konnte.

Das LG: Der Kreis der Familienangehörigen, zu deren Gunsten ein Mietvertrag beendet werden kann, sei auf die Personen begrenzt, zu denen der Vermieter enge familiäre Beziehungen unterhält und für die er rechtlich oder moralisch zum Unterhalt oder sonstiger Fürsorge verpflichtet ist. Diese Voraussetzungen lägen nicht vor. Eine rechtliche Pflicht, für seine Schwiegermutter zu sorgen, sei nicht erkennbar, da seine geschiedene Ehefrau noch am Leben sei, die vorrangig für ihre Mutter zu sorgen habe.

Entscheidend ist, ob die Person, zu deren Gunsten Eigenbedarf geltend gemacht wird, in den Familienverbund fest eingebunden ist (LG Mainz, Urteil vom 26.3.1991, 3 S 305/90): Im vorliegenden Fall lag kein enger sozialer Kontakt zwischen dem Vermieter und der Schwägerin vor. Auch die Tatsache, dass der Vermieter pflegebedürftig war, führte zu keinem anderen Ergebnis. Grund: Die Pflegebedürftigkeit des Vermieters hatte bereits bei Vertragsschluss bestanden. Eine spätere Kündigung der Wohnung zugunsten einer Pflegeperson – hier: der Schwägerin – kann bei im Wesentlichen unveränderten Umständen nicht begründet werden.

Ebenso, wenn der Vermieter von seiner Nichte etwa zehnmal im Jahr besucht wird und die Verwandten vor mehreren Jahren einen gemeinsamen Urlaub verbrachten (LG Wiesbaden, Urteil vom 26.2.1991, 8 S 490/90).

Keine Eigenbedarfskündigung ist möglich für die Verlobte eines Kindes, die Kinder einer Cousine, die Kinder einer Schwiegertochter, den nichtehelichen Lebensgefährten und dessen Kinder, Patenkinder und Pflegekinder des Vermieters. Diese kommen allenfalls als Haushaltsangehörige in Betracht.

Auch die Verlobte des Vermieters ist nicht seine Familienangehörige, weil sie weder im Sinne von § 1589 BGB mit ihm verwandt noch im Sinne von § 1590 BGB mit ihm verschwägert ist.

Handelt es sich bei dem Angehörigen um einen ausländischen Staatsbürger, setzt die Kündigung wegen Eigenbedarfs zusätzlich voraus, dass diese Person ein Aufenthaltsrecht am Ort der Mietwohnung hat (LG Hamburg, Urteil vom 27.5.1993, 334 S 6/93).

3.2.9 Eigenbedarf für Angehörige des Haushalts

Angehörige des Haushalts sind Personen, die der Vermieter vor Ausspruch der Kündigung schon vor längerer Zeit und auf Dauer in seinen Haushalt aufgenommen hat und die in Hausgemeinschaft mit ihm leben. Dazu zählen der Ehegatte, Kinder, sonstige Familienangehörige, Lebensgefährte, dessen Kinder und Pflegekinder, Haushaltshilfen, Pflegepersonen, Freunde, Patenkinder, Auszubildende, Lehrlinge.

Nicht zu den Haushaltsangehörigen zählen die Mitbewohner einer Wohngemeinschaft oder Mitglieder einer Glaubensgemeinschaft, die der Vermieter bei sich aufgenommen hat.

Beispiel

Zu den Hausstandsangehörigen gehören nur Personen, die mit dem Vermieter seit längerer Zeit und auf Dauer in der Wohnung leben. Allerdings setzt ein »Benötigen« des Vermieters mehr als eine bloße Bedarfssituation voraus. Der Vermieter muss mit den Bedarfspersonen in einem gewissen sozialen Kontakt stehen und für den Wohnbedarf der Bedarfspersonen eine gewisse Verantwortung haben. Das AG Köln entschied mit Urteil vom 25.8.1992 (217 C 14/92), dass, wenn man die Aufnahme von Mitgliedern einer Glaubensgemeinschaft als Grund für die Eigenbedarfskündigung anerkennen wollte, künftig jeder Vermieter durch Gründung einer Zweckgemeinschaft Eigenbedarf begründen könne, sofern er die Mitglieder dieser Gemeinschaft bei sich aufnimmt. Im Grunde seien solche Mitglieder wie Untermieter zu behandeln. Durch die Aufnahme von Untermietern aber könne kein Vermieter Eigenbedarf herbeiführen. Im Unterschied zur freiwilligen Aufnahme der Mitglieder der Glaubensgemeinschaft erfordere § 564b Abs. 2 Nr. 2 BGB eine wirtschaftliche, soziale oder moralische Zwangslage des Vermieters, die seinen Eigenbedarf vernünftig oder nachvollziehbar erscheinen lässt. Der bloße Wille, die Wohnung dritten Personen zu überlassen, reicht nicht.

Auch das Kind eines Lebensgefährten ist nicht privilegiert, entschied das AG Winsen/Luhe (Urteil vom 25.11.1993, 4 c C 1467/93). Die Tochter der Lebensgefährtin zählt nicht zu den Familienangehörigen im Sinne von § 564b Abs. 2 Nr. 2 BGB. Sie ist auch keine zum Hausstand des Vermieters gehörende Person. Sie wurde vom Vermieter nicht dauerhaft in die Wohnung aufgenommen. Es mag zwar sein, so das Gericht, dass der Vermieter zu der Tochter der Lebensgefährtin ein gutes Verhältnis hat. Jedoch lägen keinerlei verwandtschaftliche Beziehungen vor, die einen Eigenbedarf begründen könnten. Der Vermieter habe keine rechtliche oder unabweisbar sittliche Pflicht, für die Deckung des Wohnbedarfs der erwachsenen Tochter seiner Lebensgefährtin zu sorgen. Der Vermieter habe keine gesetzliche Unterhaltspflicht, da es sich nicht um seine leibliche Tochter handle und keinerlei rechtliche Verpflichtungen bestünden. Eine sittliche Pflicht bestehe auch nicht, weil die erwachsene Tochter selbst für ihren Wohnbedarf sorgen könne. Der Vermieter möge sich moralisch verpflichtet fühlen, der Tochter eine Wohnung zu verschaffen. Dies reiche aber für einen Eigenbedarf nicht aus.

Dasselbe gilt für ein Patenkind der Vermieterin, mit dem Verwandtschaft im fünften Grad der Seitenlinie besteht (AG Waiblingen, Urteil vom 9.12.1993, 8 C 2083/93). Die Vermieterin trug vor, dass sie zu ihrem Patenkind eine besonders enge persönliche Beziehung habe. Diese solle auch für den Fall, dass die Vermieterin verreise, den Haushalt beaufsichtigen, die Katzen pflegen, deren Pflanzen betreuen und sich um die Post kümmern. Das Gericht entschied, dass keine rechtliche Unterhaltspflicht für das Patenkind bestehe. Zwar treffe eine Patentante dann eine moralische Unterhaltspflicht, wenn die Eltern des Patenkinds versterben oder nicht für den Unterhalt des Patenkindes aufkommen können. Eine darüber hinausgehende moralische Unterhaltspflicht für ein Patenkind bestehe nicht. Die geplante gemeinsame Freizeitgestaltung und die Hilfe der Patentochter begründe keinen Eigenbedarf.

Auch eine »Nebenfrau« des Vermieters gehört nach dem Verständnis des deutschen Gesetzgebers nicht zu den Angehörigen des Vermieters, entschied das LG Aachen (Urteil vom 12.7.1985, 3 S 106/85).

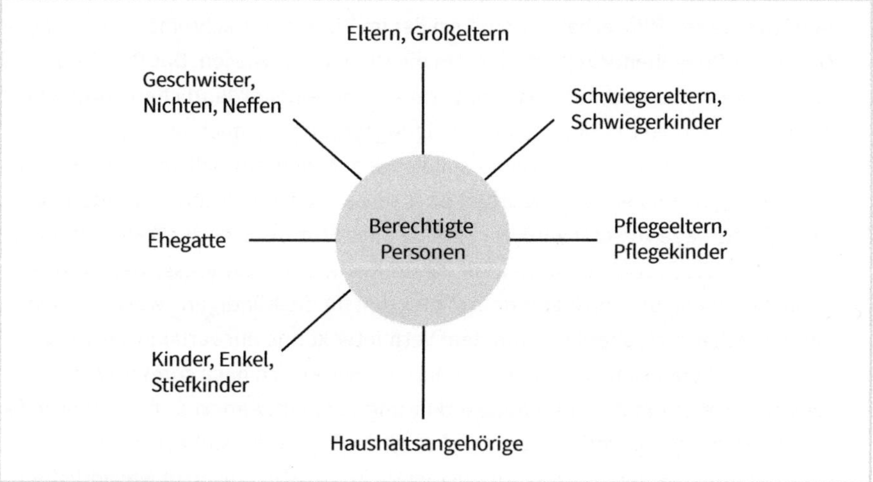

Abb. 3: Berechtigte Personen

3.2.10 Eigenbedarf für Pflegepersonen

Vermieter können auch Eigenbedarf für eine Person geltend machen, die erst künftig in den Haushalt des Vermieters aufgenommen werden soll. So ist es nicht erforderlich, den Namen einer Pflegekraft in der Kündigung zu benennen (LG Stuttgart, Urteil vom 7.12.2020, 13 S 125/20). Es reicht aus, wenn der Vermieter den ernsthaften Willen hat, eine Pflegeperson aufzunehmen, und mit einiger Sicherheit damit zu rechnen ist, dass der Vermieter innerhalb naher Zukunft eine Pflegeperson braucht. Im vorliegenden Fall verneinte das Gericht allerdings den Eigenbedarf, weil dem Vermieter eine andere freistehende Wohnung zur Verfügung stand, durch die der Bedarf gedeckt werden konnte. Deshalb handelte der Vermieter hier rechtsmissbräuchlich.

Ein berechtigtes Interesse an der Aufnahme einer Pflegeperson setzt nicht voraus, dass die Pflegebedürftigkeit bereits eingetreten ist. Dies gilt auch dann, wenn der im Zeitpunkt der Kündigung noch nicht pflegebedürftige Vermieter die Wohnung einer Person überlassen will, die ihn bei Eintritt des Pflegefalls versorgt, und objektive Anzeichen wie hohes Alter, vorausgegangene Erkrankungen und das Fehlen von im Haus oder in der Nähe wohnenden Angehörigen die Notwendigkeit rechtzeitiger Vorsorge rechtfertigen (LG Saarbrücken, Urteil vom 31.7.1992, 13 BS 95/92).

Beispiel

Der Vermieter hatte wegen Eigenbedarfs gekündigt und die Kündigung damit begründet, dass er die Wohnung für eine Pflegekraft benötige, die Tag und Nacht zur Verfügung stehen müsse. Diesen Pflegebedarf hatte später vor Gericht ein medizinisches Sachverständigengutachten nicht bestätigt. Danach reiche es aus, wenn die Mutter des Vermieters täglich mindestens drei Stunden zu verschiedenen Tageszeiten Hilfe erhalte. Damit sei der im Kündigungsschreiben angegebene Grund der Pflegebedürftigkeit rund um die Uhr nicht erwiesen. Das Bundesverfassungsgericht entschied, dass der Vermieter bei einer ordentlichen Kündigung zu einer konkreten Darlegung der Kündigungsgründe verpflichtet sei (Beschluss vom 9.2.2000, 1 BvR 889/99). Damit solle es dem Mieter ermöglicht werden, zum frühestmöglichen Zeitpunkt Klarheit über seine Rechtsposition zu erhalten, damit er in die Lage versetzt wird, rechtzeitig alles Erforderliche zur Wahrnehmung seiner Interessen zu veranlassen. Für dieses Rechtsschutzinteresse des Mieters genügt es, wenn der Vermieter dem Mieter den für die Kündigung wesentlichen Lebenssachverhalt offenlegt. Von dem Vermieter könne nur verlangt werden, dass er den Lebenssachverhalt so wiedergibt, wie er sich nach sorgfältiger Prüfung zum Zeitpunkt der Kündigungserklärung darstellt. Ändert sich der zugrunde liegende Lebenssachverhalt nachträglich geringfügig oder stellt sich eine Tatsachenprognose später in einem für die rechtliche Beurteilung nicht wesentlichen Punkt als unzutreffend heraus, dann führt es zu einer unzumutbaren Erschwerung der Rechtsverfolgung, wenn dem Vermieter allein deswegen die Berufung auf den Kündigungsgrund versagt wird. Denn auf solche nachträglichen Änderungen des Sach- und Erkenntnisstands hat der Vermieter keinen Einfluss.

Erforderlich ist, dass die konkrete Aussicht besteht, dass die Pflegeperson in die Wohnung einzieht und dass der Vermieter diese Hilfe nur bekommt, wenn er für sie eine Wohnung bereitstellt (LG Osnabrück, Urteil vom 17.12.1974, 1 S 381/74). Dies lehnte das Gericht im vorliegenden Fall ab. Es sei nicht erkennbar, warum der Vermieter die benötigte Hilfe nicht auf anderem Wege erhalten sollte. Auch wenn die Betreuung durch den Sohn allein nicht genüge, erscheine es doch möglich, die gewünschten Hilfskräfte einzustellen, ohne ihnen gleich eine Wohnung im Haus des Vermieters beschaffen zu müssen. Dass der Vermieter ununterbrochener und ganztägiger Hilfe bedürfe, sei nicht ersichtlich. Die Einstellung von Hilfspersonen, die anderswo – eventuell in der Nachbarschaft – wohnen, sei eine gut durchführbare und übliche Handhabung.

Eine Eigenbedarfskündigung ist auch möglich, wenn der Vermieter die Pflegeperson nicht für sich, sondern für seine Familienangehörigen braucht. Da es dem Vermieter vorbehalten ist zu prüfen, welche Personen er zu seiner eigenen Pflege oder zur Pflege seines Anwesens in das Haus aufnehmen will, ist hier ein großzügiger Maßstab anzulegen. Die Situation, in der der Vermieter selbst Pflegepersonal für sich oder Angestellte zur Pflege seines Hauses aufnehmen will, ist der hier vorliegenden Konstellation, in der der Vermieter die Wohnung für Pflegepersonal seiner Eltern benötigt, vergleichbar. Stellt der Vermieter zur Pflege seiner Eltern Personal ein, so entlastet ihn dies ebenso wie die Anstellung von Hauspersonal zur Pflege des Anwesens. Dabei muss auch beachtet werden, dass der Vermieter seinen Eltern gegenüber gemäß § 1601 BGB ggf. unterhaltspflichtig ist. Es obliegt ihm dann, für die Pflege seiner Eltern zu sorgen bzw. diese Pflege selbst zu gewährleisten. Die Einstellung von Pflegepersonal, das im Haus der Eltern wohnt und so im Notfall schnell erreichbar ist, ist daher für den Vermieter von erheblichem Interesse. Es ist daher nicht entscheidend, ob der Vermieter das Personal zu seiner eigenen Pflege oder zur Pflege seiner Eltern benötigt. In beiden Fällen ist ein erhebliches Eigeninteresse des Vermieters am Einzug des Pflegepersonals zu bejahen (LG Koblenz, Beschluss vom 24.8.2007, 6 T 102/07).

Beispiel

Der Vermieter machte eine Eigenbedarfskündigung für eine Pflegekraft für seine Mutter geltend. Diese sollte in eine Wohnung des Vermieters im Erdgeschoss einziehen und die Wohnung der Mieter im ersten Stock sollte für eine Pflegeperson genutzt werden. Die Mutter werde momentan zweimal täglich durch einen mobilen Pflegedienst versorgt, was nicht ausreiche, da die 87-jährige Mutter einen Schlaganfall erlitten habe und ganztägiger Betreuung bedürfe. Die bisherige Wohnung der Mutter sei auch nicht behindertengerecht. Der behindertengerechte Ausbau der Erdgeschosswohnung, in die sie selbst einziehen wolle, sei bereits mit den Handwerkern besprochen. Nachdem zunächst das AG Potsdam die Räumungsklage abgewiesen hatte, stellte sich das LG Potsdam in der Berufung auf die Seite des Vermieters. Es hatte keinen Zweifel daran, dass bei dem Vermieter ein ernsthafter Nutzungswille für die Erdgeschosswohnung bestehe und zur Umsetzung dieses Willens die gleichzeitige Unterbringung einer Pflegekraft im selben Haus zur Betreuung der Mutter notwendig und möglich sei. Entscheidend sei nicht das, was die Gerichte für angemessen halten, sondern ausschließlich das, was der Eigentümer und Vermieter nach seinen persönlichen Bedürfnissen und Vorstellungen für angemessen erachtet. Auch die Beurteilung der Frage, ob und in welchem Umfang Hilfe benötigt wird, stehe weitgehend im Ermessen des Vermieters bzw. der hilfebedürftigen Person, es sei hier ein großzügiger Maßstab anzulegen. Ein berechtigtes Interesse setze nicht voraus, dass die Pflegebedürftigkeit bereits eingetreten sei, es genüge, dass aufgrund äußerer Umstände mit einiger Sicherheit damit gerechnet werden müsse, dass die Dienste in naher Zukunft benötigt werden. Bei einer 87-jährigen Frau, die bereits einen Schlaganfall hinter sich hat und als zu 100 % schwerbehindert eingestuft ist, besteht kein Zweifel an der Bedürftigkeit.

Der Vermieter musste auch keine konkrete Pflegeperson benennen, denn diese könne naturgemäß erst dann gesucht werden, wenn feststehe, dass das Mietverhältnis mit den Mietern endet und die Erdgeschosswohnung umgebaut ist. Es reiche aus, dass konkrete Vorstellungen über den möglichen Personenkreis bestehen und eine Suche nicht grundsätzlich aussichtslos ist. Besteht der Mietvertrag schon länger als acht Jahre und hat der Vermieter daher eine neunmonatige Kündigungsfrist, muss er die Hilfsperson zum Zeitpunkt der Kündigung noch nicht benennen (LG Potsdam, Urteil vom 3.11.2005, 11 S 146/05).

Steht der Bedarf wegen des Alters und der Pflegebedürftigkeit des Vermieters fest, ist eine solche Eigenbedarfskündigung keine unzulässige Vorratskündigung. Der Vermieter muss aber konkrete Behinderungen sowie konkrete Tätigkeiten darlegen, die den Pflegebedarf begründen. Anzugeben ist auch, aus welchen Gründen die genannte Pflegeperson zur Deckung des dargelegten Pflegebedarfs geeignet ist.

Grundsätzlich kann der Vermieter die Bedarfsperson auswechseln, wenn die ursprüngliche Kündigung wirksam war, der Eigenbedarf jedoch weggefallen ist. Allerdings muss die Bedarfssituation der neuen Bedarfsperson auch ein berechtigtes Kündigungsinteresse begründen. Das ist beispielsweise der Fall, wenn der Sohn, für den ursprünglich der Eigenbedarf geltend gemacht wurde, doch nicht aus dem Elternhaus ausziehen will, sondern stattdessen nun die Tochter.

3.3 Vernünftige und nachvollziehbare Gründe für den Eigenbedarf

Damit ein Vermieter die Wohnung wegen Eigenbedarfs kündigen kann, muss er seinen Bedarf an der Wohnung nachweisen. Es reicht nicht aus, dass er nur in seiner eigenen Wohnung leben möchte. Er muss vielmehr vernünftige und nachvollziehbare Gründe ins Feld führen, warum er in der eigenen Wohnung oder im eigenen Haus leben möchte. Das Bundesverfassungsgericht entschied, dass hierfür jedes auch höchstpersönliche Interesse von nicht ganz unerheblichem Gewicht, das mit der geltenden Rechts- und Sozialordnung in Einklang steht, genügt (BVerfG, Beschluss vom 23.12.1993, 1 BvR 853/93). In diesem Fall wollten die Vermieter die eigene Wohnung im dritten Stock mit einer vermieteten Wohnung im zweiten Stock zusammenlegen. Das Gericht entschied, dass das geschützte Eigentumsrecht es seinem Inhaber erlaube, den Eigentumsgegenstand entsprechend seiner eigenverantwortlichen Lebensgestaltung so zu nutzen, wie er dies nach seinen Plänen für richtig hält. Die Gerichte seien nicht berechtigt, ihre Vorstellungen von angemessenem Wohnen verbindlich an die Stelle der Lebensplanung des Eigentümers zu setzen.

Vernünftige und nachvollziehbare Gründe können zum Beispiel sein:

- Nutzung der Wohnung als Altersruhesitz,
- Umzug in eine kleinere Wohnung oder in eine Erdgeschosswohnung aus gesundheitlichen Gründen,
- Gründung eines eigenen Hausstands,
- höherer Platzbedarf wegen Heirat oder Familienzuwachs,
- Bedarf einer Wohnung für Pflegepersonal.

Das Bundesverfassungsgericht urteilte, dass der Wunsch des Vermieters, seine Wohnung selbst zu Wohnzwecken zu nutzen, im Hinblick auf Art. 14 Abs. 1 Satz 1 GG geschützt und einer gerichtlichen Nachprüfung entzogen sei.

Achtung

Vermieter sollten alle ihnen bekannten Gründe, die den Kündigungsgrund des Eigenbedarfs stützen, in das Kündigungsschreiben aufnehmen. Grundsätzlich gilt: Alle nicht im Kündigungsschreiben aufgeführten bekannten Kündigungsgründe können im Nachhinein nicht mehr in einem Prozess in die Waagschale geworfen werden! Damit erhöht sich das Risiko, den Prozess zu verlieren.

Der Wohnbedarf des Vermieters muss auf der Grundlage einer konkreten, zuverlässigen Zukunftsplanung bestehen. Deshalb ist die Eigenbedarfskündigung nur wirksam, wenn der Wohnbedarf der Person, für die der Eigenbedarf geltend gemacht wird, auf eine gewisse Dauer angelegt ist. Das müssen mindestens drei Jahre sein (LG Hamburg, Beschluss vom 14.9.2010, 333 S 34/10).

3.3.1 Die Ernsthaftigkeit des Selbstnutzungswunsches

Eigenbedarf wird nur dann angenommen, wenn der Vermieter nicht nur vernünftige und nachvollziehbare Gründe ins Feld führen kann, sondern wenn er seinen Selbstnutzungswunsch auch ernsthaft verfolgt. Eigenbedarf kann auch vorliegen, wenn der Vermieter zeitweise Verkaufsabsichten hatte (LG Lüneburg, Urteil vom 17.5.1990, 4 S 41/90). Will er jedoch nach Ausspruch der Eigenbedarfskündigung die Mietwohnung verkaufen und hat er die Wohnung bereits zum Kauf angeboten, muss er seine Eigenbedarfskündigung fallenlassen. Falls er dann wieder von seiner Verkaufsabsicht Abstand nimmt und die Wohnung selbst nutzen will, muss er eine neue Kündigung aussprechen (LG Mannheim, Urteil vom 27.4.1994, 4 S 228/93).

Hat das Gericht Zweifel an der Ernsthaftigkeit des Nutzungswunsches, muss es diesen Zweifeln nachgehen. Diese können sich daraus ergeben, dass der Vermieter schon einmal Eigenbedarf vorgetäuscht hat (LG Karlsruhe, Urteil vom 28.7.1989, 9 S 3/89). Das Gericht muss dann auch einen Einwand des Mieters prüfen, wenn dieser Beweise für die fehlende Einzugsabsicht angeboten hat (BVerfG, Beschluss vom 25.10.1990, 1 BvR

953/90). Das Gericht muss allen vom Mieter dargelegten Umständen nachgehen, die gegen die Ernsthaftigkeit des Nutzungswunsches sprechen (BVerfG, Beschluss vom 18.1.1991, 1 BvR 1112/90).

Grundsätzlich sind die Fachgerichte gehalten, den Selbstnutzungswunsch des Eigentümers zu respektieren. Sie müssen allerdings sämtlichen vorgetragenen Gesichtspunkten nachgehen, die Zweifel an der Ernsthaftigkeit des Selbstnutzungswunsches begründen. Der Vermieter muss daher auch selbst einziehen, wenn er den Eigenbedarf für sich erklärt hat. Im Streitfall muss das Gericht Einwendungen des Mieters gegen die Ernsthaftigkeit des Nutzungswunsches des Vermieters nachgehen und diese ausreichend würdigen. Dabei können von den Gerichten zum Beispiel bei einer Kündigung des Mietverhältnisses nach dem misslungenen Versuch einer Mieterhöhung insbesondere dann besonders strenge Anforderungen an den vom Vermieter zu führenden Beweis des Kündigungsgrundes gestellt werden, wenn die Gründe für den Eigenbedarf bereits vor der Mieterhöhung bestanden und Verdacht auf vorgeschobenen Eigenbedarf besteht (LG Köln, Urteil vom 2.6.1993, 10 S 204/92). Gleiches gilt nach einem neuen Urteil des AG Köln, wenn der Eigenbedarfskündigung Meinungsverschiedenheiten und Mängelbeseitigungsansprüche des Mieters unmittelbar vorausgingen.

Beispiel

Ein Mieter hatte über eine Betriebskostenabrechnung gestritten. Außerdem hatte der Mieter Mietminderung wegen einiger Mängel in der Wohnung geltend gemacht. Daraufhin hatte ihm sein Vermieter gekündigt. Er begründete seinen Eigenbedarfswunsch damit, dass er von der im selben Haus gelegenen Penthousewohnung im fünften Stock in die im dritten Stock gelegene Mietwohnung umziehen wolle. Begründung: Seine bisherige Wohnung sei ihm nach dem Auszug seiner Lebensgefährtin zu groß und er könne auch nicht mehr so gut Treppen steigen. Das AG Köln glaubte ihm nicht. Es sprach sich gegen die Kündigung aus, die vorgeschoben und damit rechtsmissbräuchlich sei, weil der Vermieter nur den unliebsamen Mieter loswerden wolle. Das Gericht verwies hierbei auf den nahen zeitlichen Zusammenhang zwischen den Auseinandersetzungen über Abrechnung und Minderung (Urteil vom 18.2.2010, 209 C 473/09).

Hinweis

Der Vermieter muss nicht sofort nach dem Auszug des Mieters in die Wohnung einziehen. Wird allerdings ein Zeitrahmen überschritten, der üblicherweise notwendig ist, um die Wohnung zu renovieren, kann es an der erforderlichen Ernsthaftigkeit des Selbstnutzungswunsches fehlen. Der Mieter kann dann unter Umständen einen Schadensersatzanspruch haben.

Wird ein zur Renovierung angemessener Zeitraum weit überschritten, darf das Mietgericht dem Vermieter unterstellen, dass im Zeitpunkt der Kündigung keine Einzugsabsicht vorlag (BVerfG, Beschluss vom 26.9.2001, 1 BvR 1185/01). Das Mietgericht kann einen vorgetäuschten Eigenbedarf annehmen und den Vermieter zur Leistung von Schadensersatz an den Mieter verurteilen, wenn die Wohnung erst circa fünf Jahre nach dem Auszug des Mieters bezogen wird.

Grundsätzlich muss jede Eigenbedarfskündigung gut begründet sein. Die Gründe müssen für den Mieter vernünftig und nachvollziehbar sein. Dafür müssen sie hinreichend bestimmt und konkretisiert sein, verlangt die Rechtsprechung. Dies war in folgendem Fall nicht so.

Beispiel

Ein Vater machte Eigenbedarf für seinen Sohn geltend. Er dachte, der Sohn wolle nach dem Abitur am Ort bleiben, um dort zu studieren. Tatsächlich jedoch war der Sohn noch unentschlossen, was er nach dem Abitur anfangen sollte. Der Mieter fand dies heraus und richtete sich gegen die Eigenbedarfskündigung. Der BGH in letzter Instanz verwarf die Kündigung deshalb. Ein Nutzungswunsch des Sohnes für die gekündigte Wohnung bestehe nicht. Vielmehr handle es sich um ein Wunschdenken des Vaters. Der geltend gemachte Grund sei zu vage. Eine solche Vorratskündigung sei daher unwirksam (Urteil vom 23.9.2015, VIII ZR 297/14).

Eine Vorratskündigung liegt zum Beispiel dann vor, wenn der Vermieter Eigenbedarf gleich an mehreren Wohnungen seines Hauses oder seiner Häuser mit einer Kündigung geltend macht oder wenn er noch nicht absehen kann, wann er die gekündigte Wohnung braucht. Der Vermieter kündigte in einem Fall mehrere Wohnungen. Sein Eigenbedarf gibt ihm allerdings nicht das Recht, mehrere Mietverhältnisse aufzukündigen. Vielmehr sei der Vermieter gehalten, unter Beachtung auch sozialer Gesichtspunkte eine Auswahl zu treffen und seinen Eigenbedarfswunsch auf eine konkrete Wohnung zu beschränken, urteilte das LG Köln (Urteil vom 3.4.1991, 10 S 522/90).

Eine unwirksame Vorratskündigung liegt auch dann vor, wenn nicht ein mit einiger Sicherheit eintretender, sondern nur ein wahrscheinlicher künftiger Eigenbedarf geltend gemacht wird. Das kann zum Beispiel eine Kündigung sein, weil die Vergrößerung der Familie »geplant« ist oder die Verschlechterung des Gesundheitszustands befürchtet wird, ohne dass dafür konkrete Anhaltspunkte vorliegen. Ein gegenwärtig noch nicht absehbarer Nutzungswunsch der Eigenbedarfsperson reicht somit für eine Eigenbedarfskündigung nicht aus. Vielmehr rechtfertigt der Eigennutzungswunsch die Kündigung des Mietverhältnisses wegen Eigenbedarfs nur dann, wenn er vom Vermieter auch ernsthaft verfolgt wird und bereits hinreichend bestimmt und konkretisiert ist. Der Nutzungswunsch muss sich soweit verdichtet haben, dass ein konkretes

Interesse an einer alsbaldigen Eigennutzung besteht (BGH, Urteil vom 23.9.2015, VIII ZR 297/14).

Hinweis

Verfassungsrechtlich ist eine solche Einschränkung in Ordnung, weil kein unverhältnismäßiger Eingriff in Art. 14 GG vorliegt, wenn dem Eigentümer der Zugriff auf das vermietete Objekt erst dann gestattet ist, wenn und soweit dieser durch gegenwärtige beachtliche Gründe motiviert ist (BVerfG, Beschluss vom 11.10.2016, VIII ZR 300/15).

Ausreichend für eine wirksame Eigenbedarfskündigung ist, dass die Gründe für den Eigenbedarf spätestens bei Beendigung des Mietverhältnisses mit einiger Sicherheit vorliegen. Ein Vorliegen im Zeitpunkt des Zugangs der Kündigung kann nicht gefordert werden. Daher kann eine Eigenbedarfskündigung auch schon vor der Geburt eines Kindes mit dem dadurch bedingten erhöhten Wohnbedarf begründet werden (AG Magdeburg, Urteil vom 21.1.1999, 15 C 3979/98).

Achtung

Die Absicht zur Nutzung als Wohnung oder Überlassung an eine berechtigte Person muss grundsätzlich in einem engen zeitlichen Zusammenhang mit der Kündigung stehen – eine reine Vorratskündigung ist unzulässig. Keine Vorratskündigung liegt vor, wenn der Vermieter die Räume nach dem Auszug des Mieters zunächst modernisieren will und dies – weil in Eigenleistung ausgeführt – längere Zeit in Anspruch nimmt.

Auf der anderen Seite kann der Eigenbedarf damit begründet werden, dass der Vermieter ernsthaft beabsichtigt, sich von seinem Ehegatten zu trennen. Insofern ist auch nicht erforderlich, dass die Ehegatten eine Trennung im familienrechtlichen Sinne innerhalb ihrer bisherigen Ehewohnung (§ 1567 Abs. 1 Satz 1 BGB) bereits vollzogen haben oder dass sie definitiv die Scheidung beabsichtigen. Vernünftige, nachvollziehbare Gründe für den Umzug eines Ehegatten in eine eigene Wohnung liegen bereits dann vor, wenn die Ehegatten sich ernsthaft entschieden haben, sich zu trennen und ihre häusliche Gemeinschaft zumindest vorläufig aufzuheben. Insofern dürfen an die Begründungspflicht keine zu strengen Anforderungen gestellt werden, da es sich dabei um »innere Tatsachen« handelt, deren Erforschung weder möglich noch erforderlich ist. Allein der Wunsch, mit seiner Ehefrau wegen nachhaltig aufgetretener und auch am Schluss der mündlichen Verhandlung fortbestehender deutlicher Differenzen nicht mehr in der gemeinsamen Wohnung leben und insbesondere die Nächte in einem gemeinsamen Schlafzimmer verbringen zu wollen, reiche aus, um den Bedarf des Ehemannes und Vermieters an der vermieteten Wohnung wirksam darzulegen (LG Heidelberg, Urteil vom 14.12.2012, 5 S 42/12).

Will der Vermieter seiner Tochter und deren Lebensgefährten eine größere Wohnung zur Realisierung des Kinderwunsches überlassen, spricht allein die Tatsache, dass die

Tochter nicht verheiratet ist, nicht gegen die Ernsthaftigkeit des Nutzungswunsches (BVerfG, Beschluss vom 20.2.1995, 1 BvR 665/94).

Setzt die beabsichtigte Eigennutzung Umbaumaßnahmen voraus, muss das Gericht der Frage nachgehen, ob die Baumaßnahmen realisierbar sind. Für die Wirksamkeit der Kündigung kommt es jedoch nicht darauf an, dass schon eine Baugenehmigung bei Ausspruch der Kündigung vorliegt (OLG Frankfurt/Main, RE vom 25.6.1992, 20 RE-Miet 7/91).

Achtung

Der Vermieter muss bereits im Kündigungsschreiben konkrete Planungen aufführen und darlegen, dass das Bauvorhaben zumindest genehmigungsfähig ist und die erforderlichen Zustimmungen, zum Beispiel der Wohnungseigentümergemeinschaft, erteilt werden oder bereits vorliegen (LG Kiel, Urteil vom 2.7.1992, 1 S 167/91). Entscheidend ist, ob die Vorstellungen, die der Vermieter hinsichtlich seines Raumbedarfs hat, verwirklicht werden können oder ob sie unrealistisch sind (LG Hamburg, Urteil vom 25.6.2009, 333 S 67/08).

3.3.2 Das Benötigen der Räume

In § 573 Abs. 2 Nr. 2 BGB heißt es, dass der Vermieter die Räume benötigen muss. Allerdings muss er – im Gegensatz zu früheren Jahren – keine Wohnungsnot haben und eine solche auch nicht nachweisen. Der Vermieter muss also im Kündigungszeitpunkt weder unzureichend noch teuer wohnen oder gar kein Dach über dem Kopf haben. Es liege allein in der Entscheidungsbefugnis des Vermieters, so das Bundesverfassungsgericht, welchen Wohnbedarf er habe. Bereits seit 1988 steht fest, dass es ausreicht, wenn der Vermieter vernünftige und nachvollziehbare Gründe für seinen Wunsch hat, die vermietete Immobilie zu nutzen. Der Mieter soll grundsätzlich vor willkürlichen Kündigungen geschützt werden, deshalb darf der Eigenbedarf nicht rechtsmissbräuchlich sein.

Hinweis

Die Gerichte müssen die Vernünftigkeit und Nachvollziehbarkeit des Eigenbedarfswunsches überprüfen, um einerseits Missbrauch zu verhindern und andererseits die Vorstellungen des Vermieters zu berücksichtigen.

Im Prinzip reicht der Wunsch des Vermieters aus, selbst im Eigentum wohnen zu wollen. Hier sieht er sich keinen Mieterhöhungen ausgesetzt, hier kann er seinen Wohnbedarf befriedigen, hier kann er über Modernisierungen selbst entscheiden etc. Deshalb genügt auch für den Käufer einer vermieteten Eigentumswohnung, der selbst noch zur Miete wohnt und die Wohnung zur Selbstnutzung erworben hat, bereits der Wunsch, »Herr der eigenen vier Wände« zu sein (BVerfG, Beschluss vom 11.11.1993, 1 BvR 696/93). Möchte der Vermieter in sein neues Eigentum selbst einziehen, ist es unerheblich, ob die gekündigte Wohnung für die Bedürfnisse des Vermieters oder seiner Angehörigen besser geeignet ist als seine bisherige Wohnung.

Der Eigennutzungswunsch wird auf jeden Fall immer dann bejaht, wenn die benötigte Wohnung für den Vermieter besser geeignet ist als seine bisher bewohnte. Dabei werden Größe der Wohnung, Anzahl der Zimmer, Raumaufteilung, Ausstattung, Stockwerk, Lage, Garten usw. berücksichtigt. Auch wer seine kranken Eltern, die im Haus des Mieters wohnen, pflegen will, hat nachvollziehbare Gründe. Dies gilt auch dann, wenn die betreffende Person in der vermieteten Wohnung nur ein Arbeitszimmer zur Verfügung hat oder die Wohnung für eine Pflegeperson gebraucht wird.

3.3.3 Eigenbedarf für die Begründung eines eigenen Hausstands

Ein vernünftiger und nachvollziehbarer Grund ist auch gegeben, wenn ein volljähriges Kind des Vermieters, das noch bei seinen Eltern wohnt, zur Gründung eines eigenen Hausstands in die vermietete Wohnung ziehen will. Dem Eigenbedarf steht nicht entgegen, dass der Angehörige die Miete nicht aufbringen kann, weil es dem Vermieter freisteht, die Wohnung (teilweise) unentgeltlich zu überlassen (LG Köln, Urteil vom 30.6.1993, 10 S 118/93). Es genügt, im Kündigungsschreiben anzugeben, dass das volljährige Kind einen eigenen Hausstand begründen will. Nicht erforderlich ist es, die zur Zeit der Kündigung bestehenden konkreten Wohnverhältnisse des Kindes darzustellen.

Der Vermieter kann auch Eigenbedarf anmelden, wenn er bisher keine eigene Wohnung hatte und nun einen eigenen Hausstand begründen will. Dies ist vor allem bei volljährigen Kindern der Fall, die nicht länger bei den Eltern wohnen wollen (LG Düsseldorf, Urteil vom 4.7.1989, 24 S 3/89).

Dies gilt auch dann, wenn der Vermieter bisher in der Wohnung seiner Schwiegermutter gelebt hat (AG Ludwigsburg, Urteil vom 29.5.1989, 5 C 3710/88). Es stelle einen vernünftigen und nachvollziehbaren Grund der Eigenbedarfskündigung dar, wenn ein Vermieter mit seiner Schwiegermutter nicht gemeinsam in einer Wohnung leben will. Ebenso, wenn eine 59-jährige Reiseleiterin eine feste Wohnung braucht, weil sie entlassen werden soll (OLG Düsseldorf, Urteil vom 11.6.1992, 10 U 168/91).

Der Vermieter kann auch dann Eigenbedarf geltend machen, wenn er seine bisherige Wohnung verloren hat. Es ist unerheblich, ob er diese Wohnsituation selbst verschuldet hat.

Der Vermieter kann kündigen, wenn er die Wohnung in vermietetem Zustand gekauft hat und vor seinem Einzug erst einmal sanieren will. Die dafür erforderliche Baugenehmigung muss bei Ausspruch der Kündigung noch nicht erteilt sein. Das Gericht muss aber prüfen, ob die gekündigte Wohnung objektiv geeignet ist, den Selbstnutzungswunsch zu erfüllen, und ob der Eigennutzungswunsch baurechtlich realisierbar ist (OLG Frankfurt/Main, RE vom 25.6.1992, 20 RE-Miet 7/91). Die Eigennutzungsabsicht muss in angemessener Zeit verwirklicht werden. Der Vermieter darf die beabsichtigten Umbaumaßnahmen nicht jahrelang hinausschieben und die Wohnung in der Zwischenzeit leer stehen lassen (BVerfG, Beschluss vom 26.9.2001, 1 BvR 1185/01).

Nach Meinung des Bundesverfassungsgerichts kann der Vermieter schon kündigen, wenn er künftig in seinen eigenen vier Wänden wohnen will, um den Misslichkeiten seines bisherigen Mietverhältnisses zu entgehen. Die Fachgerichte dürften den Eigentümer nicht gegen seinen Willen in die Rolle des Kapitalanlegers drängen.

Der Vermieter kann auch dann kündigen, wenn er nur eine größere Wohnung haben will. Das Bundesverfassungsgericht urteilte, dass hinsichtlich des Wohnbedarfs die Gerichte die Entscheidung des Eigentümers grundsätzlich respektieren müssen und ihm nicht fremde Vorstellungen über angemessenes Wohnen und seine weitere Lebensplanung aufdrängen dürfen (BVerfG, Urteil vom 14.2.1989, 1 BvR 308/88 und andere).

Wann die Gerichte ein Nutzungsinteresse bejahen

Das Bundesverfassungsgericht hält es für in Ordnung, wenn ein Eigentümer eine 72 m^2 große Wohnung kündigt, um diese mit seiner derzeit genutzten 65 m^2 großen Wohnung zusammenzulegen, um so für sich und seine künftige Ehefrau eine angemessen große Wohnung zu schaffen (Beschluss vom 19.3.1993, 1 BvR 1714/92).

Wer in einer 100 m^2 großen Wohnung lebt, kann eine weitere 100 m^2 große Wohnung kündigen, wenn er in den Räumen eine Puppensammlung unterbringen sowie zwei Arbeitszimmer und ein Zimmer für ein Kindermädchen einrichten will (BVerfG, Beschluss vom 31.1.1994, 1 BvR 1465/93).

Ein Nutzungsinteresse wird auch bejaht, wenn

- der Vermieter eine größere Wohnung haben will, damit er jedem seiner Kinder ein eigenes Zimmer zur Verfügung stellen kann (LG Hamburg, Urteil vom 25.10.1990, 307 S 231/90),
- der Vermieter mit seiner vierköpfigen Familie von einer Dreizimmerwohnung in eine Vierzimmerwohnung umziehen will (AG Stuttgart, Urteil vom 12.4.1989, 34 C 1128/89),
- der Vermieter mit seiner vierköpfigen Familie von einer 80 m^2 großen Zweizimmerwohnung in eine 110 m^2 große Vierzimmerwohnung umziehen will (LG Hannover, Urteil vom 24.2.1989, 10 S 93/88),
- eine Vermieterin aus einer 49 m^2 großen Zweizimmerwohnung in eine circa 75 m^2 große Dreizimmerwohnung umziehen möchte, damit sie dort länger dauernden Besuch von Familienangehörigen empfangen kann (LG Hamburg, Urteil vom 17.6.1994, 311 S 93/93).

Ebenso kann ein Nutzungsinteresse gegeben sein, wenn der Vermieter in eine kleinere Wohnung ziehen will. Ein Nutzungsinteresse des Vermieters wurde daher in einem Fall bejaht, in dem eine kranke Vermieterin im höheren Lebensalter aus einer 132 m^2 großen Wohnung in eine Wohnung mit nur 47 m^2 ziehen wollte (LG Wuppertal, Urteil vom 9.6.1989, 10 S 33/89). Ebenso wenn ein Vermieter umziehen will, weil die kleinere Wohnung einfacher zu bewirtschaften ist, er weniger Treppen steigen muss, sich nicht mehr um den Garten und um das Schneeräumen kümmern muss (LG Hamburg, Urteil vom 25.5.1989, 7 S 271/88). Auch eine Vermieterin kann kündigen, die bisher mit ihrem Mann ein 200 m^2 großes Haus bewohnte und nun nach dem Tod des Ehemanns dieses verkaufen und in eine 100 m^2 große Wohnung einziehen will (LG Münster, Urteil vom 31.1.1990, 1 S 397/89).

Auch wenn die bisherige Wohnung zu teuer ist, kann ein Nutzungsinteresse bejaht werden. Etwa dann, wenn der Vermieter mit einem Monatseinkommen von 1400 DM umziehen will, weil er dadurch einen finanziellen Vorteil in Höhe von 210 DM erlangt (AG Bad Schwartau, Urteil vom 16.6.1989, 3 C 1181/88). Bejaht wurde Eigenbedarf auch bei einem kinderlosen Ehepaar, das, um Kosten zu sparen, aus seiner 130 m^2 großen Wohnung ausziehen wollte, um in eine kleinere Wohnung umzuziehen (LG Frankfurt/Main, Urteil vom 23.1.1990, 2/11 S 389/89). Ebenfalls bei einem alleinstehenden mittellosen Angehörigen des Vermieters, der aus einer teuren 165 m^2 großen Mietwohnung in eine dem Vermieter gehörende 60 m^2 große Wohnung umziehen wollte, um Kosten zu sparen.

Vernünftige Gründe für die Eigenbedarfskündigung liegen auch vor, wenn der Vermieter aus einer Wohnung im Obergeschoss in eine gleich große vermietete Erdgeschosswohnung umziehen will, weil ihm dort eine Terrasse, ein Wintergarten und ein Garten zur Verfügung stehen.

3.3.4 Eigenbedarf bei einer Trennung vom Ehepartner

Ebenfalls wird anerkannt, dass der Vermieter Eigenbedarf anmelden kann, wenn er von seiner Ehefrau getrennt leben möchte und eine hinreichende Gewissheit besteht, dass die Wohnung des Mieters auf Dauer oder auf längere Zeit benötigt wird (AG Lüdenscheid, Urteil vom 19.1.1995, 22 C 307/94). Die Kündigung wegen Eigenbedarfs kann aber dann unwirksam sein, wenn zwar der Vermieter oder ein Angehöriger des Vermieters von seinem Ehegatten getrennt lebt, die Eheleute aber noch keine endgültige Entscheidung über den Fortbestand der Ehe getroffen haben. Haben sich daher die Eheleute noch nicht getrennt, muss der Vermieter die klare Trennungsabsicht darlegen (LG Köln, Urteil vom 22.8.1996, 1 S 27/96).

Eigenbedarf kann auch zugunsten getrennt lebender oder geschiedener Ehegatten angemeldet werden. Sie gehören unabhängig vom Fortbestand der Ehe »derselben Familie« an (BGH, Urteil vom 2.9.2020, VIII ZR 35/19). Sollen nach erfolgter Scheidung gemeinsame Kinder in die Wohnung mit einziehen, ist der Tatbestand des § 573 Abs. 2 Nr. 2 BGB erfüllt, weil jedenfalls die Kinder in gerader Linie mit dem Vermieter verwandt sind. Will der geschiedene Ehegatte aber allein oder mit sonstigen nicht privilegierten Personen in die Wohnung einziehen, ist die Eigenbedarfskündigung nicht wirksam. Grund: Mit der Scheidung entfallen die gegenseitigen Fürsorge- und Beistandspflichten. Es besteht daher auch keine moralische Verpflichtung des Vermieters mehr, seinem geschiedenen Ehegatten Wohnraum zu verschaffen.

3.3.5 Eigenbedarf für eine Pflegeperson

Ein 82-jähriger Vermieter kann bereits dann ein berechtigtes Interesse an der Beendigung des Mietverhältnisses haben, wenn aufgrund äußerer Umstände mit einiger Sicherheit damit gerechnet werden kann, dass er die Dienste einer in seinen Hausstand aufzunehmenden Hilfsperson in naher Zukunft für seine Lebensführung braucht. Dies gilt auch dann, wenn der im Zeitpunkt der Kündigung noch nicht pflegebedürftige Vermieter die Wohnung einer Person überlassen will, die ihn bei Eintritt des Pflegefalls versorgt, und objektive Anzeichen wie hohes Alter, vorausgegangene Erkrankungen und das Fehlen von im Haus oder in der Nähe wohnenden Angehörigen die Notwendigkeit rechtzeitiger Vorsorge rechtfertigen (LG Saarbrücken, Urteil vom 31.7.1992, 13 BS 95/92).

3.3.6 Eigenbedarf wegen Krankheit

Eine vermietete Wohnung kann wegen Eigenbedarfs gekündigt werden, wenn der Vermieter die Wohnung für sich oder seine Familien- oder Haushaltsangehörigen benötigt. Ein »Benötigen« der vermieteten Räume ist gegeben, wenn der Vermieter vernünftige oder nachvollziehbare Gründe für die Inanspruchnahme der Wohnräume für sich oder eine begünstigte Person hat. So hat der Vermieter ein berechtigtes Interesse an der Kündigung bei einer Erdgeschosswohnung, wenn er selbst oder ein Angehöriger, für den Eigenbedarf geltend gemacht wird, schwer erkrankt ist und die herausverlangte Wohnung barrierefrei hergerichtet werden soll (LG Hamburg, Urteil vom 14.2.2013, 307 S 456/11).

3.3.7 Eigenbedarf wegen Fehlplanung

Der Eigentümer darf sein Eigentum nicht nur verkaufen, selbst nutzen oder vermieten. Er kann es auch nach seinen Wünschen umgestalten. Daher hindert die Herbeiführung eines Eigenbedarfsgrundes durch einen der Lebensplanung entsprechenden Umbau von Wohnraum die Kündigung auch dann nicht, wenn sich der Eigenbedarf als Folge einer unerwarteten Fehlplanung einstellt. Dem Vermieter kann dann auch nicht entgegengehalten werden, dass er den jetzigen Eigenbedarf durch seinen vorherigen Umbau selbst verursacht hat (BVerfG, Beschluss vom 17.7.1992, 1 BvR 179/92).

3.3.8 Eigenbedarf wegen Eigenverwaltung

Der Wunsch, Wohneigentum aus räumlicher Nähe zu verwalten, stellt ebenfalls ein vernünftiges und nachvollziehbares Nutzungsinteresse dar. In einem vom AG München entschiedenen Fall hatte ein außerhalb Münchens wohnender Vermieter vorgetragen, dass er zwei Anwesen in München mit insgesamt 18 Wohneinheiten selbst betreue und verwalte, für die ein erheblicher Investitionsstau bestehe und bauliche Maßnahmen anstünden. Deshalb fahre er zweimal wöchentlich nach München, um sich um die Anwesen zu kümmern, bei beginnenden Baumaßnahmen sei dies sogar noch öfter notwendig.

Das AG München entschied, dass der Wunsch, Wohneigentum aus räumlicher Nähe zu verwalten, ein vernünftiges und nachvollziehbares Nutzungsinteresse darstellt. Unbeachtlich sei, dass der genaue bzw. größer werdende Umfang der Verwaltungstätigkeit nicht in der schriftlichen Kündigung dargelegt wurde. Das Kündigungsschreiben diene nur dazu, das geltend gemachte Interesse objektiv von anderen Kündigungsgründen abzugrenzen und zu unterscheiden. Nähere Einzelheiten könne der Vermieter im gerichtlichen Verfahren vortragen (AG München, Urteil vom 24.8.2020, 423 C 5615/20).

3.3.9 Eigenbedarf wegen Begründung eines Altersruhesitzes

Will ein Vermieter, der im eigenen Einfamilienhaus wohnt, eine wesentlich kleinere Eigentumswohnung als Altersruhesitz nutzen, muss er dies gut begründen (LG München I, Urteil vom 25.7.2001, 14 S 2887/01).

Der Vermieter kann wegen Eigenbedarfs kündigen, wenn er im eigenen Haus wohnen will, um die Heizung warten und das Haus verwalten zu können. Auch wenn der Vermieter seinen Lebensabend in seinem früheren Elternhaus verbringen will, kann er wegen Eigenbedarfs kündigen. Dies gilt auch dann, wenn der Vermieter in das eigene

Haus einziehen will, um seine noch dort lebenden Eltern besser pflegen zu können (AG Neuss, Urteil vom 7.2.1990, 30 C 424/89).

3.3.10 Eigenbedarf wegen Entfernung zum Arbeitsplatz

Ein berechtigtes Interesse liegt vor, wenn der Vermieter in der gekündigten Wohnung die Entfernung zum Arbeitsplatz erheblich verkürzen kann. Der Mieter kann auch nicht einwenden, dass der Vermieter über viele Jahre hinweg die langen Fahrzeiten hingenommen hatte. Der Vermieter darf seine Wohnverhältnisse im Hinblick auf sein fortgeschrittenes Alter einer neuen Beurteilung unterziehen. Dies gilt erst recht, wenn sich die persönlichen Umstände des Vermieters, zum Beispiel durch die Geburt eines Kindes, geändert haben (BVerfG, Beschluss vom 20.5.1999, 1 BvR 29/99). Dies gilt auch dann, wenn der Vermieter nach einem Arbeitsplatzwechsel die Fahrstrecke wegen der gekündigten Wohnung erheblich verkürzen kann. Im vorliegenden Fall musste der Vermieter bisher 4 km mit der Straßenbahn fahren, während die gekündigte Wohnung 400 m vom Arbeitsplatz entfernt lag (LG Stuttgart, Urteil vom 30.5.1990, 13 S 84/90).

Ein Nutzungsinteresse wurde jedoch verneint in einem Fall, in dem der Vermieter an seinem Arbeitsplatz eine Zweitwohnung einrichten wollte und der bisherige Wohnsitz 37 km entfernt lag und in 30 Minuten mit dem Zug oder dem Auto erreichbar war (LG Hamburg, Urteil vom 7.5.1992, 307 S 409/91). Eigenbedarf wurde auch verneint in einem Fall, in dem die Wohnung des Vermieters 20 Autobahnkilometer vom Arbeitsplatz entfernt lag und die vermietete Wohnung nur gelegentlich für Übernachtungen genutzt werden sollte. Eine vermietete Wohnung wird nicht für den Eigenbedarf benötigt, wenn ihre Nutzung lediglich günstige Umstände für den Vermieter schafft (LG Regensburg, Urteil vom 25.6.1991, S 495/90). Erfolgt die Kündigung wegen eines geplanten zukünftigen Arbeitsplatzwechsels, muss im Kündigungsschreiben substanziiert und konkret der Wunsch nach einem Arbeitsplatzwechsel vorgetragen werden (LG Bonn, Urteil vom 25.3.1993, 6 S 436/92).

3.3.11 Eigenbedarf wegen Zusammenlegung zweier Wohnungen

Möchte der Vermieter zwei Wohnungen – die selbst genutzte und die vermietete – zusammenlegen, muss das Gericht dies akzeptieren, wenn der Vermieter dafür vernünftige und nachvollziehbare Gründe anführen kann. Das Gericht darf den Vermieter dann auch nicht auf Alternativen verweisen, die nach Meinung des Gerichts ebenfalls geeignet wären, den Wohnbedarf des Vermieters zu erfüllen (BVerfG, Beschluss vom 23.12.1993, 1 BvR 853/93).

Der Wunsch nach einer größeren, günstiger geschnittenen Wohnung kann ebenfalls ein berechtigtes Interesse an der Kündigung darstellen (LG Landau, Urteil vom 17.3.1992, 1 S 243/91).

3.3.12 Eigenbedarf wegen zeitlich begrenzter Nutzung

Will der Vermieter die Wohnung nur für eine begrenzte Zeit bewohnen, müssen die Gründe aufgrund einer umfassenden Würdigung des Einzelfalls beurteilt werden. Der BGH geht jedoch davon aus, dass auch ein zeitlich begrenzter Bedarf einer Wohnung die Voraussetzungen der Eigenbedarfskündigung erfüllen kann (Urteil vom 20.10.2004, VIII ZR 246/03). Diese Rechtsprechung steht auch im Einklang mit der bisherigen Rechtsprechung des Bundesverfassungsgerichts (Beschluss vom 23.4.2014, 1 BvR 2851/13). Es ist keine Voraussetzung, dass der Vermieter in der zu kündigenden Wohnung seinen Lebensmittelpunkt begründen möchte. Keinesfalls ist es so, dass das Wohnen nur an einigen Tagen im Monat keine Wohnnutzung, sondern eine hotelähnliche Nutzung darstellt. Wer seine eigene Wohnung nutzt, unabhängig davon, an wie vielen Tagen im Monat, lebt weder im Hotel noch hotelähnlich, sondern in seinen eigenen vier Wänden in seiner Privatsphäre.

Ein berechtigtes Interesse des Vermieters wird nicht schon deshalb verneint, weil von vornherein absehbar ist, dass er oder die Bedarfsperson die Wohnung nach einer gewissen Zeit wieder räumen wird. Angesichts der »Mobilität in der heutigen Gesellschaft« sind an die Dauer des Eigenbedarfs keine allzu strengen Anforderungen zu stellen. Einem Eigenbedarf, der auf etwa ein Jahr ausgerichtet ist, kann häufig ein berechtigtes Interesse nicht abgesprochen werden.

Nach einem Rechtsentscheid des Bayerischen Obersten Landesgerichts (BayObLG) kann ein berechtigtes Interesse des Vermieters an der Beendigung eines Wohnraummietverhältnisses auch dann gegeben sein, wenn der Vermieter die Räume nur für begrenzte Zeit nutzen will, zum Beispiel in der Zeit zwischen dem Abbruch des von ihm selbst bewohnten Anwesens und der Fertigstellung des Neubaus. Exakte zeitliche Grenzen könnten nicht gezogen werden, da die Dauer der beabsichtigten Nutzung nur ein Faktor von mehreren sei – wenn auch ein bedeutsamer –, die für das Vorliegen vernünftiger und nachvollziehbarer Gründe maßgebend seien (23.3.1993, RE-Miet 6/92).

Grundsätzlich muss die Kündigungsbefugnis des Vermieters mithilfe einer umfassenden Würdigung der Interessen des Vermieters festgestellt werden. Bei einer auf mehrere Jahre angelegten Nutzung kann eine Kündigung berechtigt sein. Das LG München I sieht dies nur dann als gegeben an, wenn die Nutzungszeit mindestens drei Jahre beträgt (21.7.1993, 14 S 11776/92). Ebenso entschied das LG Hamburg (Beschluss vom 14.9.2010, 333 S 34/10). Bei einer kürzeren Nutzung kann ein vernünftiges und nachvollziehbares Erlangungsinteresse des Vermieters nur gesehen werden, wenn der Vermieter einen erheblichen Mehraufwand darlegen kann, der ihm gerade durch eine anderweitige Unterbringung entstehen wird.

Das Bayerische Oberste Landesgericht verneint das Nutzungsinteresse, wenn die Nutzungszeit nur wenige Monate beträgt (Beschluss vom 23.3.1993, RE-Miet 6/92). Für ein Nutzungsinteresse kann sprechen, wenn

- die Dauer der Nutzungszeit noch nicht sicher feststeht,
- der Vermieter einen besonders dringenden Wohnbedarf hat, zum Beispiel weil ihm seine bisherige Wohnung nicht mehr zur Verfügung steht,
- der Arbeitsplatz des Vermieters in unmittelbarer Nähe der Wohnung liegt und er seinen Arbeitsplatz schnell erreichen muss,
- die vorübergehende Nutzung aus finanziellen Gründen notwendig ist, weil der Vermieter für eine andere Mietwohnung viel größere Aufwendungen hätte.

Ein Nutzungsinteresse wurde bejaht, wenn ein Eigentümer sein bisher bewohntes Haus umbauen will und für die Umbauzeit von 18 Monaten eine Ersatzwohnung braucht (AG Neumarkt, Urteil vom 26.7.1990, C 329/90). Ein Nutzungsinteresse wurde dagegen verneint, wenn der Vermieter die Wohnung nur für eine Übergangszeit von wenigen Monaten bis zur Fertigstellung eines Neubaus braucht (LG Nürnberg-Fürth, Urteil vom 16.11.1990, 7 S 7203/90). Denn führt der Vermieter einen (vorübergehenden) Eigenbedarf selbst herbei, so ist die Vorgehensweise unvernünftig und ein Eigenbedarf kann nicht geltend gemacht werden. Dasselbe gilt bei einem Nutzungsinteresse von nur zwei Jahren (AG Köln, Urteil vom 19.9.1991, 215 C 229/91).

Hinweis

Ein Mindestmaß an Nutzung, die der Vermieter angeben muss, damit er Eigenbedarf geltend machen kann, gibt es nicht. Grundsätzlich kommt es immer nur darauf an, ob die Kündigung auf vernünftigen und nachvollziehbaren Gründen beruht. Und: Je länger die beabsichtigte Nutzung der Wohnung durch den Vermieter dauern soll, desto eher kann ein berechtigtes Interesse des Vermieters bejaht werden. Je kürzer der Zeitraum der beabsichtigten Nutzung ist, desto triftigere Gründe wird der Vermieter für den Nachweis eines berechtigten Interesses vorbringen müssen, zum Beispiel einen besonders dringenden Wohnbedarf.

3.3.13 Eigenbedarf wegen eines Arbeitszimmers

Der Vermieter kann ein berechtigtes Interesse haben, wenn nur in der vermieteten Wohnung die Möglichkeit zur Schaffung eines notwendigen Arbeitsplatzes besteht (AG Heidelberg, Urteil vom 15.1.1993, 5 S 208/92).

3.3.14 Eigenbedarf wegen Kinderbesuchs

Ein berechtigtes Interesse des Vermieters ist auch gegeben, wenn der Vermieter in der vermieteten Wohnung seine ihn auch längerfristig besuchenden Kinder und Enkelkinder besser und ohne größere Umstände beherbergen kann. Auch der Wunsch des Vermieters, in die Nähe seiner Tochter zu ziehen, um dort einfacher auf die Enkelkinder aufpassen zu können, begründet ein berechtigtes Interesse an der Wohnung. Diesem Wunsch können vernünftige und nachvollziehbare Gründe auch nicht deshalb abgesprochen werden, weil sich die Wohnsituation des Vermieters wegen des Umzugs von seinem Einfamilienhaus in eine Etagenwohnung verschlechtert (BGH, Urteil vom 23.9.2015, VIII ZR 297/14).

3.3.15 Eigenbedarf wegen Nutzung als Zweitwohnung

Der Vermieter kann Eigenbedarf selbst dann geltend machen, wenn er die gekündigte Wohnung nur als Zweitwohnung nutzen will. Auch ein zeitlich begrenzter Bedarf kann die Voraussetzungen für eine Eigenbedarfskündigung erfüllen, da es keine konkrete »Mindestnutzungsdauer der Zweitwohnung« gibt (BGH, Beschluss vom 22.8.2017, VIII ZR 19/17). Dementsprechend kann ein Eigenbedarf zum Beispiel dann angenommen werden, wenn aufgrund von Indizien und nach persönlicher Anhörung des Vermieters dieser die Absicht hat, sich regelmäßig und mehrfach im Jahr aus beruflichen Gründen in der Stadt aufzuhalten, und nicht mehr auf eine Unterkunft im Hotel oder bei privaten Bekannten angewiesen sein möchte. Die Begründung des Lebensmittelpunkts in der Mietwohnung ist dabei nicht erforderlich. Dementsprechend muss das Kündigungsschreiben des Vermieters Angaben zum Grund sowie zur Dauer und Intensität der beabsichtigten Nutzung enthalten, wenn der Vermieter eine Wohnung wegen Eigenbedarfs kündigen will, um sie künftig als Zweitwohnung zu nutzen. Die schlichte Mitteilung, die Wohnung »für notwendige Aufenthalte als Zweitwohnung« nutzen zu wollen, ist unzureichend (LG Berlin, Beschluss vom 7.1.2020, 67 S 249/19).

Der BGH wies auch eine Entscheidung gegen ein Urteil des LG München I zurück, das entschieden hatte, dass es an vernünftigen und nachvollziehbaren Gründen für die Nutzung als Zweitwohnung fehle, wenn der Vermieter im selben Mehrfamilienhaus bereits eine Zweitwohnung für sich vorhalte und seinen Zweitwohnungsbedarf lediglich durch Umzug in eine hellere und größere Wohnung verbessern wolle (LG München I, Urteil vom 24.1.2018, 14 S 9552/17).

Der Wunsch, eine bestimmte Wohnung zu nutzen, lasse sich nicht ausschließlich oder in erster Linie an objektiven Kriterien messen, sondern hänge eng mit dem bisherigen Lebensweg eines Menschen, seinen Zukunftsplänen und seinen persönlichen Vorstellungen und Bedürfnissen zusammen. Der BGH verwies den Fall deshalb zur weiteren Klärung an das LG München I zurück (BGH, Beschluss vom 23.10.2018, VIII ZR 61/18).

Einem anderen Vermieter war es ebenfalls nicht zumutbar, in einem Hotel zu logieren, weil er aus beruflichen Gründen an acht bis zehn Arbeitstagen im Monat ein Quartier am Ort der Mietwohnung brauchte (LG Hamburg, Urteil vom 1.3.1994, 316 S 168/93). Eigenbedarf lag auch vor in dem Fall, in dem eine ausländische Vermieterin sich immer wieder für längere Zeit in Deutschland aufhielt und bei dieser Gelegenheit die Wohnung benötigte. Zulässig ist auch eine Kündigung als Stadtwohnung, wenn der Vermieter seinen Lebensmittelpunkt nicht in die gekündigte Wohnung verlegen, sondern weiterhin in der bisherigen Wohnung bleiben möchte (LG Hamburg, Urteil vom 1.3.2001, 307 S 114/00).

Ist in der Eigenbedarfskündigung einer Personengesellschaft angegeben, die als Bedarfsperson benannte Gesellschafterin wolle künftig nicht mehr von ihrem zwei Fahrstunden entfernten Familienheim pendeln und deswegen unter der Woche in der Wohnung übernachten, und stellt das Gericht aber fest, dass die Bedarfsperson die Wohnung allenfalls in Ausnahmefällen als Zweitwohnung nutzen will, ist die Kündigung unwirksam und die Räumungsklage abzuweisen (LG Berlin, Urteil vom 22.6.2022, 64 S 340/21).

Grundsätzlich muss der Vermieter es ausführlicher begründen, wenn er eine Wohnung nur als Zweitwohnung nutzen will. Es genüge nicht, so das LG Berlin, wenn der Vermieter eine 4,5-Zimmer-Wohnung mit 132 m^2 nur einmal in der Woche für eine Übernachtung nutzt (Urteil vom 4.6.1996, 65 S 48/96). Diese Gründe sind dann besonders gründlich zu prüfen, wenn es in der Vergangenheit zu Auseinandersetzungen zwischen Vermieter und Mieter gekommen ist (AG Köln, Urteil vom 16.9.2010, 209 C 299/10).

Kein Eigenbedarf wurde anerkannt, wenn der Vermieter ein auf Dauer vermietetes Haus nur als Wochenendwohnung nutzen will oder wenn die Wohnung nur drei Monate im Jahr genutzt werden soll. Ebenfalls abgelehnt wurde der Eigenbedarfswunsch für einen in Westdeutschland lebenden Vermieter, der die in Berlin gelegene Wohnung circa zehn Tage im Monat nutzen wollte (LG Berlin, Urteil vom 10.8.1989, 61 S 113/89). Keine Chance hatte ein Vermieter, dessen Wohnung bei der beabsichtigten Nutzung mehr als sechs Monate im Jahr leer stehen würde (AG München, Urteil vom 2.12.1988, 222 C 14008/88).

3.3.16 Eigenbedarf wegen Überlassung an Angehörige

Für die Kündigung einer Wohnung wegen Eigenbedarfs genügt es, wenn der Vermieter dem Angehörigen eine Wohnung zur Verfügung stellen will, die gegenüber der bisherigen Wohnung Vorteile bietet. Grundsatz: Es ist Sache des Vermieters, welchen Raumbedarf er für seine Angehörigen als angemessen ansieht. Ein berechtigtes Interesse liegt ebenfalls vor, wenn Eltern ihrem Kind eine Wohnung überlassen wollen, um dessen Selbstständigkeit zu fördern (BGH, Urteil vom 13.10.2010, VIII ZR 78/10).

Ein Überlassungsinteresse des Vermieters besteht zum Beispiel dann,

- wenn der Vermieter seinem Sohn und dessen Familie statt der bisher genutzten 64 m^2 großen Wohnung eine Wohnung mit 93 m^2 zur Verfügung stellen will, die näher am Arbeitsplatz des Sohnes liegt (LG Siegen, Urteil vom 24.11.1988, 3 S 257/88),
- wenn der 18-jährige Sohn des Vermieters mit seiner Freundin eine Vierzimmerwohnung erhalten soll (LG Hannover, Urteil vom 23.6.1989, 8 S 71/89),
- wenn der 23-jährige alleinstehende Sohn des Vermieters in eine 80 m^2 große Wohnung einziehen möchte (LG Kassel, Beschluss vom 19.4.1989, 1 S 9/89),
- wenn der Familienangehörige an einer Stauballergie leidet und deshalb aus einer kleinen, mit Teppichboden ausgestatteten Wohnung in eine größere Wohnung umziehen will, die Parkettboden hat (AG Düsseldorf, Urteil vom 20.3.1989, 53 C 669/88),
- wenn der Vermieter seinem Sohn eine Wohnung überlassen will, damit dieser dort mit seiner Lebensgefährtin wohnen kann (OLG Karlsruhe, RE vom 14.1.1982, 9 ReMiet 3/81).

Ein Überlassungsinteresse wurde dagegen in Folgenden Fällen verneint:

- Eine 74 m^2 große Zweizimmerwohnung wird zugunsten des Sohns des Vermieters gekündigt, obwohl der Sohn bereits eine 100 m^2 große Vierzimmerwohnung bewohnt (LG Frankfurt/Main, Urteil vom 28.2.1989, 2/11 S 410/88).
- Der Vermieter will seinem Enkel ein 90 m^2 großes Haus überlassen, damit dieser selbstständiger wird.
- Der alleinstehende Sohn des Vermieters ohne eigene Einkünfte soll ein gut vermietetes Einfamilienhaus nutzen (LG Köln, Urteil vom 11.1.1990, 1 S 376/89).
- Der Vermieter will seiner Tochter ein geräumiges Einfamilienhaus mit Garten überlassen, obwohl diese als Studienanfängerin über kein eigenes Einkommen verfügt (AG Bonn, Urteil vom 5.9.1989, 6 C 275/89).
- Der Vermieter beansprucht für seinen noch in der Berufsausbildung befindlichen Sohn eine Vierzimmerwohnung zum Mietwert von 1.800 DM (LG München I, Urteil vom 23.5.1990, 14 S 25530/89). Anders ist es allerdings dann, wenn der Vermieter seiner Tochter eine 150 m^2 große Wohnung überlässt, weil diese eine Familie gründen will (BVerfG, Beschluss vom 20.2.1995, 1 BvR 665/94).

Die berechtigten Interessen des Vermieters sind bei der Entscheidung, ob Eigenbedarf vorliegt, nicht gegen die Belange des Mieters abzuwägen. § 573 BGB stellt ausdrücklich nur auf die Interessen des Vermieters ab. Die Belange des Mieters sind nur auf seinen Widerspruch hin zu beachten (§§ 574, 574a BGB). Erst wenn für das Gericht die Wirksamkeit der Kündigung feststeht, wird auf wirksamen Widerspruch des Mieters hin geprüft, ob Härtegründe im Sinne des § 574 Abs. 1 BGB vorliegen. Das Bundesverfassungsgericht entschied, dass die Fachgerichte die Befugnis des Eigentümers, sein Leben und den Gebrauch seines Eigentums so einzurichten, wie er das für richtig hält, zu achten und seinen Entschluss, die vermietete Wohnung selbst zu nutzen oder durch den eng gezogenen Kreis privilegierter Dritter nutzen zu lassen, grundsätzlich zu akzeptieren und ihrer Rechtsfindung zugrunde zu legen haben. Auf der anderen Seite ist es im Hinblick auf das ebenfalls grundgesetzlich geschützte Besitzrecht des Mieters zulässig, den Erlangungswunsch des Vermieters nur dann zu berücksichtigen, wenn dieser ernsthaft, vernünftig und nachvollziehbar ist. Der Mieter kann dann verlangen, dass das Gericht seinen Einwänden nachgeht und prüft, ob

- der Selbstnutzungswunsch ernsthaft verfolgt wird,
- eine Alternativwohnung vorhanden ist oder
- der geltend gemachte Wohnbedarf weit überhöht ist.

3.3.17 Eigenbedarf trotz Alternativwohnung

Der Vermieter muss eine Alternativwohnung in Anspruch nehmen, wenn eine solche zwischen dem Ausspruch der Kündigung und dem Ablauf der Kündigungsfrist frei wird. Es muss sich um eine Wohnung im selben Mehrfamilienhaus handeln, die ebenfalls im Eigentum des Vermieters steht.

Auch wenn dem Vermieter eine oder mehrere andere freie Alternativwohnungen zur Verfügung stehen, ist der Nutzungswunsch des Vermieters grundsätzlich zu beachten. Sein Eigenbedarfswunsch ist dann nicht rechtsmissbräuchlich, wenn er vernünftige und nachvollziehbare Gründe für den Eigenbedarf hat. Allerdings darf der Vermieter die Alternativwohnungen auch nicht gleich wieder an Dritte vermieten, um dann einwenden zu können, dass die Alternativwohnungen gar nicht frei sind. Grund: Niemand kann sich auf den Fortfall einer Tatsache berufen, wenn er dies selbst treuwidrig herbeigeführt hat. Das Gericht kann auch nicht dem Einwand des Mieters, dass dem Vermieter eine geeignete Ersatzwohnung zur Verfügung stand, entgegenhalten, dass die Alternativwohnung anderweitig vermietet sei (BVerfG, Beschluss vom 13.11.1990, 1 BvR 275/90). Allerdings kann Eigenbedarf auch dann bestehen, wenn zwar eine freie geeignete Wohnung im Haus zur Verfügung steht, diese aber zum Bezug durch einen anderen Miteigentümer vorgesehen ist und ein vernünftiger und nachvollziehbarer Grund für das Festhalten des anderen Miteigentümers am Bezug gerade dieser Wohnung gegeben ist (BVerfG, Beschluss vom 7.5.2001, 2 BvR 188/00).

Ob der Vermieter in die Alternativwohnung ziehen muss, hängt davon ab, ob diese Wohnung nach Größe, Lage und Zuschnitt geeignet ist, den Wohnbedarf des Vermieters ohne wesentliche Abstriche gegenüber der gekündigten Wohnung zu befriedigen. Dabei hat der Vermieter aber einen großzügigen Ermessensspielraum.

Der Vermieter muss sich nicht auf eine Alternativwohnung verweisen lassen, wenn die gekündigte Wohnung erheblich größer ist (LG Hamburg, Urteil vom 9.1.2003, 307 S 118/02).

Das Gericht muss es auch akzeptieren, wenn der Vermieter beabsichtigt, zu heiraten und seinen Kinderwunsch zu verwirklichen, und deshalb eine 150 m^2 große Fünfzimmerwohnung beziehen möchte und die 100 m^2 große Alternativwohnung für zu klein hält (BVerfG, Beschluss vom 2.2.1994, 1 BvR 1422/93).

Vom Vermieter kann auch nicht verlangt werden, dass er in die Alternativwohnung zieht, wenn diese zum Beispiel zum Arbeitsplatz ungünstiger liegt (LG Duisburg, Urteil vom 31.7.1990, 7 S 107/90) oder wenn sich aus der Alternativwohnung wesentlich höhere Mieteinnahmen erzielen lassen (LG Mannheim, Urteil vom 13.11.1991, 4 S 135/91). Der Vermieter muss sich auch dann nicht auf die Alternativwohnung verweisen lassen, wenn diese bereits vor seinem Eigenbedarfswunsch dem allgemeinen Wohnungsmarkt nicht zur Verfügung stand, zum Beispiel weil sie zur Vermietung als Ferienwohnung bestimmt war (BVerfG, Beschluss vom 3.10.1989, 1 BvR 558/89). Will der Vermieter aus nachvollziehbaren Gründen weiterhin in die gekündigte Wohnung einziehen, muss er die andere Wohnung eventuell dem Mieter anbieten.

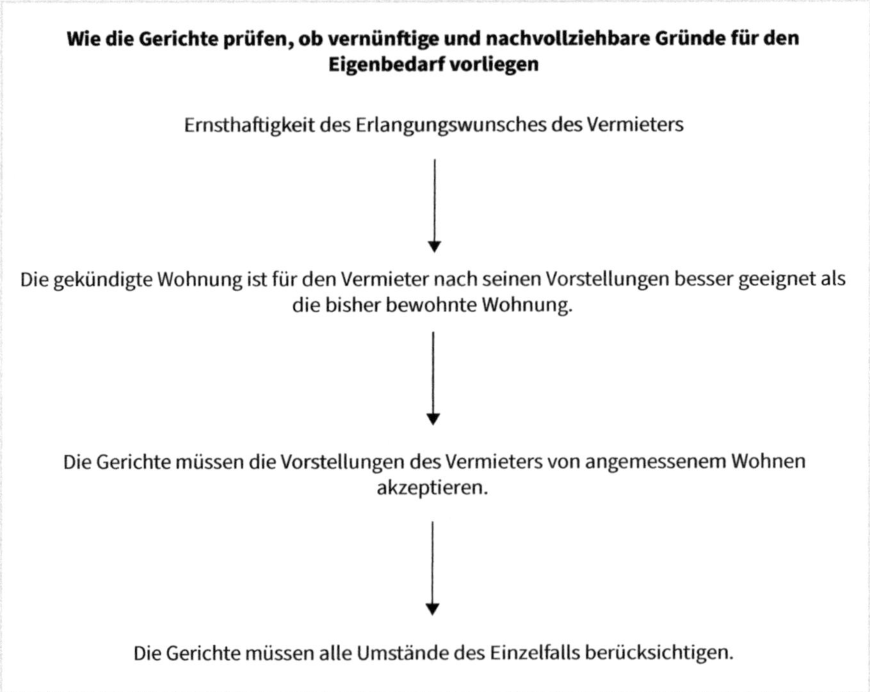

Abb. 4: Prüfung der Gründe für den Eigenbedarf durch das Gericht

3.4 Auswahlrecht und Anbietpflicht des Vermieters

3.4.1 Auswahlrecht des Vermieters

Kommen mehrere Wohnungen zur Deckung des Wohnbedarfs des Vermieters in Betracht, hat er ein Wahlrecht, welchem seiner Mieter er kündigt. Grund: Das Auswahlermessen ist Teil der Eigentumsgarantie. Es existiert keine Sozialauswahl, der zufolge der Vermieter bei mehreren gleich geeigneten Wohnungen nur dem am wenigsten schutzwürdigen Mieter kündigen darf. Er kann auch frei entscheiden, in welchem von mehreren ihm gehörenden Häusern er seinen Altersruhesitz begründen will, auch wenn diese weit voneinander entfernt liegen (AG Andernach, Urteil vom 23.8.2007, 6 C 387/07).

Soziale Belange muss der Vermieter bei seiner Entscheidung nicht berücksichtigen. Deshalb kann sich der gekündigte Mieter auch nicht darauf berufen, dass der Vermieter einem anderen Mieter hätte kündigen müssen. Der Vermieter ist nicht verpflichtet, demjenigen Mieter zu kündigen, der von der Vertragsbeendigung am wenigsten betroffen ist. Allerdings ist einem Vermieter, der die Kündigung gerne rasch durchsetzen will, zu empfehlen, demjenigen Mieter zu kündigen, der sich am wenigsten auf Härtegründe berufen kann. Das Gericht muss nicht prüfen, ob eine andere Wohnung des Vermieters für die Zwecke des Vermieters geeigneter ist oder ob es Mieter gibt, denen der Vermieter fristlos kündigen könnte.

Daher handelt ein Vermieter auch nicht treuwidrig, wenn seine Wahl unter mehreren vergleichbaren Wohnungen auf diejenige mit dem ältesten Mietverhältnis und der niedrigsten Quadratmetermiete fällt. Der Mieter kann sich somit nicht darauf berufen, dass der Vermieter einem anderen Mieter hätte kündigen müssen. Eine besondere Schutzwürdigkeit des Mieters ist vielmehr erst auf seinen Widerspruch im Rahmen der Härteprüfung nach §§ 574 ff. BGB zu berücksichtigen (LG Berlin, Urteil vom 18.12.2019, 64 S 91/18).

3.4.2 Steht eine Alternativwohnung zur Verfügung?

Hat der Vermieter eine andere freistehende oder frei werdende Wohnung aus seinem eigenen Wohnungsbestand, kann die Eigenbedarfskündigung aus diesem Grund unwirksam sein. Er muss dann unter Umständen in diese andere Wohnung einziehen. Maßgeblich ist, ob sich diese Wohnung nach Größe, Lage und Zuschnitt dazu eignet, den Wohnbedarf des Vermieters ohne wesentliche Abstriche gegenüber der gekündigten Wohnung zu befriedigen. Der Vermieter benötigt dann keine Wohnung, wenn ihm eine andere freistehende Wohnung zur Verfügung steht, durch die sein Bedarf gedeckt werden kann. Das ist auch dann der Fall, wenn eine Wohnung bald frei wird, weil ein Mieter freiwillig auszieht oder ausziehen muss, weil der Vermieter bereits einen Räumungstitel erstritten hat oder einen solchen Titel bald bekommen wird.

Das Bundesverfassungsgericht hat bereits mit seinem Urteil vom 14.2.1989 ausgeführt, dass immer zu prüfen ist, ob der Vermieter rechtsmissbräuchlich handelt, wenn ihm eine andere Wohnung zur Verfügung steht, in der er seinen Wohnbedarf ohne wesentliche Abstriche befriedigen kann (BVerfG, Urteil vom 14.2.1989, 1 BvR 308/88 und andere). Bei der Prüfung dieser Frage müsse das Gericht die Vorstellungen des Eigentümers akzeptieren.

Beispiel

Soll einem Ehepaar, zu dessen Gunsten eine Eigenbedarfskündigung durchgesetzt werden soll, eine 74 m^2 große Dreizimmerwohnung überlassen werden, so darf das Mietverhältnis über diese Wohnung auch dann gekündigt werden, wenn im Haus eine andere, 56 m^2 große Zweizimmerwohnung freisteht (BVerfG, Beschluss vom 7.11.1990, 1 BvR 416/90).

Der Eigentümer darf auch nicht darauf verwiesen werden, er müsse auf die Kündigung einer vermieteten Wohnung verzichten und seine Angehörigen in freistehenden Räumlichkeiten unterbringen, die bisher gewerblich genutzt wurden und auch weiterhin gewerblich genutzt werden sollen (BVerfG, Beschluss vom 3.10.1989, 1 BvR 558/89).

Sind beide Wohnungen, also die wegen Eigenbedarfs gekündigte und die Alternativwohnung, für die Zwecke des Vermieters gleich geeignet, darf der Vermieter die Eigenbedarfskündigung nicht weiter verfolgen und muss in die Alternativwohnung einziehen. Wenn sich der Vermieter nicht selbst auf die Alternativwohnung verweisen lassen muss, kann eine Anbietpflicht gegenüber dem Mieter bestehen.

3.4.2.1 In diesen Fällen ist die Alternativwohnung dem Vermieter zumutbar

Dem Vermieter ist die freistehende Wohnung auch dann zuzumuten, wenn dort geringfügige Änderungsarbeiten erforderlich sind (LG Berlin, Urteil vom 4.4.1989, 64 S 406/88). In diesem Fall musste der Vermieter noch eine Badewanne einbauen lassen. Der Umstand, dass die frei werdende Wohnung in einem höheren Stockwerk liegt, spielt keine Rolle: Dies gilt vor allem dann, wenn der künftige Wohnungsnutzer jung ist und Treppen steigen kann (AG Hamburg, Urteil vom 7.6.1989, 37 b C 2716/88). Eine Vermieterin kann auch nicht den Einzug in eine frei werdende Wohnung ablehnen, weil diese im Souterrain liegt und die Vermieterin sich vor Einbrechern fürchtet. Das AG Marburg entschied, dass es sich hier nur um Befindlichkeiten und nicht um vernünftige Gründe handele (Urteil vom 26.8.1988, 10 C 475/88). Der Vermieter kann die Alternativwohnung auch nicht deshalb ablehnen, weil sie schräge Wände hat. Ebenso entschied das LG Stuttgart, wenn der Mieter nur eine ortsübliche Miete in Höhe von 754 DM zahlt, während die freistehende Wohnung für 1.800 DM vermietet werden könnte (Urteil vom 27.6.1991, 6 S 457/90). Der Vermieter darf auch eine Wohnung im Mietwert von 350 DM nicht kündigen, wenn er seine Tochter in einer freistehenden Wohnung mit einem Mietwert von 600 DM unterbringen kann. Dies gelte jedenfalls bei einem extrem angespannten Wohnungsmarkt (LG Stuttgart, Urteil vom 19.9.1990, 5 S 186/90). Auch wenn der Vermieter beabsichtigt, die freie Wohnung zu verkaufen, rechtfertigt dies die Eigenbedarfskündigung jedenfalls dann nicht, wenn diese Absicht noch nicht näher konkretisiert ist (LG Kiel, Urteil vom 15.11.1990, 1 S 24/90).

3.4.2.2 In diesen Fällen ist die Alternativwohnung dem Vermieter nicht zumutbar

Hat der Vermieter eine Wohnung im Dachgeschoss wegen Eigenbedarfs gekündigt, kann er an dieser Kündigung trotz Alternativwohnung festhalten, wenn er ausdrücklich in eine Dachgeschosswohnung ziehen möchte, weil er dort weniger belästigt wird (LG Darmstadt, Urteil vom 8.8.1989, 17 S 533/88). Der Vermieter muss auch nicht auf eine freistehende Wohnung im Mietwert zwischen 380 DM und 450 DM zurückgreifen, wenn er seinen bescheiden lebenden Sohn in einer Wohnung mit einem Mietwert von 180 DM unterbringen will (LG Düsseldorf, Urteil vom 24.2.1989, 21 S 468/88). Auch wenn die Tochter des Vermieters ihre Wohnung mit der gekündigten Wohnung des Vermieters verbinden und damit vergrößern will, kann sie nicht auf eine andere frei werdende Wohnung im Nachbarhaus verwiesen werden (AG Remscheid, Urteil vom 18.4.1989, 8 C 24/89). Auf leer stehende Räume muss ein Vermieter nicht verwiesen werden, wenn diese bisher gewinnbringend als Anwaltskanzlei vermietet waren und auch künftig wieder gewerblich vermietet werden sollen (LG Hannover, Urteil vom 24.2.1989, 10 S 93/88). Zu akzeptieren ist auch, dass der Vermieter den Eigenbedarf für eine Wohnung angemeldet hat, die ihm gute Verkehrsverbindungen zu seinem Arbeitsplatz bietet, während dies bei der freistehenden Wohnung nicht der Fall ist (LG Duisburg, Urteil vom 31.7.1990, 7 S 107/90). Kündigt eine Vermieterin, die im ersten Obergeschoss wohnt, für den Wohnbedarf einer Pflegerin eine im ersten Obergeschoss gelegene Wohnung, so muss sie sich nicht auf eine freie Wohnung im zweiten Obergeschoss verweisen lassen, wenn sie die betreffende Wohnung ausgewählt hat, um sich durch Klopfzeichen mit der Pflegeperson verständigen zu können (LG Frankenthal/Pfalz, Urteil vom 11.10.1989, 2 S 203/89).

3.4.2.3 Weitervermietete Alternativwohnung

Kündigt der Vermieter wegen Eigenbedarfs, obwohl beim Ausspruch der Kündigung eine ihm zumutbare Alternativwohnung zur Verfügung steht, so ist die Kündigung unwirksam. Dies gilt auch dann, wenn der Vermieter schon vor dem Kündigungsschreiben eine freistehende Wohnung weitervermietet hat. Auch wenn der Bedarf des Vermieters erst nach der Weitervermietung entstanden ist, muss geprüft werden, ob der Bedarf zum Zeitpunkt der Weitervermietung vorhersehbar war. War dies der Fall, ist die Kündigung unwirksam. Musste der Vermieter den Bedarf nicht in Erwägung ziehen, ist die Kündigung dagegen wirksam. Wurde eine Wohnung erst nach dem Ausspruch der

Kündigung frei, darf der Vermieter seine ursprüngliche Eigenbedarfskündigung nicht mehr weiterverfolgen. Er ist dann verpflichtet, dem Mieter unverzüglich ein Angebot zur Aufhebung der Kündigungswirkungen zu unterbreiten. Nach Ablauf der Kündigungsfrist, das heißt nach Beendigung des Mietverhältnisses, muss der Vermieter die eigene, bisher von ihm selbst bewohnte Wohnung nicht dem Mieter anbieten, die erst dann frei wird, wenn der Vermieter nach dem Auszug des Mieters in die gekündigte Wohnung gezogen ist. Der BGH wandte sich mit dieser Entscheidung gegen die Ansicht der Vorinstanz, der Vermieter müsse sich auf einen »fliegenden Wohnungswechsel« mit dem Mieter einlassen (Beschluss vom 19.7.2017, VIII ZR 284/16).

Hinweis

Im Kündigungsschreiben muss der Vermieter grundsätzlich keine Ausführungen über seinen Wohnungsbestand machen (LG München I, Urteil vom 8.5.2002, 14 S 20871/01). Legt er aber dar, dass eine oder mehrere bestimmte Wohnungen als Alternativwohnungen nicht infrage kommen, muss der Grundbesitz vollständig offengelegt werden; andernfalls könnte beim Mieter der unzutreffende Eindruck erweckt werden, dass der Vermieter nicht über weiteren Grundbesitz verfügt.

3.4.3 Anbietpflicht gegenüber dem Mieter

Muss der Vermieter die Alternativwohnung nicht selbst akzeptieren, muss er sie unter Umständen dem Mieter anbieten. Eine solche Pflicht trifft den Vermieter dann, wenn im selben Haus nach dem Zugang der Kündigung an den Mieter eine andere Wohnung frei geworden ist. Die Anbietpflicht des Vermieters bezieht sich räumlich nur auf leer stehende oder frei werdende Wohnungen im selben Haus oder in derselben Wohnanlage. Eine Anbietpflicht für eine dem Vermieter gehörende, aber mehrere Kilometer entfernt liegende Wohnung hat der BGH ausdrücklich abgelehnt. Wohnungen des Vermieters in demselben Stadt- oder Ortsteil kommen daher als Ersatzwohnung nicht infrage. Ferner ist die Anbietpflicht auf vergleichbare Wohnungen aus dem Bestand des Vermieters beschränkt. Insofern ist aber zum Beispiel die Vergleichbarkeit einer frei werdenden Zweizimmerwohnung von circa 60 m^2 mit der gekündigten Einzimmerwohnung von circa 40 m^2 Größe nicht von vornherein ausgeschlossen (BGH, Urteil vom 13.10.2010, VIII ZR 78/10).

Hinweis

Grund für die Anbietpflicht des Vermieters ist die Überlegung, dass der Vermieter sein Kündigungsrecht so schonend wie möglich ausüben muss. Er muss daher im Rahmen seiner Möglichkeiten die mit dem Verlust der Wohnung für den Mieter einhergehenden Nachteile abmildern und die sozial unerwünschten Folgen der allein aus der Vermietersphäre herrührenden Kündigung so gering wie möglich halten. Schließlich muss der Mieter bei einer Kündigung wegen Eigenbedarfs die Wohnung aufgeben, obwohl er sich vertragstreu verhalten hat.

Für die Anbietpflicht kommt es nicht darauf an, ob die Wohnung für den Mieter objektiv geeignet ist. Die Entscheidung, ob die leer stehende Wohnung für seine Wohnbedürfnisse geeignet ist, trifft allein der Mieter (LG Berlin, Urteil vom 3.2.2009, 65 S 303/08).

Der Vermieter muss die Alternativwohnung dem gekündigten Mieter bis spätestens zum Ablauf der Kündigungsfrist, also bis zum Ende des Mietverhältnisses anbieten (BGH, Urteil vom 13.10.2010, VIII ZR 78/10). Dies gilt auch dann, wenn feststeht, dass die Alternativwohnung bald nach Ablauf der Kündigungsfrist frei wird. Der BGH verneint ausdrücklich eine Anbietpflicht für Wohnungen, die erst während des Räumungsprozesses frei werden (Beschluss vom 9.7.2003, VIII ZR 311/02).

Beispiel

Hat der Vermieter das Mietverhältnis wegen Eigenbedarfs zum 28.2.2006 gekündigt und kündigt in demselben Haus ein Mieter eine vergleichbare Wohnung zum 31.3.2006, muss der Vermieter diese Wohnung dem gekündigten Mieter nicht anbieten (BGH, Urteil vom 4.6.2008, VIII ZR 292/07).

Achtung

Der Vermieter muss dem gekündigten Mieter eine Wohnung auch dann anbieten, wenn er die Wohnung sanieren will und für ihn nicht absehbar ist, wann die Wohnung zur Vermietung zur Verfügung steht (LG Köln, Beschluss vom 3.5.2013, 10 S 51/12).

Mit der Anbietpflicht soll dem Mieter die Möglichkeit gegeben werden, im selben Haus oder in derselben Wohnanlage eine vergleichbare Wohnung zu bekommen, also in seiner vertrauten häuslichen Umgebung zu bleiben.

Eine Anbietpflicht besteht dagegen nicht, wenn die Neubegründung eines Mietverhältnisses mit dem Mieter für den Vermieter unzumutbar ist, zum Beispiel bei vertragswidrigem Verhalten des Mieters. Dabei muss es sich aber um Vertragsverletzungen handeln, die den Tatbestand einer außerordentlichen oder ordentlichen Kündigung erfüllen, Spannungen unterhalb der Kündigungsschwelle berühren die Anbietpflicht nicht.

Eine Anbietpflicht des Vermieters besteht auch dann nicht, wenn der Vermieter die leer stehende Wohnung dem allgemeinen Wohnungsmarkt nicht zur Verfügung stellen will. Dabei entscheidet allein der Vermieter, welche Wohnungen aus seinem Bestand er für eine Vermietung vorsieht. Diesen Entschluss des Vermieters müssen die Fachgerichte akzeptieren (BVerfG, Beschluss vom 3.10.1989, 1 BvR 558/89).

Es besteht auch dann keine Anbietpflicht des Vermieters, wenn die Alternativwohnung bisher nur gewerblich genutzt (BGH, Urteil vom 21.12.2011, VIII ZR 166/11) oder möbliert vermietet wurde und der Mieter kein Interesse an einer möblierten Vermietung hat. Die Anbietpflicht entfällt ebenso, wenn die frei werdende Wohnung schon seit längerer Zeit einem Dritten versprochen ist (LG Regensburg, Urteil vom 6.11.1990, S 190/90) oder Mieter und Vermieter verfeindet sind und die Alternativwohnung im persönlichen Lebens- und Wohnbereich des Vermieters liegt. Ebenfalls keine Anbietpflicht besteht, wenn die Wohnung für den Mieter objektiv ungeeignet ist. Dies gilt zum Beispiel dann, wenn es konkrete Zweifel an der Zahlungsfähigkeit des Mieters gibt. Diese Zweifel muss dann der Mieter ausräumen. Die Anbietpflicht des Vermieters entfällt deshalb, wenn die Wohnung für den Mieter und seine Familie zu klein oder aus anderen Gründen ungeeignet ist. Der Vermieter muss keine Überbelegung der Wohnung hinnehmen.

Der Vermieter kann die Anbietpflicht nicht mit der Begründung unterlassen, dass die freie Alternativwohnung für den Mieter zu klein sei. Diese Auffassung verletzt das Recht des Mieters auf freie Entfaltung seiner Persönlichkeit, wozu auch gehört, dass der Mieter seinen Wohnbedarf nach seinen eigenen Vorstellungen bestimmen, also auch einschränken darf. Die Gerichte können allerdings prüfen, ob eine dem Vermieter nicht mehr zumutbare Überbelegung vorliegt oder der Bezug der Wohnung gegen bau- oder polizeirechtliche Vorschriften verstoßen würde.

3.4.3.1 Die Vergleichbarkeit der Wohnungen

Da es bei einem Verstoß gegen die Anbietpflicht um rechtsmissbräuchliches Verhalten geht, muss der Vermieter dem Mieter nur solche Wohnungen anbieten, die nach seinem Kenntnisstand für den betreffenden Mieter ernsthaft in Betracht kommen. Vorsicht ist bei der Annahme des Vermieters angesagt, der Mieter könne sich eine größere und teurere Wohnung nicht leisten. Hier muss der Vermieter über konkrete Kenntnisse in Bezug auf eine Zahlungsunfähigkeit des Mieters verfügen und darf nicht wegen dieser Vermutung auf das Anbieten der Ersatzwohnung verzichten.

3.4.3.2 Wie die Anbietpflicht ausgeübt werden muss

Zur ordnungsgemäßen Erfüllung der Anbietpflicht muss der Vermieter den Mieter über die wesentlichen Bedingungen einer Anmietung informieren. Dies betrifft Größe, Ausstattung und Beschaffenheit der Wohnung, die Mietkonditionen, also die Höhe der Miete und der Betriebskosten. Erst dann kann der Mieter informiert darüber entscheiden, ob er die angebotene Wohnung anmieten will.

Es ist auch Sache des Mieters, seinen Wohnbedarf zu bestimmen. Der Vermieter muss ihm die freie Wohnung deshalb auch dann anbieten, wenn sie aus seiner Sicht nicht vergleichbar ist mit der gekündigten Wohnung. Dies bestätigte auch das LG Berlin mit Urteil vom 11.3.2020 (64 S 197/18). Es führte aus, dass es nach einer berechtigten Kündigung wegen Eigenbedarfs die Nebenpflicht des Vermieters ist, dem Mieter zur Abmilderung der dadurch eintretenden Auswirkungen eine zur Vermietung frei werdende Wohnung im selben Haus oder in derselben Wohnanlage anzubieten. Diese Anbietpflicht beruht darauf, dass der Mieter bei einer Kündigung wegen Eigenbedarfs die Wohnung aufgeben muss, obwohl er sich vertragstreu verhalten hat. Der Vermieter ist daher gehalten, seine Interessen so schonend wie möglich durchzusetzen, damit die unerwünschten Folgen der allein aus der Sphäre des Vermieters herrührenden Kündigung so gering wie möglich bleiben.

Die Beurteilung, ob eine solche Wohnung geeignet ist, trifft der Mieter. Gerade in Zeiten beengter Mietmärkte kann der Vermieter nicht voraussetzen, dass sich das Interesse des zur Räumung verpflichteten Mieters von vornherein auf Ersatzwohnungen beschränkt, die nach Zimmerzahl, Wohnfläche und Ausstattung der bisherigen Wohnung entsprechen. Die Anbietpflicht beinhaltet nicht, dass eine Alternativwohnung zu denselben Konditionen wie die bisherige Wohnung angeboten wird. Dagegen kann die Entscheidung darüber, was für den Mieter angemessen oder interessengerecht ist, nicht dem Vermieter zugestanden werden, da er es sonst allein in der Hand hätte, über den Umfang seiner vertraglichen Nebenpflicht zu entscheiden.

Bietet der Vermieter die Alternativwohnung dem Mieter an und lehnt dieser das Angebot ab, hat der Vermieter seiner Anbietpflicht genügt. Er kann dann die Wohnung an eine dritte Person vermieten und auf seiner Eigenbedarfskündigung bestehen.

Achtung

Stellt der Vermieter für die Alternativwohnung dem Mieter unangemessene Bedingungen, verlangt er zum Beispiel eine zu hohe Miete, verletzt er damit seine Anbietpflicht. Dann wäre eine Räumungsklage als rechtsmissbräuchlich abzuweisen. Allerdings entschied das LG Berlin, dass der Vermieter seiner Anbietpflicht auch dann genügt, wenn er dem Mieter eine Alternativwohnung zu einem über der ortsüblichen Vergleichsmiete liegenden Mietzins anbietet (Beschluss vom 7.8.2014, 67 S 280/14). Angemessen ist daher die ortsübliche Miete, die bisher verlangte Miete, die hausübliche Miete oder die Marktmiete, also die bei einer Neuvermietung erzielbare Miete. Wird der höchstzulässige Mietpreis überschritten, hat der Vermieter die Anbietpflicht nicht erfüllt.

Der Vermieter darf aber eine freistehende oder frei werdende Alternativwohnung ohne sachlichen Grund nicht nur mit einem Zeitmietvertrag anbieten und vom Mieter ohne konkrete Anhaltspunkte für Zahlungsschwierigkeiten vor der Besichtigung einen Einkommensnachweis verlangen (LG Berlin, Beschluss vom 10.3.2014, 18 S 349/13).

Grundsätzlich muss der Vermieter dem Mieter die Alternativwohnung anbieten. Diese Pflicht besteht auch, wenn der Mieter die freistehende Wohnung kennt und nichts unternimmt, um sie zu erhalten. Grundsätzlich muss der Vermieter die Initiative ergreifen. Auch wenn die Alternativwohnung schon im Zeitpunkt des Kündigungsschreibens freigestanden hat, muss das Mietangebot nicht im Kündigungsschreiben erwähnt sein. Die Kündigung ist dann auch ohne das Mietangebot wirksam.

Achtung

Der Vermieter kann nicht seine Rechte aus der Kündigung verfolgen, wenn er dem Mieter bis zum Schluss der mündlichen Verhandlung kein Mietangebot unterbreitet hat.

3.4.3.3 Rechtsfolgen bei Verletzung der Anbietpflicht

Verletzt der Vermieter seine Anbietpflicht, wird die Kündigung wegen Eigenbedarfs rechtsmissbräuchlich und damit unwirksam (BGH, Urteil vom 26.8.2016, VIII ZR 178/15). Denn der Vermieter ist grundsätzlich verpflichtet, dem gekündigten Mieter eine Wohnung als Ersatz anzubieten, wenn eine Wohnung im selben Haus oder in derselben Wohnanlage frei ist, da eine Wohnungskündigung einen erheblichen Eingriff in die Lebensführung darstellt. Verletzt der Vermieter die Anbietpflicht, macht er sich schadensersatzpflichtig mit der Folge, dass der Mieter so zu stellen ist, als hätte der Vermieter die Wohnung ordnungsgemäß angeboten.

Achtung

Wenn zum Zeitpunkt der Kündigung mehrere Wohnungen des Vermieters freistehen, er jedoch nur eine oder einen Teil der Wohnungen anbietet, hat er seine Anbietpflicht nicht erfüllt. Der Vermieter muss grundsätzlich alle zur Vermietung bestimmten und für den Mieter geeigneten Wohnungen anbieten. Wendet der Mieter ein, dem Vermieter habe eine geeignete andere Wohnung zur Verfügung gestanden, verstößt es gegen das verfassungsrechtliche Willkürverbot, wenn dieser Einwand allein mit der Begründung zurückgewiesen wird, die Alternativwohnung sei bereits anderweitig vermietet worden. Der Vermieter hat unter Umständen rechtsmissbräuchlich gehandelt, weil ihm dann möglicherweise eine vergleichbare andere Wohnung zur Verfügung gestanden hätte, in der er seinen Wohnbedarf ohne wesentliche Abstriche hätte befriedigen können (BGH, Beschluss vom 23.8.2016, VIII ZR 178/15).

Der Mieter hat dann einen Anspruch auf Überlassung der Ersatzwohnung und Abschluss eines entsprechenden Mietvertrags. Dies geht natürlich nur dann, wenn die Wohnung noch nicht einem Dritten überlassen wurde.

Der BGH hat allerdings mit Urteil vom 14.12.2016 (VIII ZR 232/15) seine Rechtsprechung geändert und entschieden, die Kündigung sei zwar wirksam, auch wenn der Vermieter die andere freie Wohnung nicht dem Mieter angeboten hat. Da der Vermieter aber damit seine Rücksichtnahmepflicht gegenüber dem Mieter verletzt hat, ergibt sich daraus ein Schadensersatzanspruch des gekündigten Mieters gegenüber dem kündigenden Vermieter. Dieser Anspruch kann die Kosten für den Umzug, den Makler oder die Differenz zu einer höheren Miete umfassen.

Beispiel

Ein Vermieter kündigte seinem Mieter wegen Eigenbedarfs. Der Mieter wehrte sich gegen die Kündigung und machte geltend, der Vermieter hätte ihm die im Erdgeschoss frei werdende Wohnung anbieten müssen, was nicht geschehen sei. Der Vermieter erwidert, er hätte den Mieter über die frei werdende Wohnung informiert, dieser sei jedoch desinteressiert gewesen, weil ihm die Miete zu teuer gewesen sei. Das LG Berlin gab der Räumung statt. Die Kündigung wegen Eigenbedarfs sei wirksam. Eine Anbietpflicht des Vermieters habe wegen des Desinteresses des Mieters nicht bestanden. Zwar sei die verlangte Miete höher gewesen als die ortsübliche Vergleichsmiete. Die verlangte Miete verstoße jedoch gegen kein Verbotsgesetz, insbesondere nicht gegen Mietwucher (Urteil vom 1.12.2016, 67 S 323/16).

Hinweis

Nach einem Urteil des BGH vom 14.12.2016 wäre auch in dem Fall des LG Berlin die Kündigung nicht mehr rechtsmissbräuchlich, sondern wirksam, würde aber den Vermieter gegenüber dem Mieter zu Schadensersatz verpflichten. Um diesem Risiko zu entgehen, sollten Vermieter einzelne Umstände im Zusammenhang mit dem Angebot zur Verfügung stehender Alternativwohnungen beweisbar dokumentieren.

CHECKLISTE: WANN BESTEHT EINE ANBIETPFLICHT DES VERMIETERS?

- ☑ Anzubieten sind nur Wohnungen, die wieder als Wohnraum vermietet werden sollen.
- ☑ Anzubieten sind nur Wohnungen, die bis zum Ablauf der Kündigungsfrist frei werden oder frei sind.
- ☑ Die Alternativwohnung muss zu marktgerechten Konditionen angeboten werden.
- ☑ Die Wohnungen müssen vergleichbar sein.
- ☑ Die Wohnung muss innerhalb desselben Gebäudes oder der gleichen Wohnanlage liegen.

3.4.3.4 Wann keine Anbietpflicht besteht

Der Vermieter muss seinem Mieter dann keine Alternativwohnung anbieten, wenn ein neues Mietverhältnis mit dem Mieter für den Vermieter unzumutbar ist. Das ist immer dann der Fall, wenn der Vermieter das Mietverhältnis fristgerecht oder fristlos kündigen könnte. Dies gilt auch dann, wenn der Vermieter die betreffende Wohnung einem Dritten bereits verbindlich versprochen hat.

Ebenfalls keine Anbietpflicht besteht für den Vermieter für Räume, die er als Geschäftsräume vermietet hat. Sollen die Räume allerdings zur Wohnnutzung vermietet werden, hat der gekündigte Mieter Vorrang.

Will der Vermieter die Wohnung, die er dem Mieter anbietet, modernisieren, kann der Mieter nicht verlangen, dass er ihm die Räume im ursprünglichen, also nicht modernisierten Zustand vermietet.

Den Vermieter trifft auch keine Anbietpflicht, wenn die Wohnung für den Mieter objektiv ungeeignet ist. Dies gilt bei Zweifeln an der Zahlungsfähigkeit des Mieters oder wenn die Wohnung für den Mieter und dessen Familie zu klein oder aus anderen Gründen ungeeignet ist. Ebenso wie der Vermieter seinen Wohnbedarf bestimmen kann, gilt dies für den Mieter. Die Anbietpflicht entfällt nur dann, wenn eine Vergleichbarkeit der freistehenden mit der gekündigten Wohnung von vornherein ausscheidet.

Einzelfälle

- Der Vermieter kündigt und bietet eine Alternativwohnung zu angemessenen Bedingungen an. Der Mieter lehnt ab, weil er glaubt, dass die Eigenbedarfskündigung unwirksam ist. Folge: Der Vermieter kann die Alternativwohnung anderweitig vermieten und gleichzeitig Räumungsklage erheben.
- Der Vermieter bietet die Alternativwohnung zu angemessenen Bedingungen an. Der Mieter erklärt, dass er das Angebot annimmt, allerdings nur unter der Bedingung, dass die Eigenbedarfskündigung vom Gericht für wirksam erklärt wird. In diesem Fall besteht keine Anbietpflicht des Vermieters: Er muss die Wohnung nicht vorhalten, kann sie deshalb an Dritte weitervermieten.
- Bietet der Vermieter die Wohnung zu unangemessenen Bedingungen an, ist die Anbietpflicht nicht erfüllt. Das Gericht wird dann die Räumungsklage abweisen. Ausnahme: Steht fest, dass der Mieter die Wohnung auch zu angemessenen Bedingungen nicht angemietet hätte, kann die Räumungsklage erfolgreich sein.
- Bietet der Vermieter die Wohnung zu unangemessenen Bedingungen an, zeigt aber, dass er verhandlungsbereit ist, darf der Mieter solche Verhandlungen nicht ablehnen. Stattdessen muss er an einer möglichen Lösung partnerschaftlich mitwirken. Lehnt der Mieter die Verhandlungen ab oder bricht er sie ab, kann die Wohnung an Dritte vermietet werden. Ist das Scheitern der Verhandlungen dem Vermieter anzulasten, hat dieser seine Anbietpflicht nicht erfüllt.

- Besitzt der Vermieter mehrere freie Wohnungen, muss er dem Mieter alle zur Vermietung bestimmten und für ihn geeigneten Wohnungen anbieten.
- Stehen auf Vermieterseite mehrere Personen, besteht keine Anbietpflicht, wenn die frei gewordene Wohnung für einen dieser Vermieter bestimmt ist oder für einen privilegierten Angehörigen eines Vermieters. Das gilt auch dann, wenn die frei gewordenen Räume nicht mehr als Wohnung vermietet werden sollen. Gegenüber einem sonstigen Dritten hat aber immer der gekündigte Mieter Vorrang.

Grundsätzlich trägt der Mieter die Darlegungs- und Beweislast dafür, dass eine frei gewordene Alternativwohnung vorhanden ist.

3.5 Die Begründung im Kündigungsschreiben

Kündigt der Vermieter eine Wohnung wegen Eigenbedarfs für sich oder Angehörige, muss er bereits im Kündigungsschreiben die Gründe ausführlich und detailliert angeben, warum er gerade die gekündigte Wohnung braucht (§ 573 Abs. 3 Satz 1 BGB), das heißt konkret unter Darlegung eines nachprüfbaren Sachverhalts. Die Kündigung muss deshalb genau begründet werden, damit der Mieter zu einem frühen Zeitpunkt Klarheit über seine Rechtsposition erlangen und damit die Erfolgsaussichten eines Vorgehens gegen die Kündigung abschätzen kann (BVerfG, Beschluss vom 8.4.1994, 1 BvR 2149/03).

3.5.1 Was der Vermieter anführen muss

Diesem Zweck wird im Allgemeinen Genüge getan, wenn das Kündigungsschreiben den Kündigungsgrund so bezeichnet, dass er identifiziert und von anderen Gründen unterschieden werden kann, so der BGH (Beschluss vom 9.2.2021, VIII ZR 346/19). Der Vermieter muss aber keine vorweggenommene Beweisführung vornehmen, also die materielle Berechtigung der Kündigung nicht schon im Kündigungsschreiben nachweisen (BGH, Urteil vom 9.2.2011, VIII ZR 155/10). Die Verpflichtung des Vermieters, die Kündigungsgründe im Kündigungsschreiben darzulegen, ist daher mit der Eigentumsgarantie des Grundgesetzes vereinbar (BVerfG, Beschluss vom 20.1.1992, 1 BvR 1319/91). Der Begründungszwang führt dazu, dass der Vermieter im Kündigungsschreiben bestimmte persönliche Verhältnisse offenbaren muss. Die Kündigungsgründe müssen auch dann noch im Kündigungsschreiben detailliert aufgelistet werden, wenn sie dem Mieter bereits zuvor mündlich oder schriftlich mitgeteilt oder in einem Vorprozess geltend gemacht wurden.

Achtung

Die bloße Angabe im Kündigungsschreiben, dass man wegen Eigenbedarfs kündigt, genügt den Anforderungen an die Begründungspflicht nicht. Eine solche Kündigung würde deshalb vor Gericht scheitern. Dasselbe würde gelten, wenn nur der Gesetzestext wiedergegeben würde, zum Beispiel »hiermit kündige ich wegen Eigenbedarfs, weil meine Tochter die Wohnung benötigt«.

Allerdings urteilten die Gerichte auch immer wieder, dass die Anforderungen an die Begründungspflicht nicht zu hoch sein dürften. Dies wäre ansonsten mit der Eigentumsgarantie des Art. 14 GG nicht vereinbar, so das Bundesverfassungsgericht: Dem Vermieter dürfe die Verfolgung seiner Interessen nicht in unzumutbarer Weise erschwert werden (Beschluss vom 3.2.2003, 1 BvR 619/02). Es genüge, wenn das Kündigungsschreiben den Kündigungsgrund so bezeichnet, dass er identifiziert und von anderen Gründen unterschieden werden könne.Vom Vermieter dürften keine Angaben verlangt werden, die über das anerkennenswerte Informationsinteresse des Mieters hinausgehen.

Hinweis

Weigert sich der Mieter, die Wohnung zu dem im Kündigungsschreiben genannten Termin zu räumen, muss der Vermieter den Rechtsweg beschreiten und Klage vor dem Amtsgericht erheben, das für die Mietwohnung zuständig ist. In diesem Räumungsverfahren wird dann über die Wirksamkeit der Eigenbedarfskündigung entschieden.

Erfahrungsgemäß scheitert die Kündigung nicht deshalb, weil der Eigenbedarf nicht gegeben ist, sondern weil die Kündigung nicht ausreichend begründet wurde.

Beispiel

Ein Vermieter hatte das Mietverhältnis über eine Einzimmerwohnung in München wegen Eigenbedarfs für seine Tochter gekündigt. Das Kündigungsschreiben enthielt die Begründung, dass die Tochter nach Beendigung eines Auslandsstudienjahres in Neuseeland ihr Studium in München fortsetzen und einen eigenen Hausstand begründen wolle. In ihr ehemaliges Kinderzimmer könne sie nicht zurück, weil dort inzwischen ihre Schwester wohne. Die eingelegte Räumungsklage ging bis vor den BGH. In der zweiten Instanz vor dem LG München I war die Klage abgelehnt worden mit der Begründung, dass der Vermieter die Gründe für die Kündigung nicht ausreichend dargestellt hätte (Urteil vom 20.10.2010, 14 S 15600/09). Zu Unrecht, wie später der BGH urteilte. Dem gesetzlichen Begründungserfordernis sei Genüge getan, wenn das Kündigungsschreiben den Kündigungsgrund so bezeichnet, dass er identifiziert und von anderen Gründen unterschieden werden kann. Dabei sei es grundsätzlich ausreichend, dass der Vermieter die Person bezeichnet, für die die Wohnung benötigt wird, und das

> Interesse darlegt, das diese Person an der Erlangung der Wohnung hat. Im entschiedenen Fall war die Begründung ausreichend, die Kündigung daher wirksam. Die derzeitigen Wohnverhältnisse der begünstigten Person müssten nicht geschildert werden. Ferner müssten Umstände, die dem Mieter bereits zuvor mitgeteilt wurden oder sonst bekannt sind, im Kündigungsschreiben nicht wiederholt werden (BGH, Urteil vom 6.7.2011, VIII ZR 317/10).

Sollen mit der Bedarfsperson weitere Personen einziehen, müssen diese nicht benannt werden. Es reicht, wenn die Bedarfsperson identifizierbar ist.

Tipp

Wegen der häufig überzogenen Anforderungen der Gerichte hinsichtlich der Begründungspflicht sollten Vermieter, wenn sie eine Eigenbedarfskündigung aussprechen wollen, Rechtsrat von Experten einholen und sich bei der Abfassung der Kündigung helfen lassen.

Der Vermieter muss im Kündigungsschreiben angeben,

- für welche Person Eigenbedarf geltend gemacht wird, also Namen, Alter und Anschrift,
- auf welchen konkreten Sachverhalt das berechtigte Interesse dieser Person an der Erlangung der Wohnung gestützt wird, zum Beispiel durch Schilderung der Vorteile, die der Bezug der vermieteten Wohnung für die begünstigte Person hat (BGH, Urteil vom 30.4.2014, VIII ZR 284/13).

Hinweis

Bei der Eigenbedarfskündigung zugunsten eines volljährig werdenden Kindes, das seinen eigenen Hausstand begründen will, bedarf es keiner näheren Darlegung der bisherigen Wohnverhältnisse des Kindes, da der Wille zur Gründung eines eigenen Hausstands ohne Weiteres nachvollziehbar ist (BGH, Urteil vom 13.10.2010, VIII ZR 78/10).

Allerdings muss der Vermieter die gegenwärtigen Wohnverhältnisse dann schildern, wenn er das Mietverhältnis gerade deswegen kündigt, weil das vermietete Objekt größer oder geräumiger ist als die bisherige Wohnung. Dann sollte er in dem Kündigungsschreiben auch die Wohnfläche in Quadratmetern sowie die Zahl der Zimmer mitteilen.

Nach späteren Urteilen des BGH muss das Kündigungsschreiben auch keine Ausführungen zu Räumlichkeiten enthalten, die für die begünstigte Person alternativ als Wohnraum in Betracht kommen könnten. Das Begründungserfordernis des § 573 Abs. 3 BGB dient nämlich nicht dazu, eine aus Sicht des Vermieters bestehende Alternativlosigkeit der Kündigung aufzuzeigen oder sonst den Mieter schon im Vorfeld eines etwaigen späteren Kündigungsprozesses auf rechtliche Verteidigungsmöglichkeiten hinzuweisen (BGH, Urteil vom 15.3.2017, VIII ZR 270/15; BGH, Urteil vom 23.9.2015, VIII ZR 297/14).

CHECKLISTE: WIE MUSS DIE EIGENBEDARFSKÜNDIGUNG BEGRÜNDET WERDEN?

- ☑ Die Kerntatsachen müssen dargelegt werden.
- ☑ Die Identifizierbarkeit der Bedarfsperson genügt; weitere Personen wie der Ehemann müssen nicht angegeben werden.
- ☑ Die konkrete Bezeichnung des Sachverhalts ist notwendig.
- ☑ Ein Dritter muss den Kündigungsgrund Eigenbedarf von anderen Gründen unterscheiden können.
- ☑ Ein schlüssiger Vortrag reicht aus.
- ☑ Es ist nicht zwingend eine Namensnennung erforderlich (also für wen konkret der Eigenbedarf geltend gemacht wird).
- ☑ Die bisherigen Wohnverhältnisse müssen in der Regel nicht dargelegt werden.
- ☑ Im Regelfall muss weiterer Grundbesitz nicht dargelegt werden.
- ☑ Umstände, die der Mieter kennt, müssen nicht im Kündigungsschreiben dargelegt werden.

3.5.2 Unrichtige Angaben im Kündigungsschreiben

Unrichtige Angaben des Vermieters im Kündigungsschreiben, zum Beispiel über die derzeitige Wohnsituation, können dazu führen, dass die Kündigung materiell unbegründet ist, soweit nach dem tatsächlichen Sachverhalt der Eigenbedarf nicht besteht oder nur vorgeschoben ist. Im Einzelfall können unrichtige Angaben auch ein Indiz gegen die Ernsthaftigkeit des behaupteten Eigennutzungswunsches des Vermieters sein. Ein etwaiges »Dramatisieren« der Eigenbedarfssituation hat jedoch nicht generell die Unwirksamkeit der Kündigung zur Folge (BGH, Urteil vom 17.3.2010, VIII ZR 70/09).

Es ist nicht erforderlich, dass bereits das Kündigungsschreiben die gerichtliche Feststellung erlaubt, dass die Kündigung begründet ist. Dies erfolgt erst im Rahmen der Räumungsklage vor Gericht, wenn sich der Mieter der Kündigung widersetzt (BVerfG, Beschluss vom 4.6.1998, 1 BvR 1575/94).

Die Anforderungen an das Kündigungsschreiben dürfen nicht überspannt werden. Vom Vermieter dürfen daher keine Angaben verlangt werden, die über das anerkennenswerte Informationsinteresse des Mieters hinausgehen, weil sie für seine Entscheidung, der Kündigung zu widersprechen oder diese hinzunehmen, nicht von Bedeutung sind. Es reicht aus, dass sich für den Mieter das Vermieterinteresse an der Kündigung aus dem Kündigungsschreiben ergibt und somit der in einem eventuellen Räumungsprozess zu prüfende Sachverhalt festgelegt ist. So muss zum Beispiel das Vorbringen des Vermieters, dass er mit der Vermietung seiner Eigentumswohnung weniger erzielt, als er selbst an Miete bezahlen muss, nicht bereits im Kündigungsschreiben betragsmäßig angegeben werden. Dies gilt auch für Ausführungen im Kündigungsschreiben, in denen der Vermieter angegeben hat, dass er Probleme habe, seine Wohnung zu finanzieren. Tatsachen, die nur der näheren Erläuterung, Ergänzung, Ausfüllung und dem Beweis des geltend gemachten Kündigungsgrundes dienen, können auf Verlangen des Mieters im Prozess nachgeschoben werden.

Hinsichtlich des Wohnbedarfs reicht es aus, wenn der Vermieter im Kündigungsschreiben die Zahl der bisher zur Verfügung stehenden Zimmer angibt, zudem die Anzahl der Familienmitglieder. Konkrete Größenangaben der einzelnen Zimmer sind nicht notwendig.

Der Vermieter kann auch den Wunsch nach weiterem Familiennachwuchs angeben, ohne dass dafür schon eine Schwangerschaft vorliegen muss.

Ein bestimmter Nutzungswunsch des Vermieters muss nicht substanziiert werden. Das Gericht kann deshalb nicht einfach annehmen, dass die Aussage des Vermieters, er benötige ein zweites Arbeitszimmer, substanzlos ist.

Wenn der Vermieter dem Mieter die Kerntatsachen mitgeteilt hat, kann dieser prüfen und beurteilen, ob er die Wohnung räumen oder ob er sich gegen die Kündigung zur Wehr setzen wird. Damit ist seinem Informationsbedürfnis Genüge getan. Will sich der Mieter gegen die Kündigung verteidigen, ermöglichen solche im Kündigungsschreiben enthaltenen Informationen, durch gezieltes Bestreiten im Räumungsprozess darauf hinzuwirken, dass der Vermieter weitere Einzelheiten zum Kündigungsgrund vorträgt (LG Itzehoe, Beschluss vom 20.12.2013, 9 S 31/13).

Hinweis

Der Kündigungsgrund ist ausreichend konkret bezeichnet, wenn er identifiziert und von anderen Kündigungsgründen unterschieden werden kann. Dazu ist es nicht erforderlich, nähere Angaben zur Größe der Wohnung zu machen, die bisher vom Vermieter bewohnt wird (BGH, Urteil vom 15.3.2017, VIII ZR 92/16).

3.5.3 Sachverhaltsrelevante Vorkenntnisse des Mieters

Sachverhaltsrelevante Vorkenntnisse muss der Mieter gelten lassen und kann nicht die fehlende Namensnennung der mit einziehenden Lebensgefährtin des Vermieters beanstanden, wenn ihm deren Person und die Zugehörigkeit zum Vermieter bereits bekannt ist (BVerfG, Beschluss vom 3.2.2003, 1 BvR 619/02). Ob dem Mieter Tatsachen mitgeteilt wurden und bekannt waren, muss der Vermieter beweisen. Deshalb sollte möglichst der gesamte kündigungsrelevante Sachverhalt in das Kündigungsschreiben aufgenommen werden.

Ausreichend ist auch, dass aus dem Kündigungsschreiben die Person hervorgeht, für die der Eigenbedarf geltend gemacht wird. Für den Mieter muss sie identifizierbar und ihre Zugehörigkeit zum berechtigten Personenkreis feststellbar sein (Verwandtschaftsgrad, Name, Alter, Anschrift). Die Person muss nicht namentlich genannt werden.

Benötigt der Vermieter die Wohnung für eine Pflegeperson, muss er diese noch nicht konkret benennen. Denn sie kann natürlich erst dann gesucht werden, wenn feststeht, dass das Mietverhältnis mit dem Mieter endet. Es genügt, dass konkrete Vorstellungen über den möglichen Personenkreis bestehen und eine Suche nicht grundsätzlich aussichtslos ist (LG Potsdam, Urteil vom 3.11.2005, 11 S 146/05).

Soll bei Eigenbedarf für die Tochter des Vermieters, die mit ihrem Lebensgefährten einen gemeinsamen Hausstand gründen will, gekündigt werden, muss der Lebensgefährte nicht namentlich aufgeführt werden (BGH, Urteil vom 30.4.2014, VIII ZR 284/13). Es genügt, die Eigenbedarfsperson (hier: die Tochter) identifizierbar zu benennen und das Interesse darzulegen, das diese an der Erlangung der Wohnung hat. Insoweit reicht die Angabe, dass die Tochter in die größere Wohnung des Mieters ziehen will, um dort mit ihrem Lebensgefährten einen gemeinsamen Hausstand zu begründen. Der Vermieter muss zudem einen konkreten Sachverhalt darlegen, auf den er das Interesse der Bedarfsperson an der Erlangung der Wohnung stützt (BGH, Urteil vom 27.6.2007, VIII ZR 271/06). Hierzu gehört es grundsätzlich, die bisherigen Wohnverhältnisse darzulegen sowie alle Vorteile, die mit dem Bezug der gekündigten Wohnung verbunden sind. Das können etwa sein:

- Größe der Wohnung bei Familienzuwachs,
- gesundheitliche Gründe,
- Nähe zum Arbeitsplatz,
- Lage und Umfeld der Wohnung,
- wirtschaftliche Gründe,
- vorteilhafte Ausstattung der Wohnung.

Beispiele

Wenn ein Vermieter für seine Tochter Eigenbedarf geltend macht, muss er die gegenwärtige Wohnsituation der Tochter dann ausführlich schildern, wenn er das Mietverhältnis gerade deshalb kündigt, weil das vermietete Objekt größer und geräumiger ist als die bisherige Wohnung der Tochter. Dann sollte er im Kündigungsschreiben die Wohnfläche in Quadratmetern angeben und die Anzahl der Zimmer. Will der Vermieter seinen Altersruhesitz in einer kleineren Wohnung begründen, muss er seine momentanen Wohnverhältnisse angeben. Will er umziehen, weil die bisherige Wohnung zu teuer ist, sollte er die derzeitigen Wohnkosten beziffern.

Beispiel

Eine ausführliche Kündigungsbegründung liegt vor, wenn der Vermieter mitteilt, dass er bisher zur Miete wohnt und jetzt in das neu erworbene eigene Haus einziehen und dort auch sein Büro einrichten will. Dadurch könne er sowohl die Miete für die bisherige Wohnung als auch die Miete für das bisherige Büro einsparen.

3.5.4 Wenn die Kündigung nicht begründet ist

Hat es der Vermieter unterlassen, die Eigenbedarfskündigung zu begründen, ist diese formunwirksam. Lässt der Mieter die Kündigung durch einen Anwalt zurückweisen, stellt sich die Frage, ob dieser den Ersatz seiner Anwaltskosten vom Vermieter verlangen kann. Der BGH sprach sich mit Urteil vom 15.12.2010 gegen eine Verpflichtung des Vermieters aus, Schadensersatz zu leisten. Die Angabe der Gründe sei nur eine Obliegenheit des Vermieters. Die mangelnde Begründung führe zwar zur Unwirksamkeit der Kündigung, verletze jedoch keine Nebenpflicht des Vermieters gegenüber dem Mieter. Nur materiell unrichtige Kündigungen führten zum Schadensersatz gegenüber dem Mieter, wenn dem Vermieter ein Verschulden an der Unrichtigkeit anzulasten ist (VIII ZR 9/10).

3.5.5 Muster für Kündigungsschreiben

DIGITALE EXTRAS

MUSTER: KÜNDIGUNG WEGEN EIGENBEDARFS FÜR DEN VERMIETER

Gerhard Meier, Johanna Meier (Vermieter/in)
Hubertusstraße 9
80134 München

Christine Huber, Maximilian Huber (Mieter/in)
Germeringer Straße 10
82152 München

10.3.2025

Mietverhältnis Germeringer Straße 10, München
Kündigung wegen Eigenbedarfs

Sehr geehrte Frau Huber, sehr geehrter Herr Huber,

mit Mietvertrag vom 1.1.2023 haben Sie die Räumlichkeiten in der Germeringer Straße 10 in München gemietet. Leider müssen wir die Wohnung unter Einhaltung der gesetzlichen Kündigungsfrist von drei Monaten wegen Eigenbedarfs zum

30.6.2025

kündigen. Gemäß § 573 Abs. 2 Nr. 2 BGB kann der Vermieter ein Mietverhältnis über Wohnraum wegen Eigenbedarfs kündigen, wenn der Vermieter die Räume für sich, seine Familienangehörigen oder Angehörige seines Haushalts benötigt.

Der Eigenbedarf ergibt sich aus Folgendem: Im Moment wohne ich mit meiner Familie in beengten Verhältnissen. Wir haben in München eine Vierzimmerwohnung gemietet, insgesamt handelt es sich um 82 m^2. Unsere Kinder Marie, 10 Jahre alt, und Lino, 8 Jahre alt, brauchen jeweils ein eigenes Zimmer. Da ich künftig auch im Homeoffice von zu Hause aus arbeiten werde, brauche ich ein eigenes Arbeitszimmer. Auch meine Frau Marina braucht als selbstständige Journalistin ein eigenes Arbeitszimmer. Aus diesem Grund benötigen wir Ihre Wohnung mit 120 m^2. Außerdem möchten wir gerne in den eigenen vier Wänden und nicht mehr länger zur Miete wohnen.

Entsprechend der gesetzlichen Belehrungspflicht weisen wir Sie darauf hin, dass Sie der Kündigung gemäß § 574 BGB widersprechen können. Der Widerspruch muss schriftlich erfolgen und spätestens zwei Monate vor Ablauf der Kündigungsfrist bei uns eingehen.

Bereits jetzt widersprechen wir einer stillschweigenden Verlängerung des Mietverhältnisses im Sinne von § 545 BGB über den 30.6.2025 hinaus.

Wir fordern Sie auf, die Wohnung bis spätestens 30.6.2025 vollständig zu räumen und in vertragsgemäßem Zustand an uns zurückzugeben. Bitte setzen Sie sich mit uns zur Vereinbarung eines Rückgabetermins in Verbindung.

Mit freundlichen Grüßen
Gerhard Meier (Vermieter)
Johanna Meier (Vermieterin)

DIGITALE EXTRAS

MUSTER: KÜNDIGUNG WEGEN EIGENBEDARFS FÜR DIE TOCHTER

Gerhard Meier, Johanna Meier (Vermieter)
Hubertusstraße 9
80134 München

Christine Huber, Maximilian Huber (Mieter/in)
Germeringer Straße 10
82152 München

10.3.2025

Mietverhältnis Germeringer Straße 10, München
Kündigung wegen Eigenbedarfs

Sehr geehrte Frau Huber, sehr geehrter Herr Huber,

mit Mietvertrag vom 1.1.2023 haben Sie die Wohnung in der Germeringer Straße 10 in München gemietet. Leider müssen wir die Wohnung unter Einhaltung der gesetzlichen Kündigungsfrist von drei Monaten wegen Eigenbedarfs zum

30.6.2025

kündigen. Gemäß § 573 Abs. 2 Nr. 2 BGB kann der Vermieter ein Mietverhältnis über Wohnraum wegen Eigenbedarfs kündigen, wenn der Vermieter die

Räume für sich, seine Familienangehörigen oder Angehörige seines Haushalts benötigt.

Der Eigenbedarf ergibt sich aus Folgendem: Unsere Tochter Sybille Meier studiert momentan in Regensburg Betriebswirtschaft. Sie hat gerade ihren Master absolviert und möchte nach München zurückkehren. Insbesondere hat sie eine Stelle bei der Firma XY in München angeboten bekommen. Der Arbeitsvertrag soll am 1.6.2025 zu laufen beginnen. Sie braucht daher eine geeignete Wohnung. Außerdem möchte sie dort mit ihrem Lebensgefährten Thomas Helmer einen eigenen Hausstand und möglichst bald eine Familie gründen. Dafür hat Ihre Wohnung die richtige Größe.

Entsprechend der gesetzlichen Belehrungspflicht weisen wir Sie darauf hin, dass Sie der Kündigung gemäß § 574 BGB widersprechen können. Der Widerspruch muss schriftlich erfolgen und spätestens zwei Monate vor Ablauf der Kündigungsfrist bei uns eingehen.

Bereits jetzt widersprechen wir einer stillschweigenden Verlängerung des Mietverhältnisses im Sinne von § 545 BGB über den 30.6.2025 hinaus.

Wir fordern Sie auf, die Wohnung bis spätestens 30.6.2025 vollständig zu räumen und in vertragsgemäßem Zustand an uns zurückzugeben. Bitte setzen Sie sich mit uns zur Vereinbarung eines Rückgabetermins in Verbindung.

Mit freundlichen Grüßen
Gerhard Meier (Vermieter)
Johanna Meier (Vermieterin)

3.6 Die Bedarfsvorschau des Vermieters

Eine Eigenbedarfskündigung des Vermieters kann ausgeschlossen sein, wenn der Vermieter bereits bei Vertragsschluss wissen konnte, dass er die Wohnung selbst brauchen kann. Man spricht dann von einem widersprüchlichen Verhalten. Grund: Der Vermieter setzt sich zum eigenen Verhalten in Widerspruch, wenn er ein Vertragsverhältnis auf unbestimmte Zeit eingeht, obwohl er entweder entschlossen ist oder zumindest erwägt, die Wohnung selbst in Besitz zu nehmen.

3.6.1 Wie weit der Vermieter vorausplanen muss

Ein Vermieter handelt deshalb rechtsmissbräuchlich, wenn er innerhalb der ersten fünf Jahre nach Abschluss des Mietvertrags wegen Eigenbedarfs kündigt (BGH, Urteil vom 21.1.2009, VIII ZR 62/08). Damit soll der Mieter vor den Nachteilen und Risiken geschützt werden, die mit einem Mietverhältnis von nur kurzer Dauer verbunden sind. Fünf Jahre sind grundsätzlich ein absehbarer Zeitraum. Vom Vermieter kann nicht verlangt werden, die voraussichtliche Entwicklung für einen längeren Zeitraum zu überblicken.

Den Vermieter trifft eine Hinweispflicht, wenn bei Vertragsschluss schon hinreichend konkrete Anhaltspunkte dafür vorliegen, dass das Mietverhältnis nur von kurzer Dauer sein wird. Es genügt, dass der Vermieter den künftigen Bedarf bei vorausschauender Planung hätte in Erwägung ziehen müssen. Der Vermieter handelt deshalb treuwidrig, wenn er eine Wohnung unbefristet vermietet, ohne auf einen Eigenbedarf in absehbarer Zeit hinzuweisen.

Beispiele

- Wenn der Vermieter einen 19-jährigen Sohn hat, der im Haushalt der Eltern lebt und kurz vor Beginn seiner Berufsausbildung steht, muss der Vermieter damit rechnen, dass der Sohn in absehbarer Zeit eine Freundin kennenlernen wird, mit der er zusammenziehen will.
- Von vornherein absehbar ist auch der künftige Eigenbedarf der 20-jährigen Tochter, die bei Mietvertragsabschluss ein 12 m^2 großes Kinderzimmer im Haus der Eltern bewohnt und in überschaubarer Zukunft ihr Studium beenden wird (LG Berlin, Urteil vom 28.11.1997, 63 S 237/97).
- So verstößt auch eine Kündigung wegen Eigenbedarfs gegen Treu und Glauben, wenn das Mietverhältnis vier Monate nach Mietbeginn gekündigt wird, weil der Vermieter die Wohnung einem erkrankten Angehörigen überlassen will, um diesen dort zu pflegen und zu versorgen, und die Krankheit des Angehörigen schon bei Abschluss des Mietvertrags feststand. Es kommt nicht darauf an, ob der Eintritt des Pflegefalls sicher prognostiziert werden kann. In einem solchen Fall genügt »die naheliegende Möglichkeit des Eintritts des Eigenbedarfs in absehbarer Zeit« (AG Bremen, Urteil vom 18.8.2008, 4 C 513/07).

Eine Kündigung wegen Eigenbedarfs ist auch wegen Rechtsmissbrauchs unwirksam, wenn der Vermieter mit dem Mieter einen unbefristeten Mietvertrag abschließt, obwohl er die alsbaldige Eigennutzung bei Abschluss des Mietvertrags bereits erwägt, das heißt, ernsthaft in Betracht zieht, und den Mieter, der mit einer längeren Vertragsdauer rechnet, bei Vertragsschluss nicht über die Aussicht einer begrenzten Mietdauer aufklärt. Der Vermieter darf dem Mieter die mit jedem Umzug verbundenen Belastungen nicht zumuten, wenn er ihn über die Absicht oder zumindest die Aussicht begrenzter Mietdauer nicht informiert. Denn für den Mieter ist ein sich abzeichnender Eigenbedarf des Vermieters vor allem für die Entscheidung von Bedeutung, ob er eine Wohnung überhaupt anmieten und damit das Risiko eines Umzugs nach verhältnismäßig kurzer Mietzeit eingehen will. Die ausgesprochene Eigenbedarfskündigung ist in diesen Fällen wegen Rechtsmissbrauchs unwirksam.

Voraussetzung ist die Absicht des Vermieters, den Wohnraum einer baldigen Eigennutzung zuzuführen oder zumindest das ernsthafte Erwägen einer solchen Nutzung. Schließt der Vermieter unter diesen Umständen ohne Vorbehalt einen Mietvertrag auf unbestimmte Zeit, setzt er sich dem Einwand rechtsmissbräuchlichen Verhaltens aus, da der Abschluss eines Mietvertrags auf bestimmte Zeit die angemessenere Lösung gewesen wäre. Schließt der Vermieter in solchen Fällen einen unbefristeten Mietvertrag ab, ohne den Mieter auf eine beabsichtigte oder zumindest ernsthaft erwogene künftige Nutzung durch sich oder einen nahen Familien- oder Haushaltsangehörigen hinzuweisen, gibt er damit objektiv betrachtet zu verstehen, dass er einen solchen Schritt weder beabsichtigt noch erwägt (AG Marbach am Neckar, Urteil vom 19.5.2022, 3 C 166/21; LG Heilbronn, Beschluss vom 21.11.2022, Aß 2 S 12/22).

3.6.2 Vorhersehbarer Bedarf

Wer weiß oder es in Erwägung ziehen muss, dass er in absehbarer Zeit, das heißt innerhalb von fünf Jahren, die Wohnung wieder benötigt, muss den Mieter auf die voraussichtlich kurze Dauer des Mietverhältnisses hinweisen. Grund: Mieter rechnen normalerweise mit einer längeren Mietdauer. Zudem ist ein Wohnungswechsel im Allgemeinen mit nicht unerheblichen finanziellen Aufwendungen und sonstigen Unannehmlichkeiten verbunden. Verletzt der Vermieter die Hinweispflicht, kann der Mieter von ihm verlangen, dass er von der erklärten Kündigung Abstand nimmt. Eine bereits ausgesprochene Kündigung ist unwirksam. Die bloße Möglichkeit, dass später ein Bedarf für die Wohnung entstehen könnte, genügt nicht. Andererseits ist nicht erforderlich, dass der Vermieter den künftigen Bedarf genau kennt; es genügt, wenn er den künftigen Bedarf bei vorausschauender Planung hätte in Erwägung ziehen müssen. Der Vermieter muss den Mieter vor Vertragsschluss über die Absicht oder zumindest Aussicht auf eine begrenzte Mietdauer aufklären, wenn für die künftige Entstehung eines Eigenbedarfs bereits bei Vertragsschluss greifbare Anhaltspunkte bestehen, aufgrund derer der Vermieter den künftigen Eigenbedarf ernsthaft für möglich halten musste. Dies kann zum Beispiel bei einem Eigenbedarf aufgrund einer Eheschließung drei Monate nach der Vermietung der Fall sein (BGH, Beschluss vom 6.7.2010, VIII ZR 180/09).

Achtung

Der Vermieter genügt seiner Hinweispflicht, wenn er den Mieter vor Vertragsschluss darauf hinweist, dass er die Mietwohnung bald selbst wieder benötigt. Der Hinweis kann schriftlich oder mündlich erteilt werden. Folge: Die Haftung des Vermieters entfällt.

Beispiel

Erwägt der Vermieter schon zum Zeitpunkt des Vertragsabschlusses, mit seiner späteren Frau zusammenzuziehen, und kündigt er deshalb schon kurze Zeit nach dem Abschluss des Mietvertrags wegen Eigenbedarfs, besteht eine Aufklärungspflicht des Vermieters gegenüber dem Mieter über die eventuell nur begrenzte Mietdauer (BGH, Urteil vom 13.4.2010, VIII ZR 180/09).

Eine Kündigung bereits drei Jahre nach Vertragsabschluss kann aber wirksam sein, wenn der Eigenbedarf erst nach Vertragsabschluss aufgrund einer Änderung der beruflichen und familiären Verhältnisse entstanden ist und zuvor nicht absehbar war.

Der Vermieter muss nicht auf den Eigenbedarf bei Vertragsschluss hinweisen, wenn der Mieter positive Kenntnis von den Plänen des Vermieters hat. Es reicht allerdings nicht aus, wenn der Mieter die familiäre oder gesundheitliche Situation des Vermieters kennt. Es ist auch nicht Sache des Mieters, sich nach den Plänen des Vermieters zu erkundigen. Ob ein Bedarf des Vermieters bei Abschluss des Mietvertrags vorhanden oder absehbar war, ist immer nach den Umständen des Einzelfalls zu entscheiden. Teilt der Vermieter trotz heranwachsender Kinder oder beengter Wohnverhältnisse oder hohen Lebensalters oder einer sichtbaren Krankheit dem Mieter nicht mit, dass das Mietverhältnis nur wenige Jahre Bestand haben soll, so braucht der Mieter nicht in Erwägung zu ziehen, dass in den nächsten Jahren Eigenbedarf entstehen könnte.

Fälle, in denen die Rechtsprechung einen vorhersehbaren Bedarf verneinte und die Eigenbedarfskündigung wirksam war:

- Macht der Vermieter Eigenbedarf für seinen 19-jährigen Sohn geltend, so ist die Kündigung auch dann wirksam, wenn drei Jahre zuvor eine andere Wohnung frei wurde und der Vermieter damals keinen Zeitmietvertrag abgeschlossen hat (LG Stuttgart, Urteil vom 1.3.1989, 5 S 315/88).
- Der Vermieter, zu dessen Haushalt Kinder oder Heranwachsende gehören, muss zwar damit rechnen, dass sich diese einmal selbstständig machen werden. Für die Vermietung seiner Wohnungen muss er dies aber nicht berücksichtigen, solange nicht absehbar ist, wann und an welchem Ort dies geschehen soll (LG Mannheim, Beschluss vom 31.5.1990, 4 S 54/90).
- Wenn der Platz für ein Adoptivkind benötigt wird und sich die Adoptionsmöglichkeit erst fünf Monate nach dem Vertragsschluss ergeben hat (LG Mannheim, Urteil vom 27.10.1993, 4 S 135/93).

Fälle, in denen die Rechtsprechung einen vorhersehbaren Bedarf bejahte und die Eigenbedarfskündigung deshalb unwirksam war:

- Bei einer Vorausschau von fünf Jahren, wenn zur Familie des Vermieters ein 16-jähriges Kind gehört (LG Hamburg, Urteil vom 9.7.1993, 311 S 34/93).
- Bei einer Vorausschau von fünf Jahren, wenn zu der Familie des Vermieters heranwachsende Kinder gehören. Umfasst zum Zeitpunkt des Mietvertragsabschlusses der Haushalt des Vermieters drei Kinder im Alter zwischen 14 und 19 Jahren, muss der Vermieter damit rechnen, dass sich jedenfalls eines der Kinder in absehbarer Zeit (innerhalb der nächsten fünf Jahre) selbstständig machen und aus dem Elternhaus ausziehen will (LG Lüneburg, Urteil vom 7.12.2011, 6 S 79/11).
- Der Vermieter muss auch das Wiederauftreten einer Krebserkrankung in Erwägung ziehen (AG Gießen, Urteil vom 1.7.2004, 48 MC 318/04).
- Im Allgemeinen ist der Vermieter gehalten, den Bedarf seiner Angehörigen auf circa fünf Jahre vorauszuplanen (LG Hamburg, Urteil vom 25.9.1992, 311 S 156/92).
- Wenn eine 83-jährige Vermieterin die Wohnung vor vier Jahren auf unbestimmte Zeit vermietet hat, obwohl mit einem altersbedingten Abbau körperlicher und geistiger Kräfte zu rechnen war (AG Hamburg-Altona, Urteil vom 2.9.1993, 319 c C 112/93).
- Wenn ein Vermieter im Ausland lebt, muss er in Erwägung ziehen, dass er dort erkrankt und deshalb die Wohnung wieder braucht (AG Gießen, Urteil vom 1.7.2004, 48 MC 318/04).
- Ein Vermieter muss einen Zeitraum von fünf Jahren überblicken und damit rechnen, dass sein Sohn Abitur macht und sich gegen einen auswärtigen Studienort entscheidet (LG Gießen, Urteil vom 18.10.1995, 1 S 296/95). Maßgeblich ist nach einem Urteil des OLG München, ob innerhalb von fünf Jahren die naheliegende Möglichkeit des Eintritts des Eigenbedarfsfalls besteht, zum Beispiel durch die altersgerechte Weiterentwicklung der Kinder und den damit verbundenen erhöhten Raumbedarf (Beschluss vom 5.3.2009, 32 U 1751/09).

Auf der anderen Seite kann es natürlich viele Gründe geben, die für den Vermieter nicht vorhersehbar waren und die deshalb eine Eigenbedarfskündigung begründen. Dies kann etwa dann der Fall sein, wenn sich der Gesundheitszustand des Vermieters nach Abschluss des Mietvertrags verschlechtert. Die Kündigung eines Mietvertrags wegen Eigenbedarfs kann aber dann treuwidrig sein, wenn der Vermieter die Eigenbedarfssituation hätte erwarten müssen, als er seine frühere Wohnung in der Nähe seines Arbeitsplatzes aufgab. Will er später die räumliche Nähe seines Arbeitsplatzes durch Kündigung der vermieteten Wohnung wiederherstellen, um die Belastungen der täglichen Fahrten zur Arbeit zu mindern, ohne dass sich sein ursprünglich belasteter Gesundheitszustand weiter verschlechtert hat, hat er nach Auffassung des Gerichts die Eigenbedarfssituation treuwidrig herbeigeführt und kann sich daher nicht auf den geltend gemachten Eigenbedarf berufen (LG Frankfurt/Main, Urteil vom 5.10.2007, 2-11 S 317/06).

Eine Eigenbedarfskündigung ist nicht wegen einer bei Begründung des Mietverhältnisses schon absehbaren Eigenbedarfslage unwirksam, wenn zur Familie des Vermieters Kinder oder Heranwachsende gehören, zum Beispiel die Enkelkinder, von denen der Vermieter nicht weiß, wann sie sich vom elterlichen Haushalt lösen und an welchem Ort sie selbstständig leben wollen. Schließt der Vermieter bei dieser Sachlage einen Mietvertrag auf unbestimmte Zeit, kann ihm bei einer Kündigung wegen Eigenbedarfs für eine dieser Personen nicht entgegengehalten werden, die nunmehr eingetretene Situation wäre für ihn absehbar gewesen und er hätte daher nur einen befristeten Mietvertrag abschließen dürfen. Einer Bewertung des Eigenbedarfs darf auch kein starrer Zeitplan von fünf Jahren zugrunde gelegt werden. Vielmehr kommt es auf die Umstände des Einzelfalls an. So ist zum Beispiel eine Kündigung wegen Eigenbedarfs bereits drei Jahre nach Vertragsabschluss nicht rechtsmissbräuchlich, wenn der Eigenbedarf, beispielsweise des Kindes oder des Enkels, erst nach Vertragsabschluss aufgrund einer Änderung der beruflichen und familiären Verhältnisse des Begünstigten entstand und zuvor nicht absehbar war. Dies gilt auch dann, wenn dem Mieter bei Vertragsabschluss mündlich mitgeteilt wurde, dass ein Eigenbedarf nicht in Betracht kommt, allenfalls ein Verkauf des Anwesens, der Begünstigte aber aufgrund einer Änderung seiner Lebensplanung das Anwesen zusammen mit seiner Partnerin beziehen will (BGH, Urteil vom 20.3.2013, VIII ZR 233/12).

Auch der BGH setzte in seiner Entscheidung vom 4.2.2015 (VIII ZR 154/14) die Anforderungen an die Bedarfsvorschau herab: Ein Vermieter kündigte die zwei Jahre zuvor vermietete Wohnung wegen Eigenbedarfs für seine Tochter. Diese kam nach Abitur und Auslandsjahr wieder in den Heimatort zurück, wo sie eine abgeschlossene Wohnung beziehen wollte. Vor ihrem Auslandsaufenthalt hatte sie nur ein Zimmer bei den Eltern bewohnt. Der Mieter berief sich darauf, dass der Eigenbedarf schon bei Abschluss des Mietvertrags für den Vermieter erkennbar gewesen und die Kündigung deshalb unwirksam sei. Der BGH sah dies anders: Kein Rechtsmissbrauch liege vor, wenn das künftige Entstehen des Eigenbedarfs für den Vermieter zwar erkennbar gewesen sei, der Vermieter aber bei Abschluss des Mietvertrags weder entschlossen gewesen sei, bald Eigenbedarf geltend zu machen, noch ein solches Vorgehen ernsthaft in Betracht gezogen habe. Der Vermieter bringe durch sein Angebot eines unbefristeten Mietvertrags in der Regel nicht zum Ausdruck, dass er die Möglichkeit eines alsbaldigen Eigenbedarfs geprüft habe und nach derzeitigem Kenntnisstand ausschließen will. Der BGH: »Würde vom Vermieter bei Abschluss eines Mietvertrags eine solche Lebensplanung verlangt werden, würde dessen verfassungsrechtlich verbürgte Freiheit missachtet, über die Verwendung seines Eigentums innerhalb der gesetzlichen Grenzen frei zu bestimmen« (Urteil vom 4.2.2015, VIII ZR 154/14). Dass den Vermieter keine Verpflichtung zu einer Bedarfsvorschau trifft, stellt den Mieter nicht schutzlos. Will er das Risiko künftiger Entwicklungen nicht auf sich nehmen, kann er für einen gewissen Zeitraum einen beiderseitigen Ausschluss der ordentlichen Kündigung oder einen einseitigen Ausschluss der Eigenbedarfskündigung vereinbaren.

Ebenso in folgendem Fall: Als die Frau bei einem Verkehrsunfall stirbt, will der Ehemann nicht mehr in der Wohnung wohnen und vermietet sie. Zwei Jahre nach Abschluss des Mietvertrags findet der Mann eine neue Liebe. Mit dieser möchte er bald zusammenziehen. Daraufhin kündigt er die vermietete Wohnung wegen Eigenbedarfs und legt Räumungsklage ein. Das LG München I entschied, dass die Eigenbedarfskündigung wirksam sei. Bei Vermietung der Wohnung hätte der Vermieter nicht von der neuen Liebe ausgehen können. Eine Bedarfsvorschau hätte den jetzigen Eigenbedarfswunsch nicht vorhersehen können (Urteil vom 7.1.2015, 14 S 2367/14).

Hinweis

Eine Bedarfsvorschau muss der Vermieter nicht anstellen, wenn in einem bereits bestehenden Mietverhältnis ein Mietvertrag nur verlängert oder neu abgeschlossen werden soll (BGH, Urteil vom 21.1.2009, VIII ZR 62/08). Grund: Mit der Bedarfsvorschau soll nur der Mieter geschützt werden, der eine Wohnung neu anmieten und nicht das Risiko eines Umzugs nach einer kurzen Mietdauer eingehen will. Eine vergleichbare Interessenlage liegt daher nicht vor, wenn der Mieter bereits in den Räumen wohnt.

3.6.3 Alternative: Zeitmietvertrag

Plant oder weiß der Vermieter, dass er in absehbarer Zeit die Mieträume selbst benötigt, besteht für den Vermieter die Möglichkeit, einen Zeitmietvertrag abzuschließen. Seit 2001 gibt es nur noch sogenannte qualifizierte Zeitmietverträge. Das bedeutet, dass ein Mietvertrag nur noch dann befristet werden kann, wenn ein qualifizierter Befristungsgrund vorliegt. Die Befristungsgründe sind abschließend im Gesetz aufgeführt: Eigenbedarf, Umbau, Abriss, Neubau oder das Benötigen der Mietwohnung für einen zur Dienstleistung Verpflichteten. In diesen Fällen ergibt sich die kurze Dauer des Mietverhältnisses aus dem Inhalt des Mietvertrags.

Der Zeitmietvertrag dauert so lange, wie es im Vertrag vorgesehen ist. Ein qualifizierter Zeitmietvertrag nach § 575 Abs. 1 Satz 1 Nr. 1 BGB kann abgeschlossen werden, wenn der Vermieter den Befristungsgrund Eigenbedarf sowie die Dauer des Mietverhältnisses festlegt. Folge: Das Mietverhältnis kann schon nach einem oder zwei Jahren enden – je nach Angabe im Mietvertrag –, denn der Mieter ist in diesem Fall nicht schutzbedürftig, da er von der kurzen Zeitdauer des Mietverhältnisses von Anfang an wusste. Anders, wenn der Vermieter keinen Zeitmietvertrag abgeschlossen und den Mieter nicht auf die kurze Mietdauer hingewiesen hat: In diesem Fall kann die Eigenbedarfskündigung unwirksam sein.

Während der fest vereinbarten Laufzeit des Zeitmietvertrags kann das Mietverhältnis weder vom Mieter noch vom Vermieter ordentlich gekündigt werden, auch nicht wegen Eigenbedarfs. Wenn sich Mieter und Vermieter während der festgelegten Zeitdauer dennoch trennen wollen, geht dies nur einvernehmlich, etwa durch den Abschluss eines Mietaufhebungsvertrags oder durch eine fristlose Kündigung, wenn diese begründet ist. Endet die Frist, hat der Mieter gegenüber dem Vermieter keinen Anspruch auf Fortsetzung des Mietverhältnisses. Der Mieter kann sich dann auch nicht auf die Sozialklausel berufen, also auf eine besondere Härte.

Plant der Vermieter, die Wohnung für sich selbst, Familienangehörige oder sonstige Angehörige seines Haushalts zu einem bestimmten Zeitpunkt zu nutzen, schreibt er dies in den Mietvertrag. Entweder gibt er den Namen desjenigen an oder das Verwandtschaftsverhältnis zu dieser Person, für die er Eigenbedarf anmelden will. Es reicht aus, wenn er schreibt, dass er die Wohnung für seinen Sohn/seine Tochter benötigt. Der Name muss nicht genannt werden. Der Vermieter muss auch nicht angeben, warum er oder die andere Person die Wohnung nutzen will.

Halten beide Seiten am Mietvertrag fest, endet das Mietverhältnis zum vorgesehenen Zeitpunkt automatisch, also ohne Ausspruch einer Kündigung. Rückt dieser Zeitpunkt näher, kann der Mieter frühestens vier Monate vor Ablauf der Befristung vom Vermieter verlangen, dass dieser ihm mitteilt, ob der Befristungsgrund noch besteht. Der Auskunftsanspruch des Mieters entfällt, wenn er positive Kenntnis davon hat, dass der Befristungsgrund nicht mehr besteht. Äußert sich der Vermieter auf die Anfrage des Mieters überhaupt nicht dazu, ob sein Befristungsinteresse noch besteht, verlängert sich das Mietverhältnis stillschweigend auf unbestimmte Zeit (§ 545 BGB).

Hat sich in der Zwischenzeit das Befristungsinteresse geändert, bleibt die Befristung bzw. die wirksame Beendigung des Mietverhältnisses bestehen, wenn der Befristungsgrund als solcher aufrechterhalten bleibt, zum Beispiel, wenn statt des Vaters nun der Sohn in die Wohnung einziehen will. In diesem Fall sind die tatsächlichen Befristungsgründe mit der Angabe im Mietvertrag gleichwertig, sodass die Befristung wirksam fortbesteht. Nicht zulässig ist es dagegen, den Befristungsgrund komplett auszutauschen, wenn zum Beispiel statt Eigenbedarf die Wohnung grundlegend modernisiert werden soll. In diesem Fall verlängert sich das Mietverhältnis auf unbestimmte Dauer.

Tritt der Grund für die Befristung erst später ein, etwa weil der Sohn erst ein Jahr später in die Wohnung ziehen will, verlängert sich das Mietverhältnis um diesen Zeitraum, wenn der Mieter dies wünscht (§ 575 Abs. 3 Satz 1 BGB). Entfällt der Grund ganz, kann sich das Mietverhältnis auf unbestimmte Zeit verlängern (§ 575 Abs. 3 Satz 2 BGB). In solchen Fällen muss der Mieter die Fortsetzung des Mietverhältnisses ausdrücklich verlangen, das kann auch mündlich erfolgen. Nimmt der Vermieter das Verlängerungsangebot des Mieters an, wird der Mietvertrag auf bestimmte oder unbestimmte Zeit verlängert.

Achtung

Setzt der Mieter nach Ablauf der vereinbarten Mietzeit das befristete Mietverhältnis mit Wissen des Vermieters fort, gilt das Mietverhältnis als auf unbestimmte Zeit verlängert, wenn nicht der Vermieter seinen entgegenstehenden Willen binnen einer Frist von zwei Wochen zum Ausdruck bringt (§ 545 BGB). Dann kann nur noch nach den gesetzlichen Vorschriften für Mietverhältnisse auf unbestimmte Zeit gekündigt werden.

3.6.4 Der beiderseitige Ausschluss des ordentlichen Kündigungsrechts

Beide Seiten können im Mietvertrag einen Ausschluss der Eigenbedarfskündigung vereinbaren. Der Verzicht muss schriftlich erfolgen, wenn er für mehr als ein Jahr gelten soll (§ 550 Satz 1 BGB). Wird dieser Verzicht durch eine Formularklausel in den Mietvertrag aufgenommen, darf er höchstens vier Jahre betragen (BGH, Urteil vom 6.4.2005, VIII ZR 27/04). Eine Kündigung ist schon zum Ende des Kündigungsverzichts möglich, nicht erst als Erklärung ab dem Ende der Verzichtsfrist. Die Kündigung kann also bereits während der Verzichtsfrist mit Wirkung zum Fristende erfolgen. Individualvertraglich kann ein Kündigungsverzicht grundsätzlich wirksam vereinbart werden, auch wenn der Kündigungsverzicht einseitig durch den Mieter erklärt wird (BGH, Urteil vom 22.12.2003, VIII ZR 81/03).

Der Vermieter kann ebenfalls im Mietvertrag einseitig auf sein Recht verzichten, eine Kündigung wegen Eigenbedarfs auszusprechen.

3.6.5 Das Auswechseln des Kündigungsgrundes

Fällt der ursprüngliche Kündigungsgrund weg und entsteht ein neuer Kündigungsgrund, kann der Vermieter an der Kündigung festhalten und seinen Räumungsanspruch auf den neuen Grund stützen. Der Kündigungsgrund ist dann nachträglich entstanden und zu berücksichtigen (§ 573 Abs. 3 Satz 2 BGB).

Ein Auswechseln von Kündigungsgründen hinsichtlich der Person, für die Eigenbedarf geltend gemacht wurde, ist aber unzulässig. Der Vermieter kann also bei einer Kündigung für den Sohn nicht nachträglich Eigenbedarf für die Tochter erklären, wenn der Eigenbedarf für den Sohn nicht mehr besteht. In diesem Fall muss die Kündigung unter Einhaltung der gesetzlichen Fristen und einer auf die Lebensumstände der Tochter zugeschnittenen Begründung erneut erklärt werden.

3.6.6 Rechtsmissbräuchliche Kündigung bei künstlich geschaffenem Eigenbedarf

Hat im Vorfeld einer Eigenbedarfskündigung die Bedarfsperson eine von ihr genutzte Wohnung an den kündigenden Vermieter zurückgegeben, damit dieser die Wohnung leer stehend zu einem besseren Kaufpreis veräußern kann, und kündigt der Vermieter daraufhin eine andere vermietete Wohnung, um die Bedarfsperson dort unterzubringen, ist die Eigenbedarfskündigung wegen Rechtsmissbrauchs unwirksam. Dies soll jedenfalls dann gelten, wenn die veräußerte und die gekündigte Wohnung im wesentlichen vergleichbare Eigenschaften aufweisen und wenn die Voraussetzungen einer Verwertungskündigung im Verhältnis zum gekündigten Mieter nicht vorgelegen hätten (LG Berlin, Urteil vom 2.6.2023, 66 S 170/22).

Das Gericht verneinte das Vorliegen einer Verwertungskündigung. Die Verwertungsabsicht des Eigentümers könne die Kündigung eines Wohnraummietverhältnisses nur rechtfertigen, wenn der Vermieter durch die Fortsetzung des Mietverhältnisses an einer angemessenen wirtschaftlichen Verwertung des Grundstücks gehindert wäre und dadurch erhebliche Nachteile erleiden würde. Diese Voraussetzungen hätte hier nicht vorgelegen.

Hinweis

Das Eigentum gewährt dem Vermieter keinen Anspruch auf Gewinnoptimierung oder auf Einräumung gerade der Nutzungsmöglichkeiten, die den größtmöglichen wirtschaftlichen Vorteil versprechen. Der Umstand, dass der Vermieter bei einem Verkauf der Wohnung in unvermietetem Zustand einen höheren Verkaufserlös erzielen würde als in vermietetem Zustand, begründet kein berechtigtes Interesse im Sinne von § 573 Abs. 2 Nr. 3 BGB. Die bloße Erzielung eines Mehrerlöses kann keinen tragfähigen Kündigungsgrund bilden.

Eine auf Eigenbedarf gestützte Kündigungserklärung kann auch nach Treu und Glauben als missbräuchlich einzuordnen sein, wenn nicht die Auswahl der Wohnung und des zu kündigenden Mietverhältnisses den tatsächlichen Bedürfnissen und Wünschen der Bedarfsperson folgte, sondern umgekehrt die Bedürfnisse und Wünsche der Bedarfsperson erst durch die Auswahl der Wohnung geweckt und bestimmt wurden (LG Berlin, Beschluss vom 19.7.2023, 64 S 260/22). Im vorliegenden Fall hatte der Vermieter seinem Enkel eine Wohnung im Vorgriff auf eine nicht einmal in Ansätzen absehbare Familiengründung angeboten. Ausschlaggebend für die Entscheidung zur Kündigung des Mietverhältnisses sei nicht der Bedarf des Enkels gewesen, sondern wirtschaftliche Gründe wie die Tatsache, dass es sich bei der Wohnung der Mieterin um die niedrigste Miete im ganzen Haus handelte.

3.7 Überhöhter Wohnbedarf

Nicht immer ist der Eigenbedarf des Vermieters gegeben. Macht er einen überhöhten Wohnbedarf geltend, der sich durch vernünftige und nachvollziehbare Gründe nicht mehr rechtfertigen lässt, ist die Eigenbedarfskündigung zum Scheitern verurteilt. Allerdings urteilte der BGH, dass die Gerichte grundsätzlich zu respektieren hätten, welchen Wohnbedarf der Vermieter für sich oder für seine Angehörigen als angemessen betrachtet. Deshalb seien die Gerichte nicht berechtigt, ihre Vorstellungen von angemessenem Wohnen verbindlich an die Stelle der Lebensplanung des Vermieters oder seiner Angehörigen zu setzen (BGH, Urteil vom 4.3.2015, VIII ZR 166/14).

Dem Vermieter wird nach der Rechtsprechung des Bundesverfassungsgerichts ein weiter Ermessensspielraum bei der Bedarfsmessung eingeräumt. Deshalb ist der vom Vermieter geltend gemachte Wohnbedarf nicht auf Angemessenheit, sondern nur auf Rechtsmissbrauch zu überprüfen. Rechtsmissbräuchlich ist nicht schon der überhöhte, sondern erst der weit überhöhte Wohnbedarf. Die Bewertung, ob der Wohnbedarf weit überhöht ist, muss unter Abwägung der beiderseitigen Interessen anhand objektiver Kriterien unter konkreter Würdigung der Einzelfallumstände getroffen werden. Diese Beurteilung hängt nicht allein von der beanspruchten Wohnfläche oder der Anzahl der Räume ab, sondern von einer umfassenden Würdigung der gesamten Umstände des einzelnen Falles (BVerfG, Beschluss vom 14.2.1989, 1 BvR 308/88). Neben der Wohnfläche und der Anzahl der Zimmer spielen viele weitere Faktoren eine Rolle, zum Beispiel der Zuschnitt und die Ausstattung der Wohnung, die Bedürfnisse der Bedarfsperson (etwa ob diese ein Arbeitszimmer benötigt), ihr Lebensentwurf und ihre Lebensplanung, die persönlichen und wirtschaftlichen Verhältnisse der Bedarfsperson und des Vermieters, die Lage auf dem Wohnungsmarkt, die Höhe der Miete sowie die Frage, ob die gekündigte Wohnung nur sporadisch genutzt werden soll.

Beispiel

Ein Vermieter hatte für seinen 22-jährigen Sohn wegen Eigenbedarfs eine Vierzimmerwohnung gekündigt. Der Sohn benötige die Wohnung, da er ein Studium der Elektrotechnik aufnehmen wolle. Im elterlichen Haus stünde ihm nur ein Kinderzimmer zur Verfügung. Durch den Bezug der Mietwohnung verkürze sich sein Weg zur Hochschule. Geplant sei auch, dass mindestens ein Freund des Sohnes mit ihm in die Wohnung ziehen wolle. Der Mieter wehrte sich gegen die Kündigung und wandte ein, der geltend gemachte Wohnbedarf sei überhöht. Auch die Absicht der Bildung einer studentischen Wohngemeinschaft sei nicht von Dauer und rechtfertige den Eigenbedarf nicht.

Der BGH sah dies anders. Er entschied: »Macht sich der Vermieter den ernsthaften Wunsch eines alleinstehenden volljährigen Familienangehörigen zu eigen, einen eigenen Hausstand zu gründen und mit einem langjährigen Freund eine Wohngemeinschaft zu bilden, und bemisst er auf dieser Grundlage den aus seiner Sicht angemessenen Wohnbedarf, ist diese Entscheidung von den Gerichten grundsätzlich anzuerkennen« (Urteil vom 4.3.2015, VIII ZR 166/14).

In folgenden Fällen liegt ebenfalls kein überhöhter Wohnbedarf vor:

- Die Kündigung für den Vermieter geht mit Kostenvorteilen ein. Dies ist der Fall, wenn der Vermieter seinem studierenden Sohn eine 92 m^2 große Vierzimmerwohnung zur Verfügung stellen will und die Bruttomiete für die gekündigte Wohnung von 334,09 EUR nur leicht über den Kosten von 330 EUR liegt, die sein Sohn für sein derzeit gemietetes Zimmer aufbringen muss (LG Potsdam, Urteil vom 23.12.2004, 11 S 125/04).
- Der Vermieter möchte die Wohnung und die Arbeitsstätte im selben Haus haben, um seine Geschäftspartner in repräsentativer und wohnlicher Umgebung bewirten zu können (BVerfG, Beschluss vom 30.6.1994, 1 BvR 2048/93).
- Wenn eine 146 m^2 große Fünfzimmerwohnung zugunsten der Ehefrau des Vermieters gekündigt wird (BVerfG, Beschluss vom 18.1.1988, 1 BvR 787/87).
- Ein Eigentümer kündigt eine 72 m^2 große Wohnung, um diese mit seiner derzeit genutzten 65 m^2 großen Wohnung zusammenzulegen, um so für sich und seine zukünftige Ehefrau eine angemessen große Wohnung zu schaffen (BVerfG, Beschluss vom 19.3.1993, 1 BvR 1714/92).
- Ein alleinstehender Lehrer beansprucht für sich eine Vierzimmerwohnung (LG Berlin, Urteil vom 30.9.1993, 67 S 47/93).
- Ein Chemiker macht Bedarf an einer Fünfzimmerwohnung geltend, weil er die Räume zur Unterbringung seiner Antiquitäten benötigt.
- Eine 130 m^2 große Vierzimmerwohnung wird von einer alleinerziehenden Mutter mit Kleinkind genutzt (Berliner Verfassungsgerichtshof, Beschluss vom 18.6.2014, VerfGH 153/13).
- Eine Wohnfläche von 200 m^2 wird von einer dreiköpfigen Familie genutzt – insbesondere dann nicht, wenn der Vermieter nachvollziehbar vorgetragen hat, dass er auch ein Arbeitszimmer benötigt (LG Berlin, Urteil vom 7.5.2014, 18 S 34/13).
- Dem 36-jährigen berufstätigen Sohn wird ein 168 m^2 großes Einfamilienhaus zur Verfügung gestellt (LG Köln, Urteil vom 30.6.1993, 10 S 118/93).
- Eine Vierzimmerwohnung wird dem Sohn und dessen Lebensgefährtin überlassen (LG Kassel, Beschluss vom 19.4.1989, 1 S 9/89).

Hinweis

Bei der Beurteilung des Bedarfs ist nicht nur der Wohnbedarf zu berücksichtigen, sondern auch ein Bedarf für Arbeitszwecke, für ein Gästezimmer nebst Bad und WC, für Abstellflächen und insbesondere Raumbedarf für Kinder bei einer Familie mit konkretem Kinderwunsch. Dieser Bedarf kann auch bereits dann berücksichtigt werden, wenn noch keine Schwangerschaft vorliegt. Dem Vermieter kann nicht zugemutet werden, mit der Eigenbedarfskündigung zu warten, bis eine Schwangerschaft eingetreten ist. Unter Berücksichtigung einer solchen Bedarfssituation stellen auch 280 m^2 Wohnfläche keinen überhöhten Eigenbedarf dar (AG Hamburg, Urteil vom 4.8.2009, 49 C 100/08).

Auch die Kündigung eines Mietobjekts mit 432 m^2 Wohnfläche ist nicht rechtsmissbräuchlich, wenn der Vermieter im Kündigungsschreiben vernünftige und nachvollziehbare Gründe für den geltend gemachten Eigenbedarf angibt (LG Hamburg, Urteil vom 24.4.2003, 307 S 127/02).

Achtung

Der Vermieter sollte bereits im Kündigungsschreiben sämtliche Umstände vortragen, die für die Inanspruchnahme des Wohnraums und gegen den Vorwurf eines weit überhöhten Wohnbedarfs sprechen.

Für die Frage, ob der Eigenbedarf wirksam ist, kommt es auch nicht darauf an, ob der Angehörige mit einem Dritten zusammenziehen will, um eine Lebensgemeinschaft zu begründen, oder ob es sich nur um eine regelmäßig zeitlich beschränkte, zum Beispiel studentische Wohngemeinschaft handelt. Es ist auch unbeachtlich, ob diese Wohngemeinschaft zeitlich beschränkt ist, da auch ein zeitlich begrenzter Bedarf eine Eigenbedarfskündigung rechtfertigen kann (BVerfG, Urteil vom 23.4.2014, 1 BvR 2851/13). Ausnahmsweise kann ein kürzerer Zeitraum ebenfalls eine Eigenbedarfskündigung rechtfertigen.

Hinweis

Die Entscheidung, ob überhöhter Wohnbedarf geltend gemacht wird, richtet sich nach den gegenwärtigen Lebensumständen.

Die Gerichte prüfen bei jeder Eigenbedarfskündigung zudem, ob tatsächlich ein Nutzungswille vorhanden ist, insbesondere dann, wenn der Vermieter zur Begründung der Eigenbedarfskündigung ein ungewöhnliches Nutzungsinteresse geltend macht. Deshalb verneinte das AG Fürstenfeldbruck die Ernsthaftigkeit des Nutzungswillens in einem Fall, in dem es um die Kündigung einer 76 m^2 großen Dreizimmerwohnung mit einem Mietwert von 650 EUR für eine 19-jährige Auszubildende mit einem Einkommen von 550 EUR ging, weil die Wohnung weitab vom Arbeitsplatz der Begünstigten gelegen war und diese weder die Wohnung noch deren Umfeld kannte (Urteil vom 11.5.2007, 2 C 2190/06).

Hinweis

Die instanzgerichtliche Rechtsprechung bejaht häufig auch dann einen weit überhöhten Wohnbedarf, wenn zwischen dem Wert des Mietobjekts und der Person oder den finanziellen Verhältnissen des Nutzungswilligen ein auffälliges Missverhältnis besteht.

Der Wohnbedarf wurde zum Beispiel auch in folgenden Entscheidungen als weit überhöht betrachtet:

- Der Vermieter will einer 22-jährigen Studentin eine 107 m^2 große Vierzimmerwohnung überlassen (BVerfG, Beschluss vom 23.8.1990, 1 BvR 440/90).
- Der Eigentümer kündigt eine Wohnung mit 17 Räumen, von denen er nur fünf nutzen will (BVerfG vom 19.10.1993, 1 BvR 25/93, 1 BvR 1620/92).
- Eine Fünfzimmerwohnung mit 102 m^2 Wohnfläche soll wegen Eigenbedarfs für die 18-jährige Tochter der Vermieterin gekündigt werden, wenn die Tochter in der Stadt lediglich ein Praktikum absolvieren will, aber weder über eine Ausbildungsstelle oder einen Arbeitsplatz noch über eigenes Einkommen verfügt, da eine Wohnung dieser Größe nach Auffassung des Mietgerichts dann nicht benötigt wird (AG Köpenick, Urteil vom 17.9.2013, 14 C 16/13).
- Der Vermieter will seiner Tochter ein geräumiges Einfamilienhaus mit Garten überlassen, obwohl diese als Studienanfängerin über kein eigenes Einkommen verfügt (AG Bonn, Urteil vom 5.9.1989, 6 C 275/89).
- Eine 84 m^2 große Dreizimmer-Penthousewohnung soll einer 19-jährigen Auszubildenden zur alleinigen Nutzung überlassen werden (LG Bremen, Urteil vom 4.8.1994, 2 S 246/94).
- Eine Vermieterin will ihrer 14-jährigen Tochter eine Wohnung überlassen, damit diese dort mit ihrem 16-jährigen Freund zusammenleben kann (LG Hannover, Urteil vom 17.4.1991, 11 S 224/90).
- Der Eigentümer kündigt die gesamte vermietete Doppelhaushälfte, obwohl er nur das Erdgeschoss nutzen will (LG Mainz, Urteil vom 29.8.2001, 3 S 51/0).
- Ein Kind ohne Einkommen soll in ein Einfamilienhaus einziehen (LG Köln, Urteil vom 11.1.1990, 1 S 376/89).
- Eine Vierzimmerwohnung mit einer Wohnfläche von 120 m^2 wird für eine 19-jährige Auszubildende geltend gemacht und die Miete für die Wohnung ist aktuell so niedrig, dass zum gleichen Preis eine kleinere Wohnung für die Bedarfsperson angemietet werden könnte (LG Berlin, Urteil vom 20.1.2021, 64 S 50/20).

Die Gerichte müssen prüfen, ob die Wohnung überhaupt geeignet ist, die Wohnwünsche des Vermieters zu erfüllen (BVerfG, Urteil vom 14.2.1989, 1 BvR 308/88). Daran kann es fehlen, wenn die Wohnung für den Vermieter und seine Familie erheblich zu klein ist.

Der Einwand des Mieters, dass der Wohnbedarf des Vermieters überhöht sei, kann aber auch widersprüchlich sein. Die Gerichte müssen bei der Entscheidung der Frage, ob ein weit überhöhter Wohnbedarf vorliegt, auch den derzeitigen Wohnbedarf des gekündigten Mieters berücksichtigen. Will zum Beispiel der Vermieter zusammen mit seiner Lebensgefährtin in eine 5,5-Zimmer-Wohnung einziehen, ist der Einwand eines überhöhten Wohnbedarfs unbegründet, wenn die gekündigte Wohnung derzeit auch nur von zwei Personen bewohnt wird (BGH, Urteil vom 1.7.2015, VIII ZR 14/15).

3.8 Vorgetäuschter Eigenbedarf

Gibt der Vermieter bewusst falsch an, dass er die Wohnung wegen Eigenbedarfs benötigt, obwohl er keinen Eigenbedarf hat bzw. von vornherein nicht vorhat, in die gekündigte Wohnung zu ziehen, spricht man von vorgetäuschtem Eigenbedarf. An der Ernsthaftigkeit des Selbstnutzungswillens fehlt es, wenn der Vermieter lediglich behauptet, dass er die Wohnung selbst nutzen oder einem Angehörigen überlassen will, in Wirklichkeit aber anderes vorhat. Gleiches gilt, wenn der Vermieter die Räume anders nutzen will, als im Kündigungsschreiben behauptet. Eine solche Kündigung ist nicht nur unwirksam, sondern auch vertragswidrig.

Hinweis

Liegt auch die Darlegungs- und Beweislast dafür, dass tatsächlich kein Selbstnutzungswillen des wegen Eigenbedarfs kündigenden Vermieters bestand, beim Mieter, so hat dennoch der Vermieter plausibel und substanziiert darzulegen, warum seine Angaben im Kündigungsschreiben zutreffend waren, wenn Indizien vorliegen, aus denen sich das Fehlen des Selbstnutzungswillens herleiten lässt. Solche Indizien sind der nicht erfolgte Einzug des Vermieters, einen Verkauf vorbereitende Handlungen wie das Durchführen von Besichtigungsterminen und der Verkauf der Wohnung an Dritte.

Eine Kündigung wegen Eigenbedarfs kann auch dann vorgeschoben sein, wenn ein Vermieter seit Längerem Verkaufsabsichten hegt und der von ihm benannten Eigenbedarfsperson den Wohnraum in der Erwartung zur Miete überlässt, diese im Fall eines doch noch gelingenden gewinnbringenden Verkaufs ohne Schwierigkeiten zum Auszug bewegen zu können.

Beispiel

Die Mieter zogen aufgrund eines vor Gericht geschlossenen Räumungsvergleichs am 31.7.2012 aus, der Neffe des Vermieters zog ein. Im April 2013 wurde das Haus verkauft – unvermietet. Die Mieter hatten behauptet, dem Vermieter sei es jahrelang nur darum gegangen, die Immobilie gewinnbringend, das heißt leer stehend, zu verkaufen. Der BGH hielt es für möglich, dass der Vermieter die Vermietung an seinen Neffen nur vorgenommen hatte, weil er davon ausging, diesen im Fall eines doch noch gelingenden gewinnbringenden Verkaufs ohne Schwierigkeiten zum Auszug bewegen zu können. Auch ein solches Verhalten wäre ein vorgetäuschter Eigenbedarf, dem Mieter stehe deshalb ein Schadensersatzanspruch zu (Urteil vom 10.5.2016, VIII ZR 214/15).

Verdachtsmomente für eine vorgetäuschte Kündigung können laufende Streitigkeiten zwischen den Parteien sein, aber auch misslungene Mieterhöhungsversuche oder Meinungsverschiedenheiten über Betriebskostennachzahlungen und Mängelbeseitigungsansprüche des Mieters unmittelbar vor der Eigenbedarfskündigung (AG Köln, Urteil vom 18.2.2010, 209 C 473/09).

Beispiel

Um vorgeschobenen Eigenbedarf handelte es sich auch in einem Streit vor dem AG Görlitz. Zwischen beiden Seiten bestand ein Rechtsstreit über die Zustimmung zur Erhöhung der Miete. Eine Woche vor Erhalt der Eigenbedarfskündigung hatte der Anwalt der Mieter den Vermieter angerufen. Darin beschimpfte der Vermieter den Anwalt und alle auf der Mieterseite agierenden Personen als Dilettanten und äußerte sich dahin, die Mieterinnen würden schon sehen, was sie davon hätten, und würden dies in Kürze erfahren. Die Äußerung lasse keine andere Deutung zu, als dass die Eigenbedarfskündigung für die Tochter nur vorgeschoben sei. Zudem hätte es auch weitere freie Wohnungen mit ähnlicher Ausstattung im Haus für die Tochter gegeben (Urteil vom 28.2.2023, 9 C 255/22).

Zeitweise Verkaufsversuche des Vermieters sprechen dagegen nicht per se gegen die beabsichtigte Selbstnutzung. Nach Ansicht des LG Kiel auch dann nicht, wenn der kündigende Vermieter eine wesentlich größere Wohnung zu einer geringfügig höheren Miete bewohnt und versuchte, das Mietobjekt zu verkaufen, und dem Mieter vor der Eigenbedarfskündigung einen nennenswerten Betrag (hier: sechs Monatsmieten) für den Fall des freiwilligen Auszugs anbot. Dabei kann der Wunsch des Vermieters, in eine deutlich kleinere Wohnung zu ziehen, ein vernünftiger, den Eigenbedarf rechtfertigender Grund sein, insbesondere wegen Verkleinerung des eigenen Haushalts, eingetretener Arbeitslosigkeit, fehlender Rücklagen, Unterhaltsverpflichtungen und bisher günstiger Miete bei nächsten Verwandten (Beschluss vom 19.8.2020, 1 S 131/20).

Indizien für einen vorgetäuschten Eigenbedarf:

- Der begünstigte Familienangehörige weiß nichts davon, dass er die gekündigte Wohnung erhalten soll (AG Münster, Urteil vom 22.10.1990, 7 C 376/90).
- Der Angehörige, für den Eigenbedarf geltend gemacht wurde, kennt die Wohnung gar nicht (LG Mosbach, Urteil vom 19.11.1991, S 106/91).
- Der Erwerber einer Wohnung versucht zunächst, den Mieter zum Abschluss eines neuen Mietvertrags zu bewegen, und spricht dann nach dem Scheitern des Versuchs eine Eigenbedarfskündigung aus (AG Wiesbaden, Urteil vom 15.7.1991, 96 c 222/91).
- Der Kündigung ist ein erfolgloser Mieterhöhungsversuch oder andere Streitigkeiten vorangegangen (LG Köln, Urteil vom 2.6.1993, 10 S 204/92).

- Der Vermieter spricht in kürzerer Zeit mehrere Kündigungen aus und begründet diese mit unterschiedlichen Verwendungsabsichten (AG Bonn, Urteil vom 18.2.1992, 6 c 609/91).
- Aus dem Prozessvortrag oder den Äußerungen des Vermieters im Prozess ergibt sich, dass dieser in erster Linie einen unliebsamen Mieter loswerden will (LG Lübeck, Urteil vom 17.3.1989, 6 S 367/88). In diesem Fall hatte der Vermieter kundgetan, dass fünf Leute im Haus seien, die er lieber heute als morgen loswerden möchte. Diese Leute nenne er »Querulantenverein«. Der Mieter sei der Vorsitzende des Querulantenvereins. Dieser Querulant müsse raus. Für ihn seien Scherereien mit den Mietern genügend Grund, ihnen zu kündigen. Das Gericht ging angesichts dieser Aussagen nicht von einem ernsthaften Selbstnutzungswunsch und einem berechtigten Interesse aus.

Ist sich der Vermieter noch nicht sicher, ob er die Nutzungsabsicht tatsächlich verwirklichen kann, kann die Kündigung ebenfalls unwirksam und vertragswidrig sein. An die Prüfungspflicht des Vermieters sind höchste Anforderungen zu stellen. So muss der Vermieter vor der Kündigung klären, ob seine Angehörigen umzugsbereit sind. Kündigt der Vermieter zugunsten eines ausländischen Angehörigen, muss mit hinreichender Sicherheit feststehen, dass die betreffende Person ein nicht nur vorübergehendes Aufenthaltsrecht erhält.

Ein vorgetäuschter Eigenbedarf bestand dagegen nicht in einem vom AG Dülmen entschiedenen Fall (Urteil vom 15.3.2022, 3 C 178/21). Den ehemaligen Mietern gelang es nicht zu beweisen, dass der Kündigungsgrund lediglich vorgeschoben war. Es habe ein wirksamer Kündigungsgrund des Vermieters bestanden. Der Sohn des Vermieters, für den der Eigenbedarf geltend gemacht worden war, machte geltend, dass sich die Wohnung in einem desolaten Zustand befand und erst renoviert werden musste. Sein Vorhaben erledigte sich, als seine Großmutter starb und er in deren Wohnung ziehen konnte. Da das Vorhaben tatsächlich bestanden hatte, war die Kündigung nicht unwirksam. Denn ein nachträglicher Wegfall des Kündigungsgrundes hindert die Wirksamkeit der Kündigung nicht.

Ist der Mieter aus der Wohnung ausgezogen, weil der Vermieter den Eigenbedarf vorgetäuscht hat, macht sich der Vermieter wegen Betrugs nach § 263 StGB strafbar. Wird die Kündigung dann durch eine Räumungsklage weiter betrieben, handelt es sich auch noch um Prozessbetrug, ein ebenfalls strafbares Verhalten. Der Mieter kann in einem solchen Fall Schadensersatzansprüche gegen den Vermieter geltend machen.

Beispiel

Der Vermieter kündigte eine Einzimmerwohnung wegen Eigenbedarfs für seine pflegebedürftige Mutter. Nachdem der Mieter nicht ausgezogen war, klagte der Vermieter auf Räumung. Beide Seiten einigten sich im Prozess auf ein Auszugsdatum. Der Mieter zog fristgerecht aus. Danach stand die Wohnung leer, die Mutter zog nicht ein und verstarb. Der Mieter verlangte Schadensersatz wegen vorgetäuschten Eigenbedarfs in Höhe von 23.600 EUR. Der BGH gab ihm recht (Beschluss vom 11.10.2016, VIII ZR 300/15). Seine Argumentation: Eine Vorratskündigung sei unwirksam, wenn ihr nur ein gegenwärtig noch nicht absehbarer Nutzungswunsch der Eigenbedarfsperson zugrunde liege. Der Nutzungswunsch müsse sich »so weit verdichtet« haben, dass ein konkretes Interesse an einer alsbaldigen Eigennutzung bestehe (BGH, Urteil vom 23.9.2015, VIII ZR 297/14).

Der Nutzungswille des Vermieters muss zudem eindeutig sein und sich auf eine bestimmte Verwendung und eine bestimmte Wohnung beziehen. Beim Ausspruch der Kündigung muss sich der Vermieter auch festlegen, welcher Person er die Wohnung überlassen will. Deshalb kann der Vermieter den Eigenbedarf nicht damit begründen, dass er die Wohnung »einem seiner Kinder« oder »entweder seinem Sohn A oder seiner Tochter B« überlassen will. Der Vermieter kann auch nicht mehrere Mietverhältnisse kündigen, obwohl er nur eine einzige Wohnung braucht.

Es kann auch der Fall eintreten, dass sich die Absicht des Vermieters aus rechtlichen Gründen nicht verwirklichen lässt.

Beispiel

Will der Vermieter zum Beispiel eine öffentlich geförderte Wohnung selbst nutzen, braucht er dafür die Genehmigung der zuständigen Stelle. Es genügt, dass die Behörde dem Vermieter bescheinigt, dass sie eine solche Genehmigung aussprechen wird. Ist diese noch nicht erteilt, ist die Kündigung unwirksam. Die Bescheinigung muss dem Kündigungsschreiben beigelegt werden.

Beruht die Nutzungsabsicht des Eigentümers auf unrealistischen Vorstellungen und kann der Nutzungswunsch des Eigentümers durch die Kündigung überhaupt nicht befriedigt werden, ist die Kündigung unwirksam. Davon kann zum Beispiel ausgegangen werden, wenn ein schwer gehbehinderter Eigentümer in einem Haus ohne Fahrstuhl eine weit oben gelegene Dachgeschosswohnung beziehen will.

3.8.1 Wenn der Eigenbedarf nachträglich wegfällt

Wird ein Nutzungswunsch in der Eigenbedarfskündigung angegeben, der nach dem Auszug des Mieters nicht realisiert wird, entsteht der Verdacht, dass der Eigenbedarf nur vorgeschoben war. Um diesen Verdacht auszuräumen, muss der Vermieter substanziiert und plausibel darlegen, aus welchem Grund der Eigenbedarf nachträglich entfallen ist. Dieser Vortrag unterliegt strengen Anforderungen. Erst wenn sie erfüllt sind, muss der Mieter beweisen, dass ein Selbstnutzungswunsch des Vermieters schon vorher nicht bestanden hat.

Achtung

Fällt der Selbstnutzungswille schon vor Ausspruch der Kündigung weg, ist diese unwirksam.

Fällt der Eigenbedarf nach Ausspruch der Kündigung und vor Ablauf der Kündigungsfrist weg, muss der Vermieter dem Mieter den Wegfall des Eigenbedarfs mitteilen und auf dessen Verlangen das Mietverhältnis fortführen. Es wäre rechtsmissbräuchlich, wenn der Vermieter den aus der Vertragsbeendigung folgenden Räumungsanspruch weiterverfolgen würde.

Achtung

Fällt der Grund für den Eigenbedarf vor Auszug des Mieters bzw. vor Räumung der Wohnung weg, müssen Vermieter darüber informieren. Tun sie das nicht, machen sie sich unter Umständen wegen Betrugs strafbar. Das AG Hamburg-Bergedorf verurteilte eine Vermieterin deshalb zu 54.000 EUR Geldstrafe. Sie hatte wegen eines geplanten Umzugs Eigenbedarf an einem Mehrfamilienhaus geltend gemacht. Obwohl sich der Plan längst zerschlagen hatte, ließ sie die Wohnung räumen und verkaufte sie anschließend teuer (Urteil vom 29.5.2024, 412 Ds 25/23).

Hat der Vermieter Eigenbedarf zu seinen Gunsten geltend gemacht und verstirbt er nach dem Ausspruch der Kündigung, darf auch der Gesamtrechtsnachfolger die Kündigung nicht weiterverfolgen. Der Vermieter oder sein Rechtsnachfolger müssen aus dem Gesichtspunkt von Treu und Glauben dem Mieter einen Vertrag über die Aufhebung der Kündigungswirkungen anbieten. Dieses Angebot kann der Mieter annehmen, auch stillschweigend durch die Fortsetzung des Mietverhältnisses. Das Mietverhältnis ist dann als ungekündigtes Mietverhältnis zu behandeln. Der Mieter ist zur Annahme eines solchen Vertragsangebots aber nicht verpflichtet – lehnt er es ab, ist das Mietverhältnis beendet.

Die Mitteilungspflicht des Vermieters endet, wenn der Eigenbedarfsgrund erst nach Ende des Mietverhältnisses wegfällt. Das Entfallen der Eigenbedarfsgründe nach diesem Zeitpunkt ist daher unerheblich. Ein Hinausschieben dieses Zeitpunkts über das

Ende des Mietverhältnisses hinaus, zum Beispiel bis zum Ablauf einer gerichtlichen Räumungsfrist oder bis zur tatsächlichen Räumung der Wohnung durch den Mieter, wird vom BGH abgelehnt, weil dadurch der vertragsuntreue Mieter, der es auf einen Prozess ankommen lässt, privilegiert würde gegenüber dem vertragstreuen Mieter, der pünktlich zum Ablauf der Kündigungsfrist ausgezogen ist. Unterlässt der Vermieter jedoch die Unterrichtung des Mieters und verfolgt den auf seine Eigenbedarfskündigung gestützten Räumungsanspruch weiter, obwohl sein Eigennutzungswunsch bereits im Moment des Ablaufs der Kündigungsfrist nicht mehr von der konkreten Absicht zur alsbaldigen Umsetzung getragen ist, handelt der Vermieter rechtsmissbräuchlich und kann sich nicht auf die kündigungsbedingte Beendigung des Mietverhältnisses berufen (LG Berlin, Urteil vom 29.1.2019, 67 S 9/18).

Anders ist die Rechtslage jedoch, wenn aufgrund eines zwischen den Parteien abgeschlossenen Räumungsvergleichs der Mieter die Wohnung auch noch nach Ablauf der Kündigungsfrist berechtigterweise weiterbewohnt. Unterlässt der Vermieter es in diesem Fall, den Mieter über die weggefallenen Eigenbedarfsgründe zu informieren, kann der Mieter auch dann Schadensersatz geltend machen, wenn der Räumungsvergleich »im Hinblick auf den geltend gemachten Eigenbedarf« geschlossen wurde (AG Gießen, Urteil vom 16.6.2014, 48 C 231/13).

Achtung

Diese Informationspflicht hat der Vermieter nur bis zum Ablauf der Kündigungsfrist, also bis zur Beendigung des Mietverhältnisses, jedoch nicht mehr während der Zeit des Räumungsprozesses. Hintergrund: Es wäre andernfalls derjenige Mieter begünstigt, der sich trotz Ablaufs der Kündigungsfrist zu Unrecht in der Wohnung aufhält.

Die Mitteilungspflicht des Vermieters entfällt auch nicht deshalb, weil der Mieter eine Ersatzwohnung angemietet hat. Auch in diesem Fall ist nicht auszuschließen, dass der Mieter dem Verbleib in der alten Wohnung den Vorzug gibt (LG Stuttgart, Urteil vom 4.10.1990, 13 S 148/90).

3.8.2 Schadensersatzansprüche des Mieters

Wird ein Mietverhältnis wegen Eigenbedarfs gekündigt, der gar nicht besteht, hat der Mieter gemäß § 280 Abs. 1 BGB Anspruch auf Schadensersatz, wenn die Kündigung schuldhaft, also vorsätzlich oder fahrlässig, ausgesprochen wurde. Dann muss der Vermieter den Zustand herstellen, der bestehen würde, wenn der zum Ersatz verpflichtende Umstand nicht eingetreten wäre (§ 249 Abs. 1 BGB). Der Mieter kann also verlangen, dass ihm die Wohnung wieder vermietet wird. Ist dies ausnahmsweise nicht möglich, weil sie an einen Dritten weitervermietet oder veräußert wurde, muss der Vermieter den Mieter mit Geld entschädigen (§ 251 Abs. 1 BGB).

Der Mieter hat auch dann Schadensersatzansprüche, wenn der Vermieter ihn nicht auf einen nachträglich wegfallenden Eigenbedarf während der Kündigungsfrist hinweist, zum Beispiel wenn er plant, die Wohnung zu verkaufen, statt sie selbst zu nutzen (LG Hamburg, Urteil vom 6.11.1992, 311 S 180/91).

Auch wenn sich der Vermieter nicht sicher ist, ob er oder der nahe Angehörige die Wohnung tatsächlich nutzen wird, kann eine fahrlässige Pflichtverletzung vorliegen. Grund: Der Vermieter ist verpflichtet, dem Mieter die Wohnung zum Gebrauch zu überlassen. Dabei ist er verpflichtet, alles zu unterlassen, was den Mieter im Gebrauch stören könnte. Der Vermieter muss wissen, dass Mietverhältnisse dem Bestandsschutz unterliegen. Deshalb muss der Vermieter auch gewissenhaft prüfen, ob der Kündigungsgrund tatsächlich besteht. Bei Zweifeln über Inhalt und Umfang des Bestandschutzes muss sich der Vermieter informieren und Rechtsrat einholen. Andernfalls begeht er eine Pflichtverletzung und kann sich unter Umständen gegenüber dem Mieter schadensersatzpflichtig machen.

Wird der behauptete Eigenbedarf nach Räumung der Wohnung durch den alten Mieter nicht umgesetzt, trägt der Vermieter für die Behauptung, der Bedarf habe im maßgeblichen Zeitpunkt bestanden, die Darlegungslast. Er muss dann darlegen, warum der in der Kündigung angeführte Bedarf nachträglich weggefallen sein soll. An diese Darlegung sind hohe Anforderungen zu stellen.

Beispiel

Im vorliegenden Fall hatte der Vermieter behauptet, dass dem Sohn und seiner Freundin erst im Zuge der Renovierungsarbeiten aufgefallen sei, dass der Zuschnitt und die Raumaufteilung der Wohnung nicht optimal seien. Damit konnte der Vermieter jedoch den späteren Wegfall des Eigenbedarfs nicht stimmig und plausibel begründen. Ergibt sich, dass der geltend gemachte Eigenbedarf eines Familienangehörigen nur vorgetäuscht war, hat der Vermieter den Schaden des Mieters zu ersetzen, soweit die Kündigung für dessen Entstehung kausal war (AG Steinfurt, Urteil vom 14.1.2021, 21 C 444/20).

Zieht ein Mieter auf eine Kündigung wegen vorgetäuschten Eigenbedarfs hin aus, hat er auch dann Schadensersatzansprüche, wenn die Eigenbedarfskündigung zwar formell unwirksam ist, er aber vom Vermieter den Eigenbedarf schlüssig dargelegt bekam und keine Veranlassung bestand, dessen Angaben in Zweifel zu ziehen. Dem steht nicht entgegen, dass der Mieter – in der Vorstellung, zur Räumung des Mietobjekts verpflichtet zu sein – sich mit dem Vermieter auf eine einvernehmliche Beendigung des Mietverhältnisses geeinigt hat (BGH, Urteil vom 8.4.2009, VIII ZR 231/07).

Kündigt der Vermieter den Mietvertrag wegen Eigenbedarfs, bestreitet dann der Mieter den behaupteten Kündigungsgrund und schließen die Parteien am Ende unter Aufrechterhaltung ihrer wechselseitigen Standpunkte einen außergerichtlichen oder gerichtlichen Vergleich, in dem sich der Mieter zur vorzeitigen Räumung verpflichtet, kommt es für die Frage, ob der Mieter auch in diesem Fall Schadensersatzansprüche geltend machen kann, wenn sich später herausstellt, dass der Eigenbedarf nur vorgetäuscht war, auf den Inhalt des Vergleichs an. Insofern ist im Weg der Auslegung des Vergleichs und unter Würdigung aller Umstände des Einzelfalls zu entscheiden, ob die Parteien mit dem Vergleich auch den Streit darüber beilegen wollten, ob die Eigenbedarfslage des Vermieters bestand oder nur vorgetäuscht war. Nur wenn mit dem Vergleich auch der Streit darüber beigelegt wurde, ob der behauptete Eigenbedarf des Vermieters bestand oder vorgetäuscht war und etwaige Ansprüche des Mieters wegen des vorgetäuschten Eigenbedarfs abgegolten werden sollten, kann im Abschluss des Vergleichs ein Verzicht des Mieters auf Schadensersatzansprüche gesehen werden. Sollte durch den Vergleich dagegen lediglich der Streit hinsichtlich der Schlüssigkeit und Beweisbarkeit des Eigenbedarfstatbestands beigelegt werden, sind Schadensersatzansprüche des Mieters nicht ausgeschlossen.

An das Vorliegen eines Willens des Mieters, auf etwaige Ansprüche gegen den Vermieter wegen eines nur vorgetäuschten Eigenbedarfs zu verzichten, sind strenge Anforderungen zu stellen. Der Verzichtswille muss unmissverständlich sein. Für einen stillschweigenden Verzicht des Mieters auf Schadensersatzansprüche bedarf es regelmäßig bedeutsamer Umstände, die auf einen solchen Verzichtswillen schließen lassen. Derartige Umstände können bei einem Räumungsvergleich etwa darin liegen, dass sich der Vermieter zu einer substanziellen Gegenleistung bereit erklärt, zum Beispiel einer namhaften Abstandszahlung oder einem Verzicht auf Schönheitsreparaturen. Allein die Gewährung einer längeren (hier: sechsmonatigen) Räumungsfrist stellt dagegen in der Regel keine ausreichende Gegenleistung des Vermieters dar (BGH, Urteil vom 10.6.2015, VIII ZR 99/14).

Zwischen der Pflichtverletzung des Vermieters und dem Auszug des Mieters muss Kausalität bestehen. Der Anspruch des Mieters entfällt nur dann, wenn feststeht, dass der Mieter im Zeitpunkt des Mietaufhebungsvertrags oder später entschlossen war, die Wohnung in jedem Fall zu räumen, unabhängig davon, ob der Eigenbedarf vorliegt oder nicht.

An der Kausalität kann es auch fehlen, wenn der Mieter unabhängig von der Kündigung des Vermieters ausgezogen ist. Dies ist der Fall, wenn der Mieter das Mietverhältnis seinerseits gekündigt hat. Das gilt auch, wenn der Vermieter aus anderen Gründen gekündigt hat und der Mieter aufgrund dessen zur Räumung verpflichtet war. Deshalb kann der Mieter keinen Schadensersatz verlangen, wenn er aufgrund einer fristlosen Kündigung wegen Zahlungsverzug ohnehin zum Auszug verpflichtet war.

Ob der Mieter einen Schadensersatzanspruch hat, ist auch dann zweifelhaft, wenn der Mieter selbst an der Ernsthaftigkeit des Eigenbedarfs zweifelt, die Wohnung aber dennoch räumt, zum Beispiel wenn er dafür eine Abfindung vom Vermieter kassiert.

Der zu ersetzende Schaden umfasst laut BGH (Urteil vom 15.3.2000, VII ZR 81/97)

- die Kosten des vorangegangenen Räumungsrechtsstreits,
- Umzugskosten,
- Renovierung der neuen Wohnung,
- Mehrbelastung durch die höhere neue Miete; dabei muss ein höherer Wohnwert jedoch mitberücksichtigt werden,
- doppelt gezahlte Miete für die neue Wohnung,
- höhere Betriebskosten für die neue Wohnung,
- Kosten für die Übernahme gebrauchten Mobiliars in der neuen Wohnung,
- Kosten für notwendige Neuanschaffungen,
- Zinsverluste infolge einer für die neue Wohnung zu hinterlegenden Kaution,
- Zinsverluste infolge der Übernahme von in der neuen Wohnung befindlichen Möbeln,
- Zinsverluste infolge der Anschaffung neuer Möbel,
- Verluste, weil in der neuen Wohnung bisher genutzte Möbel nicht mehr aufgestellt werden können und diese Möbel teils mit Verlust verkauft oder sonst untergestellt werden müssen; ferner auch die Inseratskosten für den Möbelverkauf.

Strittig urteilen die Gerichte über die Frage, für welchen Zeitraum man die Differenzmiete ansetzen kann. Sie entscheiden für einen Zeitraum von einem Jahr über drei Jahre bis zu fünf Jahren (LG Wuppertal, Urteil vom 28.10.1997, 16 S 80/97).

Das LG Leipzig entschied mit Urteil vom 4.3.2021 (166 C 2930/19) so: Wenn ein Mieter wegen Eigenbedarfs aus der Wohnung auszieht und sich später erweist, dass der Eigenbedarf des Vermieters nur vorgetäuscht war, umfasst der dem Mieter zustehende Schadensersatz die angefallenen Umzugskosten sowie – zeitlich grundsätzlich unbeschränkt – den Nettomietdifferenzschaden. Zu den ersatzfähigen Umzugskosten gehörten unter anderem die Kosten der Wohnungssuche, der Herrichtung der alten und der neuen Wohnung, der Ummeldung und ggf. abzurechnender Zeitaufwand. Zum Nettomietdifferenzschaden gehöre zudem ein monatlicher Zuschlag für die Anmietung einer Einbauküche, soweit dies Voraussetzung für den Abschluss des neuen Mietvertrags war.

Hinweis

Solange die Wohnung nicht an einen Dritten vermietet oder verkauft ist, kann der Mieter auch verlangen, wieder in die alte Wohnung einziehen zu können.

Strittig ist, ob der Mieter, der die Beweislast für einen vorgetäuschten Eigenbedarf trägt, auch die Kosten eines Detektivs ersetzt verlangen kann, dessen Einschaltung er für die Führung des Nachweises als notwendig erachtete. Dazu entschied das LG Berlin, dass diese Kosten erstattungsfähig sind, wenn sie prozessbezogen sind, sich gemessen an den wirtschaftlichen Verhältnissen der Parteien und der Bedeutung des Streitgegenstands in vernünftigen Grenzen halten und die Einschaltung eines Detektivs zur Klärung des mit der Kündigung geltend gemachten Eigenbedarfs sachgerecht ist. Dies ist insbesondere der Fall, wenn die Vernehmung des Detektivs als Zeugen den Ausgang des Verfahrens beeinflusste. Allerdings muss der Mieter die Detektivkosten durch Vorlage entsprechender Rechnungsbelege, in denen die erbrachten Leistungen im Einzelnen beschrieben und die hierfür jeweils berechneten Entgelte ausgewiesen werden, nachweisen. Die Vorlage einer Vereinbarung über eine Pauschalvergütung reicht nicht aus (LG Berlin, Beschluss vom 18.1.2023, 80 T 489/22).

Der ersatzfähige (Kündigungsfolge-)Schaden eines Mieters nach einer unberechtigten Eigenbedarfskündigung durch den Vermieter umfasst nicht die zum Zweck des Eigentumserwerbs einer Wohnung angefallenen Maklerkosten (BGH, Urteil vom 9.12.2020, VIII ZR 238/18).

Hat der Vermieter den später weggefallenen Eigenbedarfsgrund nicht mitgeteilt, bleiben die Schadensersatzansprüche des Mieters bestehen, wenn beide Seiten nach der Eigenbedarfskündigung außergerichtlich die Aufhebung des Mietvertrags vereinbarten und dabei festhielten, dass mit dem Vergleich sämtliche wechselseitigen Ansprüche aus dem Mietverhältnis erledigt sind. Grund: Diese Klausel bezieht sich nur auf die beim Vergleichsabschluss bestehenden Ansprüche, nicht auf die Schadensersatzansprüche des Mieters (LG Hamburg, Urteil vom 21.6.1994, 316 S 28/94).

Achtung

Ab dem Auszug des Mieters ist der Vermieter von der Treuepflicht, dem Mieter wegfallende Eigenbedarfsgründe mitzuteilen und die Fortführung des Mietverhältnisses anzubieten, befreit.

Eine unberechtigt ausgesprochene Kündigung wegen Eigenbedarfs stellt eine Vertragsverletzung dar, die den Vermieter zum Schadensersatz verpflichtet, insbesondere auch zur Tragung der Kosten, die durch die Beauftragung eines Rechtsanwalts entstanden sind mit dem Ziel, die Rechtmäßigkeit der Kündigung zu überprüfen und diese ggf. zurückzuweisen (LG Duisburg, Urteil vom 18.11.2009, 11 S 106/09).

Der Mieter kann aber nicht die Kosten ersetzt verlangen, die ihm im Zusammenhang mit dem Kauf einer Eigentumswohnung entstanden sind (LG Karlsruhe, Urteil vom 12.7.1991, 9 S 530/90).

Der Mieter kann auch nach der Räumung im Fall einer unwirksamen Kündigung vom Vermieter verlangen, dass ihm die Wohnung erneut überlassen wird. Dies gilt auch bei einem nachträglichen Wegfall des Bedarfs. Der Anspruch auf Wiedereinräumung des Besitzes besteht allerdings nur, solange noch keine Weitervermietung an Dritte erfolgt ist. Der Anspruch auf Wiedereinräumung des Besitzes kann auch durch eine einstweilige Verfügung geltend gemacht werden. Das Gericht kann dann ein Verbot der Weitervermietung verhängen. Will der Vermieter die Wohnung verkaufen, könnte der Mieter ein einstweiliges Veräußerungsverbot anstreben.

Wurde die Wohnung verkauft und ist der Mieter schon vor dem Übergang des Eigentums auf den Erwerber ausgezogen, kann der Mieter nicht mehr geltend machen, dass ihm Besitz- und Mietrechte an der ehemaligen Wohnung wieder eingeräumt werden. Grund: Dem Vermieter ist dann die Erbringung der Leistung infolge der Veräußerung der Wohnung unmöglich geworden (BGH, Urteil vom 16.12.2009, VIII ZR 313/08).

Der Mieter muss sich allerdings ein Mitverschulden anrechnen lassen, wenn er auf eine naheliegende Rechtsverteidigung gegen die Kündigung verzichtet hat. Bestanden konkrete Verdachtsmomente gegen die Ernsthaftigkeit des Nutzungswillens, muss sich der Mieter gegen die Kündigung zur Wehr setzen.

Der Mieter muss die tatsächlichen Voraussetzungen seines Schadensersatzanspruchs beweisen. Dies gilt auch bei einem vorgetäuschten Eigenbedarf: Der Mieter muss hier ebenfalls beweisen, dass der Vermieter von Anfang an keinen Willen zur Selbstnutzung hatte.

Achtung

Bezieht der Vermieter nach dem Auszug des Mieters die Wohnung nicht, sondern vermietet sie an einen Dritten, muss der Vermieter substanziiert und plausibel darlegen, aus welchem Grund der mit der Kündigung vorgebrachte Eigenbedarf nachträglich entfallen sein soll (LG Bonn, Urteil vom 1.10.2020, 6 S 9/20). An diese Darlegungen seien strenge Anforderungen zu stellen. Kann der Vermieter dies hinreichend begründen, ist es Sache des Mieters zu beweisen, dass ein Selbstnutzungswille des Vermieters von Anfang an nicht bestanden hat.

Der Vermieter hat allerdings plausibel und substanziiert darzulegen, warum seine Angaben im Kündigungsschreiben zutreffend waren, wenn Indizien vorliegen, aus denen sich das Fehlen des Selbstnutzungswillens herleiten lässt, zum Beispiel der nicht erfolgte Einzug des Vermieters, Handlungen, die einen Verkauf der Immobilie vorbereiten, etwa die Durchführung von Besichtigungsterminen, und der Verkauf der Wohnung an Dritte. In diesem Fall darf sich der Vermieter nicht darauf beschränken, eine entsprechende Behauptung des Mieters, der Eigenbedarf sei vorgetäuscht, schlicht zu bestreiten (AG Leipzig, Urteil vom 4.3.2021, 166 C 2930/19).

Beispiel

In einem vom AG Steinfurt entschiedenen Fall lag der Anspruch des Mieters auf der Hand. Der Vermieter hatte den Eigenbedarf damit begründet, dass sein Sohn und dessen Freundin eine größere Wohnung benötigten. Nach Auszug des Mieters renovierte der Vermieter das Haus. Sein Sohn zog nicht in die Wohnung ein. Begründung: Ihm sei erst während der Renovierungsarbeiten klar geworden, dass die Wohnung ein bis zwei Zimmer zu wenig habe. Der Mieter dagegen hielt die Kündigung für unwirksam, der Bedarf des Sohns sei nur vorgetäuscht gewesen. Der Vermieter habe den Mieter nur loswerden wollen, da es auch bereits mehrere gerichtliche Verfahren gegeben habe. Der Mieter machte Schadensersatz für seine Umzugskosten und die Anmietung einer teureren Wohnung geltend. Zu Recht, wie das Gericht entschied. Für den Vermieter sei es zumutbar gewesen, den Wegfall des Eigenbedarfs substanziiert und stimmig darzulegen. Den hohen Anforderungen habe der Vermieter nicht genügt. Er müsse deshalb alle kausal durch die unberechtigte Kündigung entstandenen Schäden ersetzen. Auch infolge des Umzugs anfallende Doppelmieten seien erstattungsfähig, soweit der Mieter die Erforderlichkeit darlege und beweise (AG Steinfurt, Urteil vom 14.1.2021, 21 C 444/20).

3.8.3 Schadensersatzansprüche des Vermieters

Gerät nun seinerseits der Mieter in die Haftung, Schadensersatz leisten zu müssen, wenn er aufgrund einer berechtigten Eigenbedarfskündigung des Vermieters nicht ausgezogen ist?

Beispiel

Der Vermieter kündigte seinem Mieter die Wohnung, weil er Eigenbedarf für seinen Enkel geltend machte. Der Mieter wehrte sich gegen die Kündigung und es kam zum Räumungsprozess. Diesen verlor der Mieter eineinhalb Jahre später. Dann erst konnte der Enkel einziehen. Er zahlte dem Vermieter eine höhere Miete, als der damalige Mieter bezahlen musste. Dies war auch von vornherein so beabsichtigt gewesen. Deshalb klagte der Vermieter nun gegenüber seinem früheren Mieter die Mietdifferenz für die eineinhalb Jahre ein, die der Enkel erst später einziehen konnte. Das AG Aachen erkannte den Anspruch an und verurteilte den früheren Mieter auf Zahlung der Mietdifferenz (Urteil vom 10.3.2016, 107 C 263/13). Der Anspruch gründet sich auf § 546a BGB. Die vom Mieter erhobene Einrede der Verjährung wies das Gericht ab.

3.9 Wer muss was beweisen?

In Kürze: Im Schadensersatzprozess muss der Mieter beweisen, dass der vom Vermieter geltend gemachte Eigenbedarf nur vorgetäuscht war. Der Vermieter muss die Tatsachen vortragen, die ergeben, dass er sich nicht pflichtwidrig verhalten hat.

3.9.1 Die Beweislast des Mieters

Der Mieter muss also darlegen und beweisen, dass kein Kündigungsgrund Eigenbedarf bestand bzw. dass er später weggefallen ist. Nimmt er dafür die Dienste eines Detektivs in Anspruch, muss ihm der Vermieter dessen Kosten später bezahlen (AG Hamburg, Urteil vom 10.10.1996, 38 C 110/96). Anders entschied allerdings das LG München II, wonach die Kosten für die Beauftragung eines Detektivs nicht ersetzt werden (Urteil vom 25.8.2003, 12 T 4445/03).

Ist der Eigenbedarf des Vermieters nachträglich entfallen, muss der Vermieter substanziiert und plausibel darlegen und beweisen, warum dies der Fall und für ihn nicht vorhersehbar war. Kommt der Vermieter seiner besonderen Darlegungslast nicht nach, behauptet er zum Beispiel nur, die Person, für die Eigenbedarf geltend gemacht wurde, hätte es sich kurzfristig anders überlegt, ist die vorgeworfene Pflichtverletzung – hier: das Vortäuschen eines Eigenbedarfs – als unstreitig zu behandeln (BGH, Urteil vom 29.3.2017, VIII ZR 44/16).

Grundsätzlich muss der Mieter alle Tatsachen darlegen und beweisen, mit denen die Kündigungsgründe bestritten werden oder aus denen sich eine Rechtsmissbräuchlichkeit der Kündigung ergibt.

Der Mieter hat die Darlegungs- und Beweislast dafür, dass der Vermieter eine Alternativwohnung hat, die er ihm anbieten bzw. in die er einziehen kann. Dafür hat er auch ein berechtigtes Interesse zur Grundbucheinsicht (§ 12 GBO; LG Mannheim, Beschluss vom 22.1.1992, 6 T 26/91). Der Mieter hat einen Auskunftsanspruch gegenüber dem Vermieter, der auch mit einer selbstständigen Klage geltend gemacht werden kann.

Bei einer berechtigten Eigenbedarfskündigung ist der Mieter verpflichtet, sich um angemessenen Ersatzwohnraum zu kümmern. Dieses Bemühen, die tragbare Miete und ein Wohngeldanspruch sind vom Mieter darzulegen.

Der Mieter muss im Einzelnen auch seinen Schaden darlegen und beweisen.

3.9.2 Die Beweislast des Vermieters

Der Vermieter muss begründete Zweifel des Mieters an der Rechtmäßigkeit des Eigennutzungswunsches vollständig ausräumen, um den Schadensersatzanspruch des Mieters zurückweisen zu können.

Will der Vermieter erst nach Renovierungsarbeiten in die Wohnung einziehen, hindert dies den Eigenbedarf nicht. Allerdings kann das Gericht von einem vorgetäuschten Eigenbedarf ausgehen, wenn der Vermieter erst fünf Jahre nach der Kündigung in die Wohnung einzieht (BVerfG, Beschluss vom 26.9.2001, 1 BvR 1185/01).

Der Vermieter muss grundsätzlich darlegen und beweisen, dass die Kündigungsgründe bestehen und dass die Kündigung dem Mieter zugegangen ist (§ 130 Abs. 2 BGB).

Inhaltlich muss er darlegen und beweisen, dass die Kündigungsgründe stichhaltig sind und dass er eine vorhandene Alternativwohnung angeboten hat. Ebenso muss er beweisen, dass der Mieter das Angebot ausgeschlagen hat.

3.9.3 Umfassende Beweisaufnahme

Das Gericht muss ein konkretes und substanziiertes Bestreiten des geltend gemachten Eigenbedarfs durch den Mieter im Räumungsprozess umfassend würdigen. Auch wenn es nach Vernehmung von Zeugen den mit der Eigenbedarfskündigung geltend gemachten Nutzungswunsch des Vermieters für bewiesen erachtet, muss es noch die vom Mieter benannten Zeugen vernehmen und einen Vortrag, der den Eigenbedarf als nicht realisierbar darlegt, in seinem Kern würdigen. Andernfalls verletzt das Gericht den verfassungsrechtlichen Anspruch des Mieters auf rechtliches Gehör (BGH, Beschluss vom 16.3.2011, VIII ZR 338/09).

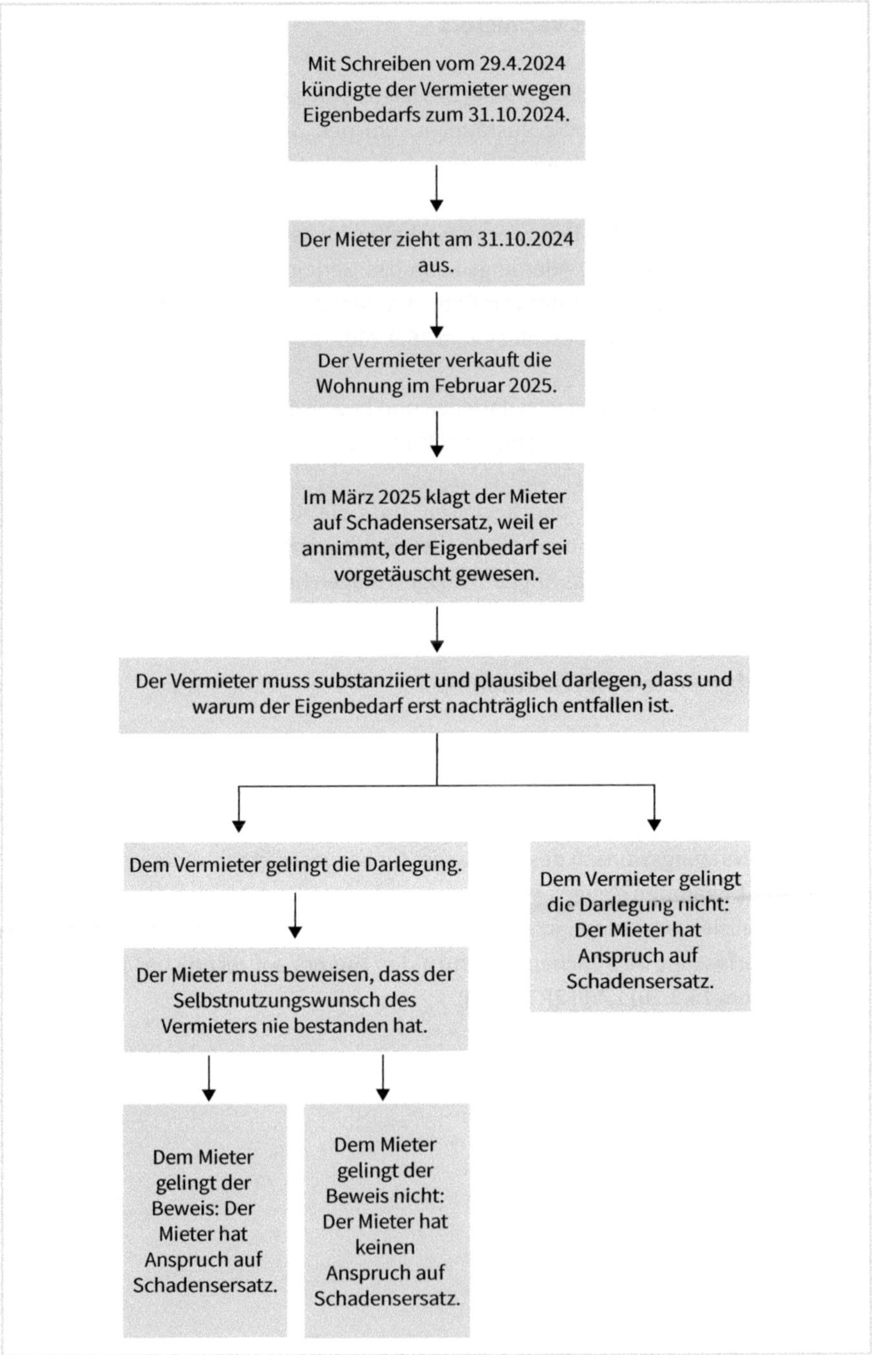

Abb. 5: Anspruch auf Schadensersatz

4 Wann wird der Mieter durch die Sozialklausel geschützt?

Erklärt der Vermieter rechtswirksam die ordentliche Kündigung wegen Eigenbedarfs, ist der Mieter nicht schutzlos: Er kann sich unter Umständen erfolgreich gegen die vom Vermieter erklärte Kündigung wehren und damit die Fortsetzung des Mietverhältnisses erreichen. Hierzu muss der Mieter gegen die Kündigung Widerspruch einlegen. Der Mieter kann der Kündigung des Vermieters widersprechen und die Fortsetzung des Mietverhältnisses verlangen, wenn die Beendigung des Mietverhältnisses für ihn, seine Familie oder für einen Angehörigen seines Haushalts eine Härte bedeuten würde und diese auch unter Würdigung der berechtigten Interessen des Vermieters nicht zu rechtfertigen ist (§ 574 BGB).

Nach Feststellung des Gerichts, dass die Eigenbedarfskündigung rechtswirksam ist, werden die Interessen der Parteien im jeweiligen Einzelfall gegeneinander abgewogen. Geht die Abwägung zugunsten des Mieters aus, kann das Gericht anordnen, dass das Mietverhältnis zeitlich befristet oder unbefristet fortgesetzt wird.

4.1 Anwendung der Sozialklausel

Widerspruch kann der Mieter gegen eine ordentliche oder außerordentliche Kündigung mit gesetzlicher Frist von Wohnraum einlegen. Die Möglichkeit des Widerspruchs nach § 574 BGB besteht auch innerhalb eines Untermietverhältnisses über Wohnraum zwischen Hauptmieter und Untermieter, aber nicht im Verhältnis Hauptvermieter und Untermieter.

Der Mieter hat kein Widerspruchsrecht bzw. die Sozialklausel ist nicht anwendbar, wenn ein Grund vorliegt, der den Vermieter zur außerordentlichen fristlosen Kündigung berechtigt. Dabei ist es nicht einmal erforderlich, dass der Vermieter die außerordentliche Kündigung erklärt hat. Es genügt, wenn dem Vermieter bei Zugang der ordentlichen Kündigung (auch) ein Recht zur fristlosen Kündigung zusteht (BGH, Urteil vom 1.7.2020, VIII ZR 323/18).

Bei Mietverhältnissen über Wohnraum, der gemäß § 549 Abs. 2 BGB vom Mieterschutz ausgenommen wurde, kann sich der Mieter ebenfalls nicht auf die Sozialklausel berufen. Das gilt für Wohnraum,

- der nur zum vorübergehenden Gebrauch vermietet ist,
- der Teil der vom Vermieter selbst bewohnten Wohnung ist und den der Vermieter überwiegend mit Einrichtungsgegenständen auszustatten hat, sofern der

Wohnraum dem Mieter nicht zum dauernden Gebrauch mit seiner Familie oder Personen überlassen ist, mit denen er einen auf Dauer angelegten gemeinsamen Haushalt führt,

- den eine juristische Person des öffentlichen Rechts oder ein anerkannter privater Träger der Wohlfahrtspflege angemietet hat, um ihn Personen mit dringendem Wohnbedarf zu überlassen.

Hinweis

Hat der Mieter selbst gekündigt, ist ein Widerspruch ausgeschlossen, ebenso bei Abschluss eines Mietaufhebungsvertrags.

Die Sozialklausel gilt auch nicht für Vertragsbeendigungen aufgrund Anfechtung oder Wegfall der Geschäftsgrundlage.

Für Zeitmietverträge im Sinne von § 575 Abs. 1 BGB gilt die Sozialklausel nur im Fall der außerordentlichen Kündigung mit gesetzlicher Frist. Hierbei ist die Beschränkung von § 575a Abs. 2 BGB zu beachten. Danach kann die Fortsetzung des Mietverhältnisses höchstens bis zum vertraglich bestimmten Zeitpunkt der Beendigung verlangt werden.

Das Widerspruchsrecht des Mieters ist zudem bei Werksmietwohnungen eingeschränkt (§ 576a BGB).

4.2 Form und Frist des Widerspruchs

Der Widerspruch des Mieters musste bisher schriftlich erklärt werden (§ 574b Abs. 1 BGB). Das Schriftformerfordernis wird grundsätzlich nicht durch E-Mail oder Fax gewahrt.

Nach §§ 126 Abs. 3, 126a BGB konnte der Widerspruch jedoch auch in elektronischer Form durch eine E-Mail erfolgen, sofern diese mit einer qualifizierten elektronischen Signatur nach dem Signaturgesetz versehen ist und der Aussteller der Erklärung seinen Namen hinzufügt.

Achtung

Der Bundestag verabschiedete das Vierte Bürokratieentlastungsgesetz (BEG IV) am 26.9.2024, auch der Bundesrat stimmte am 18.10.2024 zu. Es tritt größtenteils Anfang 2025 in Kraft. Das BEG IV beinhaltet über 60 spezifische Maßnahmen, die zum einen den bürokratischen Aufwand reduzieren und zum anderen das Wirtschaftswachstum fördern sollen. Einige Änderungen betreffen das Mietrecht. Dazu gehört die Absenkung des Schriftformerfordernisses auf die Textform beim Widerspruchsrecht des Mieters gegen eine ordentliche Kündigung des Vermieters, beispielsweise wegen Eigenbedarf (§ 574b BGB).

Die Neuregelung des § 574b Abs. 1 BGB bestimmt, dass der Widerspruch nicht mehr zwingend in Schriftform, sondern in Textform erfolgen kann. Ist durch Gesetz Textform vorgeschrieben, muss eine lesbare Erklärung, in der die Person des Erklärenden genannt ist, auf einem dauerhaften Datenträger abgegeben werden (§ 126b BGB). Damit können Mieter ihren Widerspruch zukünftig zum Beispiel auch per Telefax oder E-Mail einlegen. Es bedarf bei der Textform keiner eigenhändigen Unterschrift oder qualifizierten elektronischen Signatur.

Eine Begründung des Widerspruchs ist nicht vorgeschrieben. Auf Verlangen des Vermieters soll der Mieter jedoch über die Gründe unverzüglich, also ohne schuldhaftes Zögern, Auskunft geben (§ 574b Abs. 1 BGB). Kommt der Mieter dieser Aufforderung nicht nach, können ihm im Räumungsprozess, auch wenn die Räumungsklage des Vermieters wegen des Widerspruchs abgewiesen wurde oder der Vermieter zur Fortsetzung des Mietverhältnisses verurteilt wird, die Prozesskosten ganz oder teilweise auferlegt werden (§ 93b ZPO).

Der Widerspruch muss dem Vermieter grundsätzlich spätestens zwei Monate vor Beendigung des Mietverhältnisses zugehen. Andernfalls kann der Vermieter die Fortsetzung des Mietverhältnisses ohne Rücksicht auf die sachliche Begründetheit des Widerspruchs ablehnen.

Der Vermieter soll den Mieter auf die Möglichkeit, die Form und die Frist des Widerspruchs rechtzeitig, das heißt vor Ablauf der Frist, hinweisen (§ 568 Abs. 2 BGB).

Achtung

Hat der Vermieter den Mieter nicht rechtzeitig vor Ablauf der Widerspruchsfrist auf die Möglichkeit des Widerspruchs und dessen Form und Frist hingewiesen, können Mieter den Widerspruch noch im ersten Termin des Räumungsrechtsstreits erklären (§ 574b Abs. 2 BGB). Ist im Räumungsprozess gegen den Mieter ein Versäumnisurteil im schriftlichen Vorverfahren ohne mündliche Verhandlung ergangen, kann der Mieter den Widerspruch noch in der Verhandlung über den Einspruch erklären. Denn dies ist für den Mieter die erste mündliche Verhandlung (LG Düsseldorf, Urteil vom 10.4.1992, 21 S 596/89).

Tipp

Vermieter sollten ihren Mieter bereits im Kündigungsschreiben auf sein Widerspruchsrecht sowie dessen Form und Frist hinweisen.

Hat der Mieter der Kündigung nicht fristgerecht widersprochen, obwohl er im Kündigungsschreiben auf das Widerspruchsrecht hingewiesen wurde, kann er sich später im Räumungsprozess nicht mehr auf die Sozialklausel berufen. Die Beweislast für den rechtzeitigen Zugang des Widerspruchsschreibens beim Vermieter trägt der Mieter.

Hinweis

Im Räumungsprozess ist die Fristversäumnis des Mieters nicht von Amts wegen, sondern nur auf Einrede des Vermieters zu beachten.

4.3 Was unter einer Härte zu verstehen ist

Stellt die Beendigung des Mietverhältnisses für den Mieter, seine Familie oder einen anderen Angehörigen seines Haushalts eine besondere Härte dar, kann er der Kündigung widersprechen. Unter einer Härte sind alle Nachteile wirtschaftlicher, finanzieller, gesundheitlicher, familiärer oder persönlicher Art zu verstehen, die in Folge der Vertragsbeendigung auftreten können. Dabei muss der Eintritt der Nachteile nicht mit absoluter Sicherheit feststehen, es genügt, wenn solche Nachteile mit einiger Wahrscheinlichkeit zu erwarten sind (LG München I, Urteil vom 23.7.2014, 14 S 20700/13). Zur Familie des Mieters zählen der Ehegatte oder eingetragene Lebenspartner sowie Haushaltsangehörige, Verwandte und Verschwägerte.

Als Angehörige des Haushalts kommen zum Beispiel der Lebensgefährte des Mieters, dessen Kinder oder Pflegekinder in Betracht. Härtegründe in der Person von Haushaltsangehörigen, zum Beispiel der Mutter, sind im Rahmen der Interessenabwägung genauso beachtlich, wie wenn die Härtegründe in der Person des Mieters selbst lägen (LG München I, Urteil vom 23.7.2014, 14 S 20700/13).

Sind mehrere Personen Mieter, reicht es aus, wenn der Härtegrund bei einer Person vorliegt.

4.3.1 Ersatzwohnraum

§ 574 Abs. 2 BGB definiert ausdrücklich ein Beispiel für einen Härtegrund: Danach liegt eine Härte vor, wenn angemessener Ersatzwohnraum zu zumutbaren Bedingungen nicht beschafft werden kann. Es ist Sache des Mieters, alle erforderlichen und zumutbaren Maßnahmen zu ergreifen, um eine Ersatzwohnung zu finden. Die Verpflichtung zur Suche nach einer Ersatzwohnung beginnt grundsätzlich ab Zugang der Kündigung. Der Mieter muss sich ernsthaft, aber erfolglos um Ersatzwohnraum bemüht haben. Andernfalls kann er sich nicht auf fehlenden Ersatzwohnraum als Härtegrund berufen. Ob dieser Härtegrund greift, hängt in erster Linie von den konkreten Umständen des Einzelfalls ab.

Der Mieter darf seine Wohnungssuche nicht auf das bisherige Wohngebiet beschränken (LG Dessau-Roßlau, Beschluss vom 7.12.2016, 5 T 275/16; LG Hamburg, Urteil vom 9.1.2003, 307 S 118/02). Allerdings kann eine solche Anforderung im Einzelfall trotzdem gestellt werden, zum Beispiel weil der Mieter wegen Pflegebedürftigkeit auf die Hilfe der ebenfalls im Wohnbezirk lebenden sonstigen Verwandten angewiesen ist (LG München I, Urteil vom 12.4.1989, 14 S 20986/88).

Hinsichtlich ihrer Lage, Größe und Ausstattung muss die Ersatzwohnung gewissen Anforderungen entsprechen, wobei auch die bisherigen Lebensverhältnisse des Mieters zu berücksichtigen sind, zum Beispiel die Trennung von Schlaf- und Wohnraum oder die Möglichkeit der Aufnahme einer Pflegeperson beim älteren Mieter (OLG Karlsruhe, RE vom 3.7.1970, 1 RE-Miet 1/70). Der Mieter muss grundsätzlich keine wesentliche Verschlechterung seiner bisherigen Wohnverhältnisse hinnehmen.

Welche Bedingungen für den Mieter zumutbar sind, hängt auch von der wirtschaftlichen Leistungsfähigkeit des Mieters im Einzelfall ab. Hierbei ist zu berücksichtigen, ob der Mieter die Möglichkeit hat, Sozialhilfe oder Wohngeld zu beziehen. Der Mieter muss ggf. eine höhere Miete in Kauf nehmen, sofern dies unter Berücksichtigung des Familieneinkommens einschließlich eines eventuellen Anspruchs auf Wohngeld für ihn tragbar ist (LG Dessau-Roßlau, Beschluss vom 7.12.2016, 5 T 275/16; OLG Köln, Urteil vom 10.3.2003, 16 U 72/02).

Der Mieter muss sich nicht auf die Möglichkeit der Unterbringung in einem Senioren- oder Pflegeheim verweisen lassen. Etwas anderes kann ausnahmsweise dann gelten, wenn der Wunsch des Mieters, trotz fortgeschrittener Gebrechlichkeit und Pflegebedürftigkeit in der bisherigen Wohnung zu verbleiben, unrealistisch ist (BVerfG, Kammerbeschluss vom 27.1.1994, 1 BvR 2067/93).

Eine vom Vermieter angebotene Ersatzwohnung darf der Mieter nicht ablehnen, wenn die Räume angemessen und die Mietbedingungen zumutbar sind (LG Waldshut-Tiengen, Urteil vom 11.3.1993, 1 S 38/92). Gleiches gilt, wenn zwischen den Parteien Spannungen bestehen und der Mieter deshalb mit dem Vermieter kein neues Mietverhältnis eingehen will (OLG Karlsruhe, RE vom 3.7.1970, 1 RE-Miet 1/70). Etwas anderes kommt nur in Betracht, wenn der Mieter die Ersatzwohnung ablehnt, weil diese nicht den von ihm berechtigterweise gestellten Anforderungen genügt.

4.3.2 Was der Mieter nachweisen muss

Wendet der Mieter ein, dass er keinen angemessenen Ersatzwohnraum findet, muss er im Streitfall darlegen und beweisen, dass er ab Zugang der Kündigung alle erforderlichen und zumutbaren Schritte zur Erlangung einer Ersatzwohnung unternommen hat (LG Bonn, Urteil vom 17.6.1991, 6 S 27/91). Der Mieter muss hierbei substanziiert darlegen, welche Stadtteile in die Suche einbezogen wurden, wann die Anmietbemühungen aufgenommen wurden und warum die Anmietung der genannten Wohnungen nicht möglich bzw. nicht zumutbar war (LG Hamburg, Urteil vom 9.1.2003, 307 S 118/02). Auch sind vom Mieter unter Umständen die tragbare Miete und ein eventueller Wohngeldanspruch darzulegen (OLG Köln, Urteil vom 10.3.2003, 16 U 72/02).

Allgemeine Hinweise, etwa auf die angespannte Wohnungsmarktlage, genügen hierfür nicht. Auch durch die Anmeldung beim Wohnungsamt werden solche Bemühungen nicht ersetzt (LG Mannheim, Urteil vom 13.11.1991, 4 S 135/91). Erforderlich ist vielmehr in der Regel, dass der Mieter die regionalen Vermietungsangebote im Internet und der regionalen Presse verfolgt und mit den betreffenden Vermietern Kontakt aufnimmt. Dem Mieter ist auch der Einsatz von Geldmitteln in einem bei der Suche nach einer Wohnung üblichen Umfang zumutbar, zum Beispiel für Inserate oder Makler (LG Karlsruhe, Urteil vom 9.2.1990, 9 S 306/89).

4.3.3 Persönliche, wirtschaftliche und soziale Härtegründe

Hohes Alter

Allein das hohe Alter des Mieters und die lange Mietdauer mit der damit einhergehenden langjährigen Verwurzelung im bisherigen Umfeld begründen für sich genommen noch keine besondere Härte. Vielmehr sind im Rahmen einer Gesamtwürdigung die sich daraus ergebenden Folgen im Fall eines erzwungenen Wohnungswechsels zu berücksichtigen (BGH, Beschluss vom 15.3.2022, VIII ZR 81/20; BGH, Urteil vom 22.5.2019, VIII 180/18).

Verwurzelung in der Wohnumgebung

Entscheidend für das Vorliegen einer Härte ist bei älteren Mietparteien mit einer langen Wohndauer – unabhängig von weiteren Faktoren wie beispielsweise altersbedingten Krankheiten – eine Verwurzelung in der Wohnumgebung (vgl. zum Beispiel LG München I, Urteil vom 23.3.1988, 14 S 22703/87). Aus einem hohen Lebensalter im Zusammenspiel mit einer langen Wohndauer folgt ein Verwachsensein mit dem Wohnviertel und in der Regel eine Einbindung in das soziale Umfeld. Die Kenntnisse und die – wenn auch mit zunehmendem Alter in der Regel immer geringer werdenden – Kontakte im Wohnquartier stützen ältere Menschen. Die Vertrautheit der Wohngegend gibt einem älteren Menschen die gerade im fortschreitenden Alter immer notwendiger werdende Sicherheit zur Führung eines eigenständigen Lebens ohne Angewiesensein auf fremde Hilfe und beugt damit nachhaltig – insbesondere auch durch einen zwangsweisen Umzug verursachten – gesundheitlichen Beeinträchtigungen vor (LG Hamburg, Urteil vom 26.4.1991, 311 S 250/90).

Hat der Vermieter jedoch einen besonders gewichtigen Wohnbedarf, müssen die Interessen des hochbetagten, gebrechlichen, schwer erkrankten langjährigen Mieters am Fortbestand des Mietverhältnisses unter Umständen zurückstehen. Dies entschied das LG Frankfurt/Main für den Fall, dass der vom Vermieter gewünschte Umzug in die eigene Wohnung sich für die weitere Entwicklung seiner beiden Kinder als äußerst vorteilhaft darstellt. Trotz seines Alters und der erheblichen Leiden war der Mieter noch ausreichend mobil und orientiert, sodass ihm ein Umzug in ein geeignetes Wohnumfeld zumutbar war. Es war auch davon auszugehen, dass ein Umzug des Mieters nicht zu einer drastischen dauerhaften Verschlechterung seiner Lebenssituation bzw. einer akuten Gefährdung seiner Gesundheit oder gar seines Lebens führen würde (LG Frankfurt/Main, Urteil vom 23.8.2011, 2-11 S 110/11).

Krankheit

Eine schwere Erkrankung kann ebenfalls ein Härtegrund sein. Dies ist der Fall bei einem gesundheitlichen Zustand, der für sich genommen einen Umzug nicht zulässt, oder bei ernsthafter Gefahr einer erheblichen Verschlechterung der gesundheitlichen Situation des (schwer) erkrankten Mieters im Fall eines Wohnungswechsels. Dies gilt sowohl für körperliche als auch für geistige oder seelische Erkrankungen. Macht der Mieter für den Fall eines erzwungenen Wohnungswechsels substanziiert ihm drohende schwerwiegende Gesundheitsgefahren geltend, haben sich die Tatsacheninstanzen daher beim Fehlen eigener Sachkunde regelmäßig mittels sachverständiger Hilfe ein genaues Bild davon zu verschaffen, welche gesundheitlichen Folgen mit einem Umzug verbunden sind, insbesondere welchen Schweregrad zu erwartende Gesundheitsbeeinträchtigungen voraussichtlich erreichen werden und mit welcher Wahrscheinlichkeit dies eintreten kann (BGH, Beschluss vom 22.8.2022, VIII ZR 429/21).

Beruft sich der Wohnraummieter auf eine unzumutbare Härte, weil ein Umzug zu einer Verschlechterung seines Krankheitsbildes – hier: Multiple Sklerose – führen würde, ist darüber Beweis unter Einholung eines fachärztlichen (neurologischen) Gutachtens zu erheben (BGH, Beschluss vom 30.8.2022, VIII ZR 429/21).

Auch wenn eine Eigenbedarfskündigung berechtigt ist, kann beispielsweise ein Mieterwiderspruch wegen unzumutbarer Härte einem Räumungsanspruch entgegenstehen, wenn beide Mieter über 80 Jahre alt sind und die Mieterin zudem schwer krebskrank und sehbehindert ist. In diesen Fällen liegt eine Räumungsunfähigkeit vor, wenn der Mieter aufgrund seines körperlichen oder geistigen Zustands nicht in der Lage ist, eine Ersatzwohnung zu finden und dorthin umzuziehen, oder wenn der Gesundheitszustand oder die allgemeine Lebenssituation des Mieters durch den Umzug erheblich verschlechtert werden würde (BGH, Urteil vom 20.10.2004, VIII ZR 246/03). Gleiches haben die Gerichte entschieden bei der erheblichen Gefahr einer schweren und anhaltenden depressiven Störung eines 82-jährigen Mieters (LG Berlin, Urteil vom 8.7.2015, 65 S 281/14; vgl. zum Beispiel auch AG Berlin-Mitte, Urteil vom 7.6.2016, 116 C 190/15).

Keinen Härtegrund nahm das AG München an, soweit in einem ärztlichen Attest vorgetragen wird, aufgrund erhöhten Blutdrucks der Mieterin bestehe die Gefahr von Herzinfarkt und Schlaganfall, insbesondere durch den durch die Wohnungskündigung ausgelösten Stress und die existenzielle Bedrohung bis zum Auffinden einer Ersatzwohnung. Deshalb ergäbe sich eine gesundheitliche Gefährdung durch die Belastungen des Räumungsverfahrens sowie die Ungewissheit der Wohnungssuche. Dies reiche für die Annahme einer Härte, die gerade in der Beendigung des Mietverhältnisses liegen muss, nicht aus (AG München, Urteil vom 9.6.2021, 453 C 3432/21).

Sehschwäche des Ehegatten

Das Bestandsinteresse des Wohnungsmieters überwiegt das Erlangungsinteresse des wegen Eigenbedarfs kündigenden Vermieters nach Ansicht des KG Berlin jedenfalls dann, wenn das Mietverhältnis bereits seit über 30 Jahren besteht und der Ehegatte des Mieters 80 Jahre alt und fast blind ist, sodass er sich in einer neuen Umgebung nicht mehr zurechtfinden würde. Das Zusammentreffen des hohen Alters mit einer schweren körperlichen Beeinträchtigung rechtfertige diese Beurteilung (KG Berlin, Urteil vom 6.5.2004, 8 U 288/03).

Psychische Erkrankung

Befindet sich der Mieter in einer psychischen Ausnahmesituation, kann ein Härtegrund gegeben und eine Fortsetzung des Mietverhältnisses auf bestimmte Zeit geboten sein (LG München I, Urteil vom 9.8.1995, 14 S 5217/95).

Suizidgefahr

Auch die ernsthafte Gefahr eines Suizids des Mieters im Fall einer Verurteilung zur Räumung kann einen Härtegrund darstellen. Bei drohenden schwerwiegenden Gesundheitsgefahren oder Lebensgefahr des Mieters sind die Gerichte gehalten, sich ein genaues Bild davon zu verschaffen, welche gesundheitlichen Folgen im Einzelnen mit einem Umzug verbunden sind, insbesondere welchen Schweregrad zu erwartende Gesundheitsbeeinträchtigungen voraussichtlich erreichen werden und mit welcher Wahrscheinlichkeit dies eintreten kann. Diese Verpflichtung zu besonders sorgfältiger Nachprüfung des Parteivorbringens bei schwerwiegenden Eingriffen in das Recht auf Leben und körperliche Unversehrtheit folgt nicht zuletzt aus der grundrechtlichen Verbürgung in Art. 2 Abs. 2 GG. Das Gebot zum Schutz des Lebens und der körperlichen Unversehrtheit in Art. 2 Abs. 2 GG gilt unabhängig davon, ob der Unfähigkeit des Mieters, die Konfliktsituation angemessen zu bewältigen, Krankheitswert zukommt oder nicht. Die Schutzbedürftigkeit des Mieters entfällt auch nicht allein dadurch, dass er an der Behandlung seiner psychischen Erkrankung, aus der eine Suizidgefahr resultiert, nicht mitwirkt (BGH, Urteil vom 10.4.2024 – VIII ZR 114/22; BGH, Urteil vom 26.10.2022, VIII ZR 390/21).

Beispiel

Obwohl die Mieterin sowohl eine stationäre Therapie als auch die vom Vermieter angebotene Ersatzwohnung aufgrund der bei ihr bestehenden hohen Suizidgefahr abgelehnt hatte, bestätigte der BGH einen Härtegrund und die Fortsetzung des Mietverhältnisses auf unbestimmte Zeit (Urteil vom 26.10.2022, VIII ZR 390/21).

Der Fall: Die heute 80-jährige beklagte Mieterin bewohnt seit 1977 eine Zweizimmerwohnung in Köln. Der Vermieter kündigte das Mietverhältnis mit Schreiben vom 3.4.2017 wegen Eigenbedarfs. Als Begründung führte er an, dass er beabsichtige, diese barrierefreie Wohnung mit einer weiteren zusammenzulegen und mit seinem Lebensgefährten, der unter orthopädischen Problemen litt, als Altersruhesitz zu nutzen. Die Mieterin, die seit 2010 unter rezidivierender Depression litt, widersprach der Kündigung unter Berufung auf Suizidgefahr. Das Angebot des Vermieters, eine auf gleicher Etage liegende Alternativwohnung zu einer etwas niedrigeren Miete (356,73 EUR statt 388,58 EUR) anzumieten, lehnte sie ab.

Das Amtsgericht wies die Räumungsklage ab und bestimmte die Fortsetzung des Mietverhältnisses auf unbestimmte Zeit zu den im Mietvertrag vorgesehenen Bedingungen, jedoch unter Erhöhung der Nettokaltmiete. Auf die Berufung des Vermieters änderte das Landgericht das erstinstanzliche Urteil nur insoweit ab, als es die in dem auf unbestimmte Zeit fortgesetzten Mietverhältnis zu zahlende monatliche Nettokaltmiete noch weiter erhöhte. Der BGH wies die hiergegen gerichtete Revision zurück.

Das Mietverhältnis sei gemäß § 574a Abs. 2 Satz 2 BGB auf unbestimmte Zeit fortzusetzen. Sowohl bei der Feststellung des Vorliegens einer Härte als auch bei deren Gewichtung im Rahmen der Interessenabwägung zwischen den berechtigten Belangen des Mieters und denen des Vermieters sei im Einzelfall zu berücksichtigen, ob und inwieweit sich die mit einem Umzug einhergehenden Folgen durch die Unterstützung des Umfeldes des Mieters bzw. durch begleitende ärztliche und/oder therapeutische Behandlungen mindern lassen. Die Vorinstanzen hätten auf Grundlage eines Sachverständigengutachtens festgestellt, dass bei der Mieterin für den Fall der Räumung die Gefahr eines Suizids besteht. Die Ablehnung einer möglichen Therapie durch den suizidgefährdeten Mieter führe nicht grundsätzlich dazu, dass das Vorliegen einer Härte abzulehnen oder bei der Interessenabwägung den Interessen des Vermieters der Vorrang einzuräumen wäre. Vielmehr sei dieser Umstand im Rahmen der umfassenden Würdigung der Gesamtumstände des Einzelfalls zu berücksichtigen, bei der auch die Gründe für die Ablehnung, etwa eine krankheitsbedingt fehlende Einsichtsfähigkeit in eine Therapiebedürftigkeit, sowie die Erfolgsaussichten einer Therapie zu bewerten sind. Wenn der suizidgefährdete Mieter krankheitsbedingt nicht in der Lage sei, eine stationäre Therapie durchzuführen, was ihm – wegen der Krankheitsbedingtheit – auch nicht vorgeworfen oder nachteilig zur Last gelegt werden kann, und andere dem Grunde nach seinem Krankheitsbild mögliche Therapien nicht ersichtlich sind, könne eine Fortsetzung des Mietverhältnisses auf unbestimmte Zeit nach § 574a Abs. 2 Satz 2 BGB ausgesprochen werden.

Das Angebot einer Ersatzwohnung durch den Vermieter und dessen Ablehnung durch den Mieter sowie die Gründe hierfür seien ebenfalls einzelfallbezogen sowohl bei der Beurteilung, ob eine Härte vorliegt, als auch bei der Interessenabwägung zu berücksichtigen. Nach den Feststellungen der Vorinstanzen wäre die beklagte Mieterin aufgrund ihrer krankhaften Fixierung auf die streitgegenständliche Wohnung nicht in der Lage gewesen, die angebotene Alternativwohnung anzunehmen.

Aidserkrankung des Lebensgefährten

Die Aidserkrankung des Lebensgefährten eines Mieters bei Beendigung des Mietverhältnisses kann einen Härtegrund darstellen (LG Hamburg, Urteil vom 19.12.1996, 333 S 56/95).

Körperlicher und seelischer Schwächezustand

Der körperliche und seelische Schwächezustand des alten Mieters, der nachbarschaftliche Hilfeleistung und regelmäßige ärztliche Betreuung erfordert, kann eine Härte bedeuten (LG Stuttgart, Urteil vom 10.6.1992, 5 S 48/92).

Körperliche oder geistige Behinderung

Einem körperlich oder geistig behinderten Mieter kann häufig ein Umzug nicht zugemutet werden. Besteht eine mehrfache körperliche und geistige Behinderung und ist im Fall eines Umzugs mit einer signifikanten Verschlechterung des Gesundheitszustands zu rechnen, kann dies eine unzumutbare Härte darstellen (LG Lübeck, Urteil vom 21.11.2014, 1 S 43/14).

Autismus

Autismus eines Angehörigen des Mieters kann einen Härtegrund bedeuten (LG Aachen, Urteil vom 28.9.2005, 7 S 66/05).

Kündigung trotz Parkausweis

Der Einwand des Mieters, er sei auf die Wohnung wegen seines dort in der Nähe geltenden Parkausweises angewiesen, stellt keinen Härtegrund dar, denn ein Parkausweis könnte bei Umzug auch für eine andere Wohnung beantragt werden. Der Mieter, der aufgrund einer Hüft-OP auf ein Auto angewiesen ist, war der Ansicht, dass er auf das streitgegenständliche Zimmer angewiesen sei, da er dort einen Parkausweis für sein

Auto habe und auch das Auto auf diese Adresse angemeldet sei (AG München, Urteil vom 12.1.2018, 433 C 20391/17).

Bevorstehendes Examen

Ist der Mieter gerade zum Zeitpunkt der Beendigung des Mietverhältnisses sehr stark belastet, kann dies dazu führen, dass er wegen eines Härtegrundes in der Wohnung bleiben kann. Das gilt etwa dann, wenn es sich bei dem Mieter um einen Studenten handelt, der kurz vor dem Examen steht und seine Diplomarbeit fertigt (LG Aachen, Urteil vom 27.2.1985, 7 S 182/84).

Schulwechsel

Gleiches gilt, wenn den Kindern des Mieters durch einen Umzug große schulische Probleme wegen eines Schulwechsels entstehen würden (vgl. AG Dortmund, Urteil vom 7.10.2003, 125 C 6414/03).

Für den 16 Jahre alten Sohn des Mieters stellt die umzugsbedingte Notwendigkeit, die Schule nunmehr mithilfe öffentlicher Verkehrsmittel aufsuchen zu müssen, keine unzumutbare Härte dar (LG Hamburg, Urteil vom 3.4.1998, 311 S 225/97).

Zwischenumzug

Müsste der Mieter einen Zwischenumzug in Kauf nehmen, weil er bereits eine andere Wohnung in Aussicht hat, kann dies als besondere Härte gewertet werden. Kann der Ersatzwohnraum aber erst ein bis zwei Jahre nach Beendigung des Mietverhältnisses bezogen werden, ist ein Zwischenumzug zumutbar (AG Tübingen, Urteil vom 22.4.1985, 8 C 203/85).

Erwirbt der Mieter nach der Eigenbedarfskündigung eine noch im Bau befindliche Eigentumswohnung, rechtfertigt die durch einen Zwischenumzug bis zur Fertigstellung der Eigentumswohnung entstehende Härte eine Abwägung mit den Interessen des Vermieters am Freiwerden der Mietwohnung (LG Stuttgart, Urteil vom 22.8.1990, 5 S 441/89).

Zur Vermeidung eines doppelten Umzugs kommt eine Verlängerung des Mietverhältnisses aus Härtegründen auf unbestimmte Zeit in Betracht, wenn der Mieter in ein Seniorenwohnheim umzuziehen beabsichtigt, ein gewünschtes Appartement dort aber in absehbarer Zeit trotz eines bereits vier Jahre zuvor vereinbarten Anwartschaftsvertrags nicht zur Verfügung gestellt werden kann (LG Köln, Urteil vom 18.7.1996, 6 S 474/95).

Schwangerschaft

Steht die Mieterin oder eine Familienangehörige kurz vor der Niederkunft, kann dies als Härtegrund wegen der allgemeinen physischen und psychischen Belastungen gelten. Ein Härtefall, der eine befristete Verlängerung des Mietverhältnisses trotz berechtigten Eigenbedarfs des Vermieters rechtfertigt, liegt vor, wenn die Entbindung der Ehefrau des Mieters unmittelbar bevorsteht, sodass ein Umzug mit einem Kleinkind nicht zumutbar ist und bei der vom Mieter nachgewiesenen intensiven Ersatzwohnraumsuche damit zu rechnen ist, dass er innerhalb von einigen Monaten nach der Geburt eine neue Wohnung findet (LG Stuttgart, Urteil vom 6.12.1990, 16 S 378/90).

Finanzielle Investitionen des Mieters in die Wohnung

Eine Härte kann auch anzunehmen sein, wenn der Mieter viel Geld in die Wohnung investiert hat und er auf eine lange, vom Vermieter zugesicherte Mietzeit vertrauen durfte. Hat der Mieter mit dem ausdrücklichen oder stillschweigenden Einverständnis des Vermieters wirtschaftliche Aufwendungen für die Erhaltung und Verbesserung der Mietsache geleistet, zu denen er vertraglich nicht verpflichtet war, so kann die vertragsgemäße Beendigung des Mietverhältnisses eine nicht zu rechtfertigende Härte bedeuten, wenn

- der Mieter wegen besonderer Umstände mit einer frühen Kündigung des Mietverhältnisses nicht zu rechnen hatte und
- darüber hinaus die Aufwendungen erheblich sind,
- für einen Teil davon beim Auszug kein Ersatz verlangt werden kann und
- die Aufwendungen durch die Mietzeit auch noch nicht abgewohnt sind,

sodass es im Ergebnis zu einem wesentlichen finanziellen Verlust des Mieters kommen würde (OLG Karlsruhe, RE vom 31.3.1971, 1 Re-Miet 2/70).

Die Gerichte gehen in der Regel nur dann von einer besonderen Härte für den Mieter aus, wenn mehrere Härtegründe gleichzeitig vorliegen.

Hinweis

Der Mieter muss die Härtegründe substanziiert darlegen und ggf. beweisen (LG Berlin, Urteil vom 7.5.2015, 67 S 117/14; AG Bremen, Urteil vom 27.7.2012, 16 C 0431/09).

4.4 Interessenabwägung

Ob die Härtegründe des Mieters greifen, also dazu führen, dass er in der Wohnung bleiben kann, hängt auch von den berechtigten Interessen des Vermieters ab. Das Gericht wägt das Interesse des Vermieters an der Beendigung des Mietverhältnisses und das Interesse des Mieters an der Fortsetzung des Mietverhältnisses gegeneinander ab. Bei der Interessenabwägung wird gefragt, welche Auswirkungen eine Vertragsbeendigung für den Mieter hat und wie sich eine Vertragsfortsetzung auf den Vermieter auswirkt. Auf Vermieterseite werden bei der Abwägung nur berechtigte Interessen im Sinne von § 573 BGB berücksichtigt, soweit der Vermieter diese im Kündigungsschreiben angegeben hat, oder solche Gründe, die nachträglich entstanden sind (§ 573 Abs. 3 BGB). Auf Mieterseite werden die vom Mieter vorgebrachten Härtegründe berücksichtigt.

Die Interessenabwägung erfolgt allerdings erst nach dem Widerspruch des Mieters und nicht bereits bei der Prüfung des berechtigten Interesses des Vermieters an der Beendigung des Mietverhältnisses. Denn § 573 BGB stellt ausdrücklich auf die alleinigen Interessen des Vermieters ab.

Macht ein Mieter geltend, dass er aus gesundheitlichen Gründen nicht umziehen könne, müssen sich die Gerichte bei Fehlen eigener Sachkunde mittels sachverständiger Hilfe ein genaues und nicht nur oberflächliches Bild davon verschaffen, welche gesundheitlichen Folgen im Einzelnen für den Mieter mit einem Umzug verbunden sind, insbesondere welchen Schweregrad zu erwartende Gesundheitsbeeinträchtigungen erreichen können und mit welcher Wahrscheinlichkeit dies eintreten wird (BGH, Urteil vom 15.3.2017, VIII ZR 270/15).

Die Interessen des Mieters an der Erhaltung seiner Gesundheit haben im Allgemeinen Vorrang vor allgemeinen Finanzinteressen des Vermieters (LG München I, Urteil vom 23.7.2014, 14 S 20700/13). Umgekehrt kann der Wunsch des Vermieters, in die eigene Wohnung zu ziehen, höher bewertet werden als die allgemeinen Finanzinteressen des Mieters.

Stellen sich die berechtigten Interessen beider Seiten, die im Rahmen der Anwendung der Sozialklausel zu würdigen sind, als gleichrangig dar, geht das Interesse des Vermieters an der Räumung dem Mieterinteresse vor. Der entscheidende Gesichtspunkt dafür, bei Gleichheit der beiderseitigen Interessen dem Vermieter den Vorrang zu geben, liegt letztlich in dem verfassungsmäßig garantierten Schutz des Eigentums begründet, das in unzulässiger Weise ausgehöhlt würde, wollte man dem Gesichtspunkt der Sozialpflichtigkeit eine größere Bedeutung einräumen als den Eigentumsrechten selbst (LG Hannover, Urteil vom 5.9.1991, 16 S 180/91).

Achtung

Die Kündigung des Vermieters muss rechtswirksam sein. Eine unwirksame Kündigung beendet das Mietverhältnis nicht. In diesem Fall findet keine Interessenabwägung im Rahmen des Mieterwiderspruchs statt. Eine Räumungsklage hat hier schon wegen Unwirksamkeit der Kündigung keine Aussicht auf Erfolg.

Gerichte müssen Härtefälle sorgfältig prüfen

Der BGH hat in neuen Entscheidungen seine Rechtsprechung zu der Frage präzisiert, wann ein Mieter nach einer ordentlichen Kündigung die Fortsetzung des Mietverhältnisses wegen unzumutbarer Härte verlangen kann (BGH, Urteile vom 22.5.2019, VIII ZR 180/18 und VIII ZR 167/17; BGH, Beschluss vom 22.8.2022, VIII ZR 429/21).

Im einen Fall (VIII ZR 180/18) entschied der BGH zugunsten eines Familienvaters, der für seine Berliner Wohnung Eigenbedarf angemeldet hatte. Im Jahr 2015 erwarb der Vermieter, der bislang mit seiner Ehefrau und seinen Kindern ebenfalls zur Miete in einer 57 m^2 großen Zweizimmerwohnung lebte, die etwa 37 m^2 große Wohnung und erklärte kurze Zeit später die Kündigung des Mietverhältnisses, da er diese Wohnung nunmehr mit seiner Familie selbst nutzen wolle. Langfristig sei geplant, diese Wohnung mit der benachbarten Wohnung (circa 65 m^2) zu verbinden, die der Vermieter ebenfalls erworben und bei der er das dort bestehende Mietverhältnis bereits gekündigt hatte. Die 80 Jahre alte Mieterin sollte nach 45 Jahren Mietdauer ausziehen – trotz ihres hohen Alters und ihrer Demenzerkrankung.

Im zweiten Fall (VIII ZR 167/17) war die Revision von zwei Mietern einer Doppelhaushälfte erfolgreich. Die Eigentümerin wollte mit ihrem Freund dort einziehen – ursprünglich, um die in der Nähe des Anwesens wohnende pflegebedürftige Großmutter besser unterstützen zu können, die aber in der Zwischenzeit gestorben war. Die Mieter beriefen sich darauf, dass ein Umzug aus gesundheitlichen Gründen unzumutbar sei.

Der BGH hat in diesen beiden Fällen das Berufungsurteil aufgehoben und die Sache an eine andere Kammer des Berufungsgerichts zur weiteren Sachaufklärung zurückverwiesen, insbesondere zum Bestehen von Härtegründen. Da sowohl aufseiten des Vermieters wie auch aufseiten des Mieters grundrechtlich geschützte Belange (Eigentum, Gesundheit) betroffen sind, seien eine umfassende Sachverhaltsaufklärung sowie eine besonders sorgfältige Abwägung bei der Härtefallprüfung erforderlich.

Allgemeine Fallgruppen, etwa ein bestimmtes Alter des Mieters oder eine bestimmte Mietdauer, in denen generell die Interessen einer Partei überwiegen, lassen sich nicht bilden. So werden sich etwa die Faktoren Alter und lange Mietdauer mit einer damit einhergehenden Verwurzelung im bisherigen Umfeld je nach Persönlichkeit und körperlicher sowie psychischer Verfassung des Mieters unterschiedlich stark auswirken und rechtfertigen deshalb ohne weitere Feststellungen zu den sich daraus ergebenden Folgen im Fall eines erzwungenen Wohnungswechsels grundsätzlich nicht die Annahme einer Härte.

Werden vom Mieter für den Fall eines erzwungenen Umzugs ihm drohende schwerwiegende Gesundheitsgefahren geltend gemacht, müssen sich die Gerichte – wie der BGH bereits mit Urteil vom 15.3.2017 (VIII ZR 270/15) aussprach – beim Fehlen eigener

Sachkunde regelmäßig mittels sachverständiger Hilfe ein genaues und nicht nur an der Oberfläche haftendes Bild davon verschaffen, welche gesundheitlichen Folgen im Einzelnen mit einem Umzug verbunden sind, insbesondere welchen Schweregrad zu erwartende Gesundheitsbeeinträchtigungen voraussichtlich erreichen werden und mit welcher Wahrscheinlichkeit dies eintreten kann.

Diese Rechtsprechung hat der BGH nunmehr dahingehend präzisiert, dass ein Sachverständigengutachten regelmäßig von Amts wegen einzuholen sein wird, wenn der Mieter eine Verschlechterung seines Gesundheitszustands im Fall eines Umzugs durch ärztliches Attest belegt hat. Auf diese Weise ist zu klären, an welchen Erkrankungen der betroffene Mieter konkret leidet und wie sich diese auf seine Lebensweise und Autonomie sowie auf seine psychische und physische Verfassung auswirken. Dabei ist auch von Bedeutung, ob und inwieweit sich die mit einem Umzug einhergehenden Folgen mittels Unterstützung durch das Umfeld bzw. durch begleitende ärztliche und/oder therapeutische Behandlungen mindern lassen. Nur eine solche Aufklärung versetzt die Gerichte in die Lage, eine angemessene Abwägung bei der Härtefallprüfung vorzunehmen.

Angekaufter Eigenbedarf ist gleichrangig

Der Käufer einer Wohnung kann nach seiner Eintragung im Grundbuch eine Kündigung wegen Eigenbedarfs aussprechen, wenn er die Wohnung für sich oder seine Angehörigen benötigt. In diesem Fall ist der Mieter nicht schutzwürdiger, weil der Vermieter den Kündigungsgrund des Eigenbedarfs durch den Erwerb der vermieteten Wohnung selbst verursacht hat, als bei einem vom ursprünglichen Vermieter geltend gemachten Eigenbedarf.

Eine Gesetzesauslegung, die dem Eigentümer das Kündigungsrecht allein deshalb versagt, weil er den Bedarfsgrund willentlich herbeigeführt hat, würde die durch Art. 14 Abs. 1 GG garantierte Befugnis des Eigentümers missachten, sein Leben unter Nutzung seines Eigentums nach seinen Vorstellungen einzurichten, stellte der BGH klar. Denn wer finanzielle Mittel – oft nach längerer Ansparung und/oder unter Aufnahme von Krediten – dazu verwende, eine Eigentumswohnung zu erwerben, um in dieser selbst zu wohnen, gestalte sein Leben selbst dann vernünftig und nachvollziehbar, wenn er sich hierzu allein deswegen entschließt, um schlichtweg »Herr seiner eigenen vier Wände« zu sein. Erst recht hat dies zu gelten, wenn der Ankauf erfolgte, um eine Verbesserung der Wohnverhältnisse zu erreichen (BGH, Urteil vom 22.5.2019, VIII ZR 180/18).

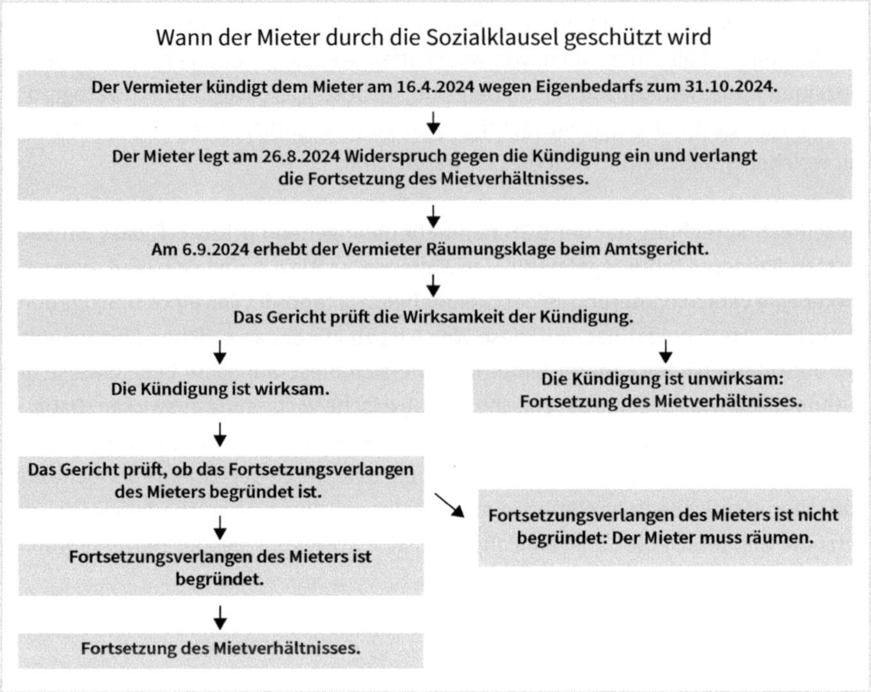

Abb. 6: Schutz des Mieters durch die Sozialklausel

4.5 Fortsetzung des Mietverhältnisses nach einem Widerspruch

Im Fall des Widerspruchs kann der Mieter verlangen, dass das Mietverhältnis so lange fortgesetzt wird, wie dies unter Berücksichtigung aller Umstände angemessen ist. Ist dem Vermieter nicht zuzumuten, das Mietverhältnis zu den bisherigen Vertragsbedingungen fortzusetzen, so kann der Mieter nur verlangen, dass es unter einer angemessenen Änderung der Bedingungen fortgesetzt wird. Kommt nach dem Widerspruch des Mieters keine Einigung mit dem Vermieter zustande, muss das Gericht durch Urteil entscheiden. Gelangt das Gericht zu der Meinung, dass das Mietverhältnis fortzusetzen ist, entscheidet es gleichzeitig über die Dauer der Fortsetzung und die Bedingungen dafür (§ 308a ZPO).

Der Richter wird in der Regel eine Fortsetzung des Mietverhältnisses nur für einen bestimmten Zeitabschnitt anordnen, also einen Zeitpunkt bestimmen, in dem der Härtegrund für den Mieter wegfällt, zum Beispiel bei Examen oder Schwangerschaft. Das LG München I entschied zum Beispiel, das Mietverhältnis auf bestimmte Zeit fortzusetzen, wenn die Erkrankung einer 72-jährigen Mieterin medizinisch beherrschbar ist, sodass ihr bei erfolgter Besserung des Gesundheitszustands am Ende des Fortsetzungszeitraums eine örtliche Veränderung zumutbar ist (Urteil vom 27.3.1996, 14 S 21806/95).

Eine Fortsetzung des Mietverhältnisses auf unbestimmte Zeit kommt nur dann ausnahmsweise in Betracht, wenn ungewiss ist, wann voraussichtlich die Umstände wegfallen, aufgrund derer die Beendigung des Mietverhältnisses eine Härte bedeutet (§ 574a Abs. 2 BGB). Eine Verlängerung des Mietverhältnisses auf unbestimmte Zeit kommt beispielsweise infrage, wenn bei älteren Mietern mehrere Härtegründe zusammenfallen. Dies wurde für den Fall entschieden, in dem eine 74-jährige Mieterin, die schon 30 Jahre in der Wohnung lebte und ihren Lebensmittelpunkt verloren hätte, falls der Eigenbedarf einer jungen Familie realisiert worden wäre (LG Hamburg, Urteil vom 18.5.1995, 333 S 156/94). Die Fortdauer des Mietverhältnisses auf unbestimmte Zeit ordnete zum Beispiel auch das LG Essen zugunsten einer 89 Jahre alten, zu 80% schwerbehinderten und auf tägliche häusliche Pflege angewiesenen Mieterin an, die seit über 20 Jahren in der Mietwohnung lebte und insoweit im Wohnviertel verwurzelt war (LG Essen, Urteil vom 23.3.1999, 15 S 448/98).

Ist dem Vermieter nicht zuzumuten, das Mietverhältnis unverändert fortzusetzen, kann das Gericht eine angemessene Änderung der Vertragsbedingungen festsetzen. Veränderungen sind zum Beispiel bezüglich der Miethöhe oder des Mietgegenstands, zum Beispiel Herausgabe der Garage, möglich.

4.6 Wiederholte Vertragsfortsetzung

Das Widerspruchsrecht des Mieters kann unter Umständen mehrfach hintereinander zur Anwendung kommen. Unter den Vorgaben des § 574c BGB kann der Mieter eine weitere Fortsetzung des Mietverhältnisses allerdings nur bei Eintritt unvorhergesehener Umstände verlangen.

Wurde das Mietverhältnis durch Urteil auf unbestimmte Zeit fortgesetzt, ist eine erneute ordentliche Kündigung des Vermieters zwar grundsätzlich möglich. Diese hat jedoch nur dann Erfolgsaussichten, wenn sich die Gründe, die für die erste Fortsetzung bestimmend gewesen waren, verändert haben, wobei unerhebliche Änderungen außer Betracht bleiben. Widerspricht der Mieter der Kündigung, muss der Vermieter beweisen, dass sich die auf Mieterseite vorgebrachten Härtegründe, die zur Verlängerung des Mietverhältnisses auf unbestimmte Zeit führten, verändert haben. Gelingt ihm der Beweis, erfolgt eine erneute Interessenabwägung (§ 574c Abs. 2 BGB).

Wurde das Mietverhältnis durch Einigung oder Urteil auf bestimmte Zeit fortgesetzt, kann der Mieter dessen weitere Fortsetzung unter Berufung auf die Härteklausel nur dann verlangen, wenn dies durch eine wesentliche Änderung der Umstände gerechtfertigt ist. Gleiches gilt, wenn Umstände nicht eingetreten sind, deren vorgesehener Eintritt für die Zeitdauer der Fortsetzung bestimmend gewesen waren (§ 574c Abs. 1 BGB). Das bedeutet, es müssen andere Umstände als diejenigen vorliegen, die für die erste Verlängerung berücksichtigt wurden, zum Beispiel wenn sich der Termin für den geplanten Umzug aus Gründen, die der Mieter nicht zu vertreten hat, verzögert.

Die ordentliche Kündigung des Vermieters ist während der befristeten Dauer der Fortsetzung des Mietverhältnisses ausgeschlossen, nicht jedoch die außerordentliche Kündigung.

4.7 Unabdingbares Recht

Das Widerspruchsrecht des Mieters kann nicht durch Vertrag eingeschränkt oder ausgeschlossen werden.

5 Erleichterte Kündigungsmöglichkeiten

In einigen Fällen hat der Vermieter besondere Kündigungsrechte.

5.1 Selbst bewohntes Zweifamilienhaus

Der Vermieter kann ein Mietverhältnis über eine Wohnung in einem von ihm selbst bewohnten Zweifamilienhaus (Einliegerwohnung) ordentlich kündigen, ohne dass ein berechtigtes Interesse vorliegen muss (§ 573a Abs. 1 BGB). Eigenbedarf muss in diesem Fall also nicht bestehen und somit auch nicht begründet werden.

Bei mehreren Vermietern reicht es aus, wenn ein Vermieter selbst in dem Gebäude wohnt. Der Vermieter muss nicht bereits bei Abschluss des Mietvertrags in dem Haus gewohnt haben, es genügt, wenn er im Zeitpunkt des Zugangs der Kündigung dort wohnt (BayObLG, RE vom 31.1.1991, RE-Miet 3/90).

Nicht mehr als zwei Wohnungen
Die Kündigung ist nur zulässig, wenn sich im Gebäude nicht mehr als zwei Wohnungen befinden. Unter einer Wohnung wird ein selbstständiger, räumlich und wirtschaftlich abgegrenzter Bereich verstanden, der eine eigenständige Haushaltsführung ermöglicht. Für die Beurteilung, ob in einem Gebäude mehr als zwei Wohnungen vorhanden sind, ist – ungeachtet einer etwaigen abweichenden baurechtlichen Einordnung – die Verkehrsanschauung maßgebend (vgl. BGH, Urteil vom 17.11.2010, VIII ZR 90/10). Da eine eigenständige Haushaltsführung gemeinhin voraussetzt, dass eine Küche oder eine Kochgelegenheit vorhanden ist, müssen die dafür erforderlichen Versorgungsanschlüsse (Wasser, Abwasser, Strom) bereitstehen. Hingegen ist nicht erforderlich, dass die Küche mit Möbeln und Geräten ausgestattet ist (BGH, Urteil vom 18.2.2015, VIII ZR 127/14).

Ein Wohnhaus, in dem sich neben je einer Wohnung im Erdgeschoss und im Obergeschoss eine selbstständig als Wohnung nutzbare Einliegerwohnung im Untergeschoss befindet, ist auch dann kein »Gebäude mit nicht mehr als zwei Wohnungen« im Sinne von § 573a Abs. 1 BGB, wenn der Vermieter neben der Erdgeschosswohnung auch die Einliegerwohnung nutzt (BGH, Urteil vom 17.11.2010, VIII ZR 90/10).

Zusätzliche andere Räume im Gebäude
Durch den Umstand, dass sich zusätzlich zu zwei Wohnungen Gewerbe- und andere Räume im Haus befinden, wird die Anwendbarkeit der Vorschrift nicht ausgeschlossen (BGH, Urteil vom 25.6.2008, VIII ZR 307/07). Dem Sonderkündigungsrecht steht nicht entgegen, dass in einem vom Vermieter selbst bewohnten Gebäude mit nicht mehr als

zwei Wohnungen weitere Räume vorhanden sind, die sich für eine Nutzung als (dritte) Wohnung eignen und früher auch als Wohnung genutzt wurden, wenn diese weiteren Räume schon bei Abschluss des Mietvertrags, für dessen Kündigung der Vermieter das Sonderkündigungsrecht in Anspruch nimmt, als gewerbliche Räume genutzt wurden (BGH, Urteil vom 25.6.2008, VIII ZR 307/07). Beginnt die gewerbliche Nutzung dieser weiteren Räume dagegen erst nach Abschluss des Mietvertrags, ist das Sonderkündigungsrecht ausgeschlossen (BGH, Urteil vom 18.2.2015, VIII ZR 127/14).

Zimmer in der Wohnung des Vermieters

Das erleichterte Kündigungsrecht hat der Vermieter auch dann, wenn er Wohnraum innerhalb der von ihm selbst bewohnten Wohnung kündigen will, sofern es sich nicht um möblierten Wohnraum handelt, der bereits nach § 549 Abs. 2 Nr. 2 BGB vom Mieterschutz ausgenommen ist.

Kündigungsfrist verlängert sich

Die Kündigungsfrist verlängert sich beim erleichterten Kündigungsrecht um drei Monate gegenüber den normalen Kündigungsfristen nach § 573c Abs. 1 BGB. Bei der erleichterten Kündigung ist im Kündigungsschreiben ausdrücklich anzugeben, dass die Kündigung auf die Voraussetzungen des § 573a Abs. 1 oder Abs. 2 BGB gestützt wird.

Achtung

Der Mieter kann sich auch bei der erleichterten Kündigung nach § 573a BGB auf die Sozialklausel berufen.

DIGITALE EXTRAS

MUSTER: KÜNDIGUNG IM ZWEIFAMILIENHAUS NACH § 573A BGB

Franz Müller (Vermieter)
Eva Müller (Vermieterin)
Meierstraße 3
80100 München

Per Boten an
Ernst Meier (Mieter)
Christine Meier (Mieterin)
Meierstraße 3
80100 München

München, den 10.9.2025

Mietverhältnis Meierstraße 3 in 80100 München
Kündigung im Zweifamilienhaus

Sehr geehrte Frau Meier, sehr geehrter Herr Meier,

mit Mietvertrag vom 14.3.2023 haben Sie die Wohnung im Dachgeschoss des Zweifamilienhauses Meierstraße 3 in München gemietet. Wir bewohnen selbst die Wohnung im Erdgeschoss. Nach § 573a Abs. 1 BGB kann der Vermieter eine Wohnung in einem vom Vermieter selbst bewohnten Gebäude mit nicht mehr als zwei Wohnungen kündigen, ohne dass es eines berechtigten Interesses bedarf.

Hiermit kündigen wir das Mietverhältnis über die Wohnung Meierstraße 3 in München unter Einhaltung der verlängerten Kündigungsfrist von sechs Monaten zum

31.3.2026.

Wir stützen die Kündigung ausdrücklich auf das erleichterte Kündigungsrecht im Zweifamilienhaus nach § 573a Abs. 1 BGB.

Für den Fall, dass Sie Widerspruch nach § 574 BGB gegen die Kündigung einlegen, führen wir bereits jetzt Folgendes aus:

Sie stellen Ihr Fahrrad täglich im Hausflur ab, sodass der Abgang zum Keller versperrt ist. Zudem kommen Sie Ihrer vertraglichen Verpflichtung zur wöchentlichen Treppenreinigung nicht nach. Wegen dieser Verstöße gegen Ihre Mieterpflichten haben wir Sie mit Schreiben vom 17.7.2025 sowie 15.8.2025 abgemahnt. Trotzdem haben Sie Ihr Verhalten nicht geändert. Somit haben wir auch berechtigte Interessen, die einer Fortsetzung des Mietverhältnisses entgegenstehen.

Entsprechend der gesetzlichen Belehrungspflicht weisen wir Sie darauf hin, dass Sie der Kündigung gemäß § 574 BGB widersprechen können. Der Widerspruch muss schriftlich erfolgen und spätestens zwei Monate vor Ablauf der Kündigungsfrist bei uns eingegangen sein.

Bereits jetzt widersprechen wir einer stillschweigenden Verlängerung des Mietverhältnisses im Sinne von § 545 BGB über den 31.3.2026 hinaus.

Freundliche Grüße
Eva Müller und Franz Müller

5.2 Mietverhältnisse, bei denen der Mieter nicht vor einer Eigenbedarfskündigung geschützt ist

Kein Kündigungsschutz besteht für folgende Mietverhältnisse:

- bei Wohnraum, der nur zum vorübergehenden Gebrauch vermietet ist (§ 549 Abs. 2 Nr. 1 BGB),
- bei möbliertem Wohnraum in der vom Vermieter selbst bewohnten Wohnung (§ 549 Abs. 2 Nr. 2 BGB),
- bei Wohnraum, den die Gemeinde oder eine andere juristische Person des öffentlichen Rechts, zum Beispiel ein Studentenwerk, oder ein anerkannter privater Träger der Wohlfahrtspflege angemietet hat, um ihn Personen mit dringendem Wohnungsbedarf zu überlassen (§ 549 Abs. 2 Nr. 3 BGB).

Diese Mietverhältnisse kann der Vermieter ohne Angabe von Gründen kündigen. Eigenbedarf des Vermieters muss also hierfür nicht bestehen. Der Mieter kann der Kündigung nicht widersprechen und muss deshalb auch nicht auf die Sozialklausel hingewiesen werden

Möbliertes Zimmer

Der Mieter von Wohnraum in der vom Vermieter selbst bewohnten Wohnung hat unter bestimmten Voraussetzungen keinen Kündigungsschutz. Dies gilt dann, wenn der Wohnraum überwiegend möbliert und dem Mieter nicht zum dauernden Gebrauch mit seiner Familie oder mit Personen überlassen ist, mit denen er einen auf Dauer angelegten gemeinsamen Haushalt führt (§ 549 Abs. 2 Nr. 2 BGB). In diesem Fall kann der Vermieter dem Mieter ohne Kündigungsgrund spätestens am 15. eines jeden Monats zum Ende des Monats kündigen. Der Mieter kann der Kündigung auch in Härtefällen nicht widersprechen.

Tipp

Wer ein Zimmer in seiner Wohnung unmöbliert vermietet oder dem Mieter zum dauernden Gebrauch mit seiner Familie oder mit oben genannten Personen überlassen hat, dem bleibt immer noch das erleichterte Kündigungsrecht nach § 573a Abs. 2 BGB.

Vermietung zum vorübergehenden Gebrauch

Kein Kündigungsschutz des Mieters besteht, wenn er Wohnraum nur zum vorübergehenden Gebrauch angemietet hat (§ 549 Abs. 2 Nr. 1 BGB). Eine Vermietung zum vorübergehenden Gebrauch liegt typischerweise bei Hotelzimmern, Ferienwohnungen oder Ferienhäusern vor, die vorübergehend für kurze Zeit zu Urlaubszwecken gemietet werden. Maßgeblich ist nicht nur die kurzzeitige Überlassung, sondern es muss auch eine besondere Zwecksetzung des Gebrauchs bzw. ein sogenannter Sonderbedarf gegeben sein, bei der nicht das Wohnen im Sinne von »zu Hause sein« oder der

Begründung einer »Heimstatt im Alltag« im Vordergrund steht (LG Berlin, Urteil vom 21.9.2021, 65 S 36/21).

Für die Bewertung, ob es sich um eine Vermietung nur zum vorübergehenden Gebrauch handelt, ist neben der nur kurzzeitigen Überlassung der vereinbarte Vertragszweck maßgeblich. Die zeitlich begrenzte Nutzung und der künftige Wegfall des Sonderbedarfs müssen bei Vertragsschluss feststehen (LG Berlin, Urteil vom 5.1.2021, 63 S 19/20).

Typische Fälle der Vermietung zum vorübergehenden Gebrauch sind:

- Hotelzimmer, Ferienwohnungen oder Ferienhäuser, die vorübergehend kurzzeitig an Feriengäste vermietet werden,
- die kurzzeitige Unterbringung eines ausländischen Wissenschaftlers bis zur Erledigung eines Projekts,
- die kurzzeitige Vermietung für die Dauer befristeter beruflicher Tätigkeiten, zum Beispiel an Erntehelfer, Saisonmitarbeiter in Tourismusgebieten, Arbeiter auf einer Messe, Monteure,
- die kurzzeitige Vermietung für die Dauer eines zeitlich fixierten Engagements, zum Beispiel an Schauspieler oder Sportler,
- die kurzzeitige Vermietung für die Dauer des Neu- oder Umbaus der eigentlichen Wohnung.

Beispiel

Der »vorübergehende Gebrauch der Mietsache« im Sinne von § 549 Abs. 2 Nr. 1 BGB setzt die zeitliche Begrenzung der Nutzungsabsicht der Mietsache bei Vertragsschluss voraus, nicht – wie bei einer Zweitwohnung – die dauerhafte temporäre Nutzung. Der Wegfall des Sonderbedarfs muss in zeitlicher Hinsicht sicher feststehen. Dies ist bei unbefristeten Wohnraummietverhältnissen – auch lediglich als Zweitwohnung zur gelegentlichen Nutzung – nicht der Fall (LG Berlin, Urteil vom 5.1.2021, 63 S 19/20).

Weder die »ausländische Verwurzelung« noch die berufliche Situation der Mieter allein ist ein Indiz für die Unterstellung der Absicht einer nur vorübergehenden Nutzung. Deshalb war der Mietvertrag eines mit seiner Familie in Toronto lebenden Professors, der sich studienhalber ein halbes Jahr in Berlin aufhielt, nicht als Mietvertrag nur zum vorübergehenden Gebrauch anzusehen (LG Berlin, Urteil vom 21.9.2021, 65 S 36/21).

Ebenfalls liegt kein Mietvertrag nur zum vorübergehenden Gebrauch vor, wenn ein Wissenschaftler mit Hauptwohnsitz im Ausland eine Wohnung für die Dauer von sieben Monaten mietet, um an seiner Promotion zu arbeiten. Schon der Aufenthalt über sieben Monate gehe über die übliche Dauer eines Erholungs- oder Ferienaufenthalts hinaus, den der Gesetzgeber als typischen Anwendungsfall der Regelung ansieht (LG Berlin, Urteil vom 18.12.2019, 65 S 101/19).

Teilkündigung von Nebenräumen gemäß § 573b BGB
Vermieter können das Mietverhältnis grundsätzlich immer nur als Ganzes kündigen. Unzulässig sind deshalb zum Beispiel Teilkündigungen wie diese:

- Kündigung einer Garage bei einem einheitlichen Mietverhältnis über Wohnung und Garage,
- Kündigung eines einzelnen Zimmers in einer vermieteten Fünfzimmerwohnung,
- Kündigung eines Gartens, der mit einem Reihenhaus vermietet wurde.

Eine Teilkündigung ist ausnahmsweise unter den Voraussetzungen des § 573b BGB zulässig. In diesem Fall muss es sich um nicht zum Wohnen bestimmte Nebenräume, zum Beispiel einen Speicher, oder um Grundstücksteile, zum Beispiel einen Garten, handeln. Der Vermieter kann dann ohne berechtigtes Interesse kündigen, wenn er die Kündigung auf diese Räume beschränkt und wenn er sie verwenden will, um Wohnraum zum Zweck der Vermietung zu schaffen oder den neu zu schaffenden und den vorhandenen Wohnraum mit Nebenräumen oder Grundstücksteilen auszustatten.

Die Kündigungsfrist beträgt bei der Teilkündigung unabhängig von der Mietdauer immer drei Monate (§ 573b Abs. 2 BGB).

Der Mieter kann bei einer Teilkündigung eine angemessene Senkung der Miete verlangen (§ 573b Abs. 4 BGB). Zudem hat er auch hier grundsätzlich die Möglichkeit, sich auf die Sozialklausel zu berufen (Näheres hierzu in Kapitel 4).

Sonderkündigungsrecht bei Tod des Mieters
Bei Tod des Mieters können Personen, die mit dem Mieter einen gemeinsamen Haushalt führten, unter bestimmten Voraussetzungen nach § 563 BGB in das Mietverhältnis eintreten. In diesem Fall kann der Vermieter dem Eintretenden nach § 563 Abs. 4 BGB außerordentlich fristgerecht kündigen, wenn ein wichtiger Grund in der Person des Eintretenden vorliegt.

Treten bei Tod des Mieters keine Personen im Sinne des § 563 BGB in das Mietverhältnis ein oder wird es bei mehreren Mietern nicht mit dem verbliebenen Mieter nach § 563a BGB fortgesetzt, so wird es mit dem Erben fortgesetzt. In diesem Fall ist sowohl der Erbe als auch der Vermieter berechtigt, das Mietverhältnis innerhalb eines Monats außerordentlich mit der gesetzlichen Frist zu kündigen, nachdem sie vom Tod des Mieters und davon Kenntnis erlangt haben, dass ein Eintritt in das Mietverhältnis oder dessen Fortsetzung nicht erfolgt ist (§ 564 BGB). Der Vermieter braucht in diesem Fall ausnahmsweise keinen Kündigungsgrund wie beispielsweise beim Eigenbedarf. Bei Tod des Mieters von Wohnraum gelten spezielle Vorschriften.

Kündigung bei Zwangsversteigerung

Mit dem Zuschlag in der Zwangsversteigerung wird der Ersteher Eigentümer des versteigerten Grundstücks und tritt in ein bestehendes Mietverhältnis ein. Er kann dieses bestehende Mietverhältnis außerordentlich mit der gesetzlichen Frist von drei Monaten gegenüber dem Mieter zum erstmöglichen Termin kündigen (§ 57a ZVG). Der Ersteher muss aber Gelegenheit haben, die Sach- und Rechtslage zunächst zu prüfen.

Eine Überlegungsfrist von einer Woche zur Ausübung des Kündigungsrechts ist in aller Regel angemessen (OLG Oldenburg, Urteil vom 17.12.2001, 11 U 63/01).

Achtung

Der Vermieter muss in solchen Fällen ein berechtigtes Interesse haben, zum Beispiel Eigenbedarf. Im Kündigungsschreiben muss er den Kündigungsgrund angeben.

6 Mietaufhebungsvertrag

Ein Zeitmietvertrag endet bei Ablauf der vorgesehenen Frist. Wollen der Vermieter oder der Mieter das unbefristete Mietverhältnis beenden, kann es gekündigt werden. Während der Mieter es jederzeit und ohne Angabe eines Kündigungsgrundes durch eine Kündigung beenden kann, muss der Vermieter einen der im Gesetz aufgeführten Gründe nachweisen bzw. ein außerordentliches Kündigungsrecht haben. Ohne einen Kündigungsgrund bleibt ihm nur der Mietaufhebungsvertrag. Die Parteien können ein bestehendes Mietverhältnis durch einen Mietaufhebungsvertrag jederzeit einvernehmlich beenden.

Auch ein gerichtlicher Räumungsvergleich kann den Abschluss eines Mietaufhebungsvertrags beinhalten, wenn darin die Einigung der Parteien zum Ausdruck kommt, dass das Mietverhältnis zu einem bestimmten Zeitpunkt enden soll (Näheres hierzu findet sich in Kapitel 7.6).

Der Abschluss eines Mietaufhebungsvertrags ist grundsätzlich freiwillig.

6.1 Gründe für einen Mietaufhebungsvertrag

Gründe für den Abschluss eines Mietaufhebungsvertrags können zum Beispiel sein:

- Ein Zeitmietvertrag soll vor Ablauf der vereinbarten Vertragszeit beendet werden, zum Beispiel weil der Mieter die Miete nicht mehr bezahlen kann.
- Der Vermieter möchte die Wohnung ab und zu selbst nutzen und ist sich nicht sicher, ob eine Eigenbedarfskündigung durchgreift, vor allem auch deshalb, weil der Mieter unter Umständen Härtegründe geltend machen könnte.
- Der Mieter ist mit einem Ausschluss des ordentlichen Kündigungsrechts an den Vertrag gebunden, möchte jedoch vor Ablauf der Dauer des Kündigungsausschlusses ausziehen.
- Der Vermieter hat einen Kündigungsgrund, möchte aber die von ihm einzuhaltende neunmonatige Kündigungsfrist abkürzen.
- Der Mieter möchte nach vorangegangener Kündigung vor Ablauf der Kündigungsfrist ausziehen.
- Der Vermieter kann einen langjährigen Mieter mit Zahlung einer Ablösesumme zu einem Mietaufhebungsvertrag bewegen.
- Einer von mehreren Mietern möchte aus dem Mietvertrag ausscheiden und das Mietverhältnis soll mit dem anderen Mieter fortgesetzt werden.
- Der Vermieter möchte das vermietete Objekt verkaufen und kann in unvermietetem Zustand einen höheren Kaufpreis erzielen als im vermieteten.

Der Mietaufhebungsvertrag ist ein gegenseitiger Vertrag, er setzt die Einigung beider Seiten voraus. Es sind zwei übereinstimmende Willenserklärungen der Vertragsparteien in Form von Angebot und Annahme erforderlich. Der Vertrag muss von allen am Mietvertrag beteiligten Personen geschlossen werden.

Achtung

Einen Mietaufhebungsvertrag können auch der noch nicht im Grundbuch eingetragene Erwerber einer Immobilie und der Mieter schließen. Jedoch ist ein solcher Vertrag grundsätzlich nur dann wirksam, wenn der derzeit im Grundbuch als Eigentümer eingetragene Vermieter mitwirkt. Denn diesem stehen bis zur Eintragung des Erwerbers im Grundbuch die Rechte aus dem Mietvertrag zu. Erst mit seiner Eintragung im Grundbuch wird der Erwerber Vermieter und kann diese Rechte geltend machen, also ohne Mitwirkung des Veräußerers mit dem Mieter einen Mietaufhebungsvertrag abschließen.

Der Mietaufhebungsvertrag kann formlos und somit auch mündlich abgeschlossen werden. Dies gilt grundsätzlich auch dann, wenn der zugrunde liegende Mietvertrag schriftlich abgeschlossen wurde, Schriftform im Mietvertrag vereinbart oder diese gesetzlich vorgeschrieben ist, weil der Vertrag für länger als ein Jahr abgeschlossen ist. Die Klausel »Änderungen und Ergänzungen des Mietvertrags bedürfen der Schriftform« bezieht sich nicht auf den Abschluss eines Mietaufhebungsvertrags (LG Aachen, Beschluss vom 2.12.1992, 7 S 388/92; OLG Düsseldorf, Urteil vom 16.10.2003, I-10 U 46/03).

Achtung

Aus Beweisgründen empfiehlt sich für einen Mietaufhebungsvertrag immer die Schriftform.

Ein Mietaufhebungsvertrag kann auch durch schlüssiges Verhalten zustande kommen. Hieran sind allerdings hohe Anforderungen zu stellen. So kommt ein Mietaufhebungsvertrag nicht bereits dadurch zustande, dass der Mieter auf eine Kündigungserklärung des Vermieters mitteilt, er habe eine neue Wohnung gefunden (LG Düsseldorf, Urteil vom 18.5.1991, 24 S 117/9). Auch kann eine unwirksame Kündigung in der Regel nicht in das Angebot eines Aufhebungsvertrags umgedeutet werden (BGH, Urteil vom 24.9.1980, VIII ZR 299/79), selbst wenn der Mieter daraufhin auszieht. Nimmt der Vermieter die vorzeitige Kündigung allerdings ausdrücklich an, so bietet er damit regelmäßig seinerseits dem Mieter die Aufhebung des Vertrags an. In der stillschweigenden Hinnahme dieser Erklärung durch den Mieter kann in solchen Fällen die Annahme eines Vertragsangebots liegen (OLG Düsseldorf, Urteil vom 16.10.2003, I-10 U 46/03).

Die Neuvermietung einer Wohnung durch den Vermieter im Anschluss an die unwirksame Kündigung durch den Mieter und dessen Auszug stellt keinen Mietaufhebungsvertrag dar. Denn die Neuvermietung trägt hierbei primär der Schadensminderungspflicht des Vermieters Rechnung (LG München I, Urteil vom 6.11.1996, 14 S 9944/96). Ebenso kommt ein Mietaufhebungsvertrag nicht zustande, wenn der Mieter dem Vermieter die Schlüssel zu den Mieträumen übersendet und der Vermieter diese kommentarlos annimmt (OLG Köln, Urteil vom 9.7.1997, 27 U 5/97).

6.2 Inhalt des Mietaufhebungsvertrags

Notwendiger Inhalt eines Aufhebungsvertrags ist eine Einigung der Parteien darüber, dass das Mietverhältnis zu einem bestimmten Zeitpunkt enden soll und der Mieter die Wohnung räumt und sämtliche Schlüssel zurückgibt.

Die Parteien können weitere Vereinbarungen in den Mietaufhebungsvertrag aufnehmen. Treffen die Parteien keine weiteren Regelungen, gelten im Übrigen die Vereinbarungen im Mietvertrag bzw. die gesetzlichen Bestimmungen, zum Beispiel hinsichtlich der Schönheitsreparaturen und der Abrechnung der Mietkaution. In diesem Fall empfiehlt sich die Formulierung: »Im Übrigen gelten die Vereinbarungen des Mietvertrags vom …«

Der Aufhebungsvertrag kann zum Beispiel folgende weitere Vereinbarungen umfassen über

- die Regelung für den Fall der vorzeitigen Räumung des Mieters,
- die Abrechnung der Kaution oder deren Verbleib beim Vermieter,
- die Durchführung, den Verzicht oder die Abgeltung von Schönheitsreparaturen,
- die Belassung oder Wegnahme von Einbauten,
- die Belassung oder den Rückbau von baulichen Änderungen,
- Regelungen für die Zeit bis zur Räumung wie die Verpflichtung des Mieters, Besichtigungen oder bestimmte Baumaßnahmen zu dulden,
- die Abrechnung oder pauschale Abgeltung von Betriebskosten,
- die Fälligkeit und Zahlungsweise einer Abfindungszahlung an den Mieter.

Tipp

Im Aufhebungsvertrag können vom Mietvertrag abweichende Regelungen getroffen werden. Dementsprechend kann der Mieter in einem Mietaufhebungsvertrag zum Beispiel zur Durchführung von Schönheitsreparaturen verpflichtet werden, obwohl der Mietvertrag keine entsprechende Regelung vorsieht oder diese unwirksam ist.

6.2.1 Abfindungszahlung

Aufhebungsverträge werden oft mit einer Abfindungszahlung verbunden. Damit können auszugsunwillige Mieter zu einem vorzeitigen Vertragsende bewegt werden. Im Aufhebungsvertrag kann auch vereinbart sein, dass die Abfindung nur fällig wird, wenn der Mieter fristgerecht auszieht.

Achtung

Bei der Vereinbarung einer Abfindungszahlung zugunsten des Mieters sollte sich aus dem Vertrag ergeben, ob die Abfindung für den pünktlichen Auszug oder für die Vertragsaufhebung als solche gezahlt wird. Dies hat Bedeutung, wenn der Mieter verspätet auszieht, aber dennoch die Zahlung verlangt.

Die Gerichte differenzieren danach, welche Sachlage dem Mietaufhebungsvertrag zugrunde liegt:

- Schließen die Parteien den Aufhebungsvertrag, weil der Vermieter keinen Kündigungsgrund wie Eigenbedarf hat bzw. dessen Vorliegen zweifelhaft ist, steht die Räumung im Vordergrund. Dies hat zur Folge, dass die Ablöse auch bei verspäteter Rückgabe zu zahlen ist.
- Hat der Vermieter dagegen einen Kündigungsgrund wie Eigenbedarf, wollte aber durch den Aufhebungsvertrag nur die lange Kündigungsfrist abkürzen, verliert der Mieter seinen Anspruch auf Abfindung, wenn er nicht fristgerecht aus der Wohnung auszieht.
- Wird die Abstandszahlung sowohl für die Vertragsaufhebung als solche als auch für eine frühzeitige Rückgabe vereinbart, kann eine Vertragsauslegung zu dem Ergebnis führen, dass bei verspätetem Auszug nur ein Teil der vereinbarten Abfindungssumme zu zahlen ist (LG Nürnberg-Fürth, Urteil vom 30.10.1992, 7 S 2866/92).

6.2.2 Schadensersatzansprüche des Mieters

Schadensersatzansprüche des Mieters wegen unberechtigter Eigenbedarfskündigung werden nicht ausgeschlossen, wenn der Mieter einen Mietaufhebungsvertrag oder Räumungsvergleich infolge unzutreffender Angaben des Vermieters über die Eigenbedarfsgründe abgeschlossen hat (OLG Karlsruhe, RE vom 7.10.1981, 3 RE-Miet 6/81).

Vereinbaren die Parteien nach einer Eigenbedarfskündigung in einem Prozessvergleich, dass mit Erfüllung dieses Vergleichs sämtliche wechselseitigen Ansprüche der Parteien aus dem Mietverhältnis abgegolten sind, so bezieht sich diese Klausel nur auf die beim Vergleichsabschluss bestehenden Ansprüche. Schadensersatzansprüche des Mieters wegen Nichtmitteilung des späteren Wegfalls des Eigenbedarfs vor dem Auszug sind hiervon dagegen nicht erfasst (LG Hamburg, Urteil vom 21.6.1994, 316 S 28/94).

Etwas anderes gilt jedoch dann, wenn dem Aufhebungsvertrag oder Räumungsvergleich ein stillschweigender Verzicht auf Schadensersatzansprüche wegen vorgetäuschtem Eigenbedarf entnommen werden kann. Dies ist der Fall, wenn die Parteien durch gegenseitiges Nachgeben unter Berücksichtigung der jeweiligen Umstände des Einzelfalls nicht nur den Streit über die Schlüssigkeit und Beweisbarkeit des Eigenbedarfstatbestands, sondern auch den Streit darüber beilegen wollten, ob die vom Vermieter behauptete Eigenbedarfslage bestand oder nur vorgetäuscht war. Nur wenn mit dem Vergleich auch etwaige Ansprüche des Mieters wegen eines vorgetäuschten Bedarfs abgegolten werden sollten, kann in dem Abschluss des Aufhebungsvertrags ein stillschweigender Verzicht auf Schadensersatzansprüche durch den Mieter gesehen werden. Für einen derartigen stillschweigenden Verzicht bedarf es regelmäßig bedeutsamer Umstände. Derartige Umstände können bei einem Räumungsvergleich etwa darin liegen, dass sich der Vermieter zu einer substanziellen Gegenleistung verpflichtet, etwa einer namhaften Abstandszahlung. Allein die Gewährung einer längeren Räumungsfrist, zum Beispiel von sechs Monaten, stellt dagegen in der Regel keine ausreichende Gegenleistung des Vermieters dar (BGH, Urteil vom 10.6.2015, VIII ZR 99/14; AG München, Urteil vom 29.3.2018, 432 C 1222/18).

Setzt der Mieter den Gebrauch der Mietsache nach Ablauf des im Mietaufhebungsvertrag vereinbarten Beendigungstermins fort, ist umstritten, ob es wegen § 545 BGB zu einer Fortsetzung des Mietverhältnisses auf unbestimmte Zeit kommt.

Tipp

In der Mietaufhebungsvereinbarung sollte eine stillschweigende Verlängerung des Mietverhältnisses im Sinne von § 545 BGB über den vereinbarten Beendigungszeitpunkt hinaus ausdrücklich ausgeschlossen werden.

6.3 Wann der Mieter ein Widerrufsrecht hat

Kommt der Mietaufhebungsvertrag anlässlich eines Hausbesuchs des Vermieters beim Mieter oder in der Privatwohnung des Vermieters zustande, kann dem Mieter ein Widerrufsrecht zustehen. Denn seit dem 13.6.2014 gelten Regelungen im Verbraucherrecht, die sich auch auf das Mietrecht auswirken. Das am 1.5.1986 erlassene Haustürwiderrufsgesetz (HausTWG) wurde im Rahmen der Schuldrechtsreform in die §§ 312 ff. BGB eingearbeitet. Diese Regelungen sollen den Verbraucher vor der Gefahr schützen, in bestimmten, dafür typischen Situationen bei der Anbahnung und dem Abschluss von Geschäften überrumpelt zu werden. Es sollen nach der Gesetzesbegründung insbesondere die Fälle erfasst werden, in denen ein Vermieter einen Mieter anlässlich eines unangemeldeten Besuchs in seiner Wohnung zu einer Vereinbarung über eine Mieterhöhung oder zum Abschluss eines Aufhebungsvertrags drängt.

6.3.1 Der Mieter muss Verbraucher sein

Unter »Verbraucher« sind ausschließlich natürliche Personen zu verstehen, die Verträge zu privaten Zwecken abschließen. Der Abschluss des Aufhebungsvertrags darf also nicht ihrer gewerblichen oder beruflichen Tätigkeit zugerechnet werden können. Zweifellos ist der private Wohnungsmieter als Verbraucher anzusehen, der eine Wohnung nur für seinen privaten Wohnbedarf anmietet. Daher ist der Mietaufhebungsvertrag mit einer Privatperson als Verbrauchervertrag einzuordnen, wenn der Vermieter Unternehmer (§ 14 BGB) ist.

6.3.2 Der Vermieter muss Unternehmer sein

Das Widerrufsrecht hat der Mieter nur, wenn der Vermieter als Unternehmer handelt. Nach der Rechtsprechung des BGH ist für das Vorliegen der Unternehmereigenschaft nach § 14 BGB ein selbstständiges, planmäßiges und auf gewisse Dauer angelegtes Anbieten entgeltlicher Leistungen am Markt erforderlich. Die Verwaltung eigenen Vermögens zählt grundsätzlich nicht zu den gewerblichen Tätigkeiten. Entscheidendes Abgrenzungskriterium für die Frage, ob eine private oder berufsmäßige Vermögensverwaltung vorliegt, ist, ob die Geschäfte aufgrund ihres Umfangs einen planmäßigen Geschäftsbetrieb wie die Unterhaltung eines Büros oder einer Organisation erfordern. Andernfalls ist die Immobilienverwaltung dem privaten Bereich zuzuordnen. Bei der Vermietung von Immobilien kommt es deshalb nicht auf die Größe des vermieteten Objekts an, sondern auf Umfang, Komplexität und Anzahl der damit verbundenen Vorgänge. Die Vermietung zahlreicher Wohnungen an wechselnde Mieter spricht für ein gewerbliches Handeln, die Vermietung an lediglich einzelne Personen für eine private Vermögensverwaltung. Es kommt allerdings immer auf die jeweiligen Umstände des Einzelfalls an (BGH, Urteil vom 23.10.2001, XI ZR 63/01; OLG Düsseldorf, Beschluss vom 12.2.2010, I-24 U 72/09).

Nach Ansicht des LG Waldshut-Tiengen ist ein Vermieter von acht Wohnungen noch nicht zwingend als Unternehmer einzuordnen. Denn die im Zusammenhang mit der Vermietung von acht Wohnungen in einem Objekt anfallenden Geschäfte hielten sich noch in einem Rahmen, der die Verwaltung des eigenen Vermögens nicht überschreite. Weder der Abschluss von Mietverträgen noch die Verwaltung des Hauses erforderten einen Aufwand, der nur durch eine professionelle Tätigkeit zu leisten wäre (Urteil vom 30.4.2008, 1 S 27/07). Gleiches entschied das AG Neukölln für einen Vermieter von zwölf Wohnungen. Dieser sei auch nicht deshalb als Unternehmer anzusehen, weil er sich einer Hausverwaltung als Hilfe bediene (Urteil vom 3.3.2016, 16 C 135/15). Dagegen stufte das LG Köln einen Vermieter von sieben Wohnungen bereits als Unternehmer ein (Urteil vom 12.3.2009, 1 S 202/07).

Ist der Vermieter nicht als Unternehmer einzuordnen, hat der Mieter kein Widerrufsrecht.

6.3.3 Widerrufsrecht beim Mietaufhebungsvertrag

Nach den geltenden gesetzlichen Bestimmungen kann der Mieter Vertragsänderungen während des laufenden Mietverhältnisses, die außerhalb der Geschäftsräume des Vermieters oder im Fernabsatz zwischen den Parteien vereinbart werden, widerrufen (§ 355 BGB). Dies betrifft insbesondere – neben Mietaufhebungsverträgen – Mieterhöhungen, Parteiwechselvereinbarungen und Modernisierungsvereinbarungen (BGH, Urteil vom 17.5.2017, VIII ZR 29/16).

Außerhalb der Geschäftsräume des Vermieters
Unter »außerhalb von Geschäftsräumen geschlossenen Verträgen« versteht man solche, die bei gleichzeitiger Anwesenheit der Mietvertragsparteien an einem Ort geschlossen werden, der kein Geschäftsraum des Vermieters ist. Nicht zu den Geschäftsräumen zählt zum Beispiel die Privatwohnung des Mieters oder des Vermieters.

Fernabsatzgeschäft
Ein Fernabsatzgeschäft liegt vor, wenn die Vertragsänderungen ausschließlich über Fernkommunikationsmittel erfolgen, wie zum Beispiel Briefe, Telefonanrufe, Telefaxe, E-Mails oder über das Mobiltelefon versendete Nachrichten (Messenger-Dienste oder SMS).

6.3.4 Widerrufsfrist

Der Mieter hat in der Regel 14 Tage ab Vertragsschluss Zeit, seine Erklärung zu widerrufen. Die Widerrufsfrist beginnt allerdings erst zu laufen, wenn der Vermieter den Mieter über die Widerrufsrechte belehrt hat. Hat der Vermieter den Mieter nicht oder nicht ordnungsgemäß über das Widerrufsrecht informiert, verlängert sich die Widerrufsfrist von 14 Tagen um 12 Monate (§ 356 Abs. 3 BGB). Nach Ablauf der Widerrufsfrist erlischt das Widerrufsrecht. Zur Fristwahrung genügt die rechtzeitige Absendung des Widerrufs.

6.3.5 Form

Der Mieter kann den Widerruf grundsätzlich formfrei, also zum Beispiel mit einem per Post versendeten Brief, Telefax oder E-Mail, gegenüber dem Vermieter erklären. Der Widerruf muss keine Begründung enthalten.

Achtung

Kein Widerrufsrecht hat der Mieter, wenn die Vertragsänderung, zum Beispiel eine Mietaufhebungsvereinbarung, notariell beurkundet oder in einem gerichtlichen Vergleich vereinbart wurde. Das Widerrufsrecht ist in diesem Fall nach § 312 g Abs. 2 Nr. 13 BGB ausgeschlossen (AG Hanau, Beschluss vom 10.8.2015, 34 C 223/15).

Widerruft der Mieter seine Erklärung fristgerecht, ist die Vertragsänderung, etwa ein Mietaufhebungsvertrag, hinfällig.

Achtung

Angesichts der uneinheitlichen Rechtsprechung hinsichtlich der Unternehmereigenschaft des Vermieters empfiehlt es sich, im Zweifel davon auszugehen, dass der Vermieter Unternehmer im Sinne von §§ 312, 14 BGB ist. Der Vermieter sollte den Mieter in diesem Fall über sein Widerrufsrecht belehren, wenn der Aufhebungsvertrag außerhalb seiner Geschäftsräume oder im Fernabsatz abgeschlossen wurde. Ein Mustertext für die Widerrufsbelehrung sowie ein Muster-Widerrufsformular befindet sich im Bundesgesetzblatt (BGBl. 2013, Teil I Nr. 58, Seite 3665/3666).

DIGITALE EXTRAS

MUSTER: MIETAUFHEBUNGSVERTRAG

Mietaufhebungsvereinbarung
zum Mietvertrag vom ...

über ....

zwischen

Franz Müller, Eva Müller (Vermieter)[a)]

und

Ernst Meier, Christine Meier (Mieter)[a)]

1. Die Vertragsparteien sind sich darüber einig, dass das zwischen ihnen bestehende Mietverhältnis über die Wohnung .... zum 31.12.2025 endet.[b)]
2. Die Mieter verpflichten sich, die Wohnung bis zum 31.12.2025 vollständig geräumt und mit allen Schlüsseln an die Vermieter herauszugeben.[b)]
3. Die Mieter sind jederzeit berechtigt, vor dem in Ziffer 2 genannten Zeitpunkt auszuziehen. Ihre Verpflichtung zur Mietzahlung endet dann mit Ablauf des Monats, in dem der Auszug erfolgt, sofern die Mieter den Auszug 14 Tage zuvor schriftlich angekündigt haben.[c)]

4. Die Mieter verpflichten sich, alle Schönheitsreparaturen (Streichen aller Decken und Wände, der Innenseiten von Fenstern und Außentüren, an Innentüren sowie an Heizkörpern einschließlich Heizrohren) in den Mieträumen bis zum Auszug fachgerecht durchzuführen.
   Alternativ
   Die Mieter können die Mieträume unrenoviert zurückgeben.
5. Ansprüche der Vermieter gegen die Mieter wegen Beschädigung der Mietsache bleiben von dieser Vereinbarung unberührt. Bei Auszug wird deren Umfang im Rahmen einer gemeinsamen Wohnungsabnahme festgestellt.
6. Die Mieter können folgende von ihnen eingebrachte Einrichtungen/ Gegenstände in den Mieträumen belassen: Einbauküche .... Hierfür zahlen die Vermieter den Mietern bei Auszug einen Gesamtpreis von .... EUR Zug um Zug gegen Rückgabe der Mieträume mit allen Schlüsseln.
7. Die Betriebskostenabrechnung erfolgt, sobald diese Leistung abrechnungsfähig ist.
   Alternativ
   Die Parteien verzichten ausdrücklich auf die Abrechnung der Betriebskosten.
8. Die Vermieter verpflichten sich, über die von den Mietern geleistete Kaution in Höhe von .... EUR nebst Zinsen innerhalb von drei Monaten nach Auszug abzurechnen.
9. Die Vermieter zahlen den Mietern eine einmalige Abstands- und Umzugskostenpauschale in Höhe von .... EUR Zug um Zug gegen Rückgabe der Wohnung mit sämtlichen Schlüsseln. Bei nicht fristgerechter Räumung bis zum 31.12.2025 verfällt diese Pauschale.[d)]
10. Einer Verlängerung des Mietverhältnisses über den 31.12.2025 hinaus nach § 545 BGB wird bereits jetzt ausdrücklich widersprochen.[e)]
11. Ergänzungen dieses Vertrags bedürfen der Schriftform.[f)]

....
(Ort, Datum)

....	....
Franz Müller (Vermieter)	Eva Müller (Vermieterin)
....	....
Ernst Meier (Mieter)	Christine Meier (Mieterin)

Anmerkungen

a) Der Aufhebungsvertrag muss von allen Beteiligten geschlossen werden.

b) Notwendiger Inhalt des Aufhebungsvertrags ist,
   - dass ein genau bezeichnetes Mietverhältnis zu einem bestimmten Zeitpunkt aufgehoben werden bzw. beendet sein soll,
   - dass der Mieter die Wohnung geräumt und mit allen Schlüsseln zurückgeben muss.

c) Die Parteien können im Mietaufhebungsvertrag weitere Vereinbarungen treffen. Eine Regelung über den vorzeitigen Auszug ist zu empfehlen, wenn dem Vermieter der möglichst rasche Auszug wichtig ist, zum Beispiel bei einer Eigenbedarfskündigung.

d) Auch die Vereinbarung einer Abfindungszahlung zugunsten des Mieters ist möglich. Hierbei sollte sich aus dem Vertrag ergeben, ob die Abfindung für den pünktlichen Auszug oder für die Vertragsaufhebung als solche gezahlt wird (Näheres hierzu siehe Kapitel 6.2).

e) Einer Verlängerung des Mietverhältnisses nach § 545 BGB sollte bereits im Aufhebungsvertrag ausdrücklich widersprochen werden, weil es umstritten ist, ob sich das Mietverhältnis bei Fortsetzung des Gebrauchs nach dem im Aufhebungsvertrag bestimmten Beendigungszeitpunkt nach 14 Tagen fortsetzt.

f) Die Schriftformklausel dient der Beweissicherung. Dadurch sollen mündliche Nebenabreden zum Aufhebungsvertrag ausgeschlossen werden.

Für den Aufhebungsvertrag gilt unter bestimmten Voraussetzungen das Widerrufsrecht (Näheres hierzu siehe Kapitel 6.3 und das folgende Muster).

DIGITALE EXTRAS

MUSTER: WIDERRUFSBELEHRUNG

Widerrufsrecht

Sie haben das Recht, diesen Vertrag binnen 14 Tagen ohne Angabe von Gründen zu widerrufen.

Die Widerrufsfrist beträgt 14 Tage ab Ihrer Unterzeichnung der Aufhebungsvereinbarung.

Um Ihr Widerrufsrecht auszuüben, müssen Sie mich/uns (*) .... [Name und Anschrift des/der Vermieter(s)] mittels einer eindeutigen Erklärung (zum Beispiel ein mit der Post versendeter Brief, ein Telefax oder eine E-Mail) über Ihren Entschluss, diesen Vertrag zu widerrufen, informieren. Sie können dafür das beigefügte Muster-Widerrufsformular verwenden, das jedoch nicht vorgeschrieben ist.

Zur Wahrung der Widerrufsfrist reicht es aus, wenn Sie die Mitteilung über die Ausübung des Widerrufsrechts vor Ablauf der Widerrufsfrist absenden.

Folgen des Widerrufs
Wenn Sie diesen Vertrag widerrufen, haben wir Ihnen alle Zahlungen, die wir von Ihnen erhalten haben, unverzüglich und spätestens binnen 14 Tagen ab dem Tag zurückzuzahlen, nachdem die Mitteilung über Ihren Widerruf dieses Vertrags bei uns eingegangen ist. Für diese Rückzahlung verwenden wir dasselbe Zahlungsmittel, das Sie bei der ursprünglichen Transaktion eingesetzt haben, es sei denn, mit Ihnen wurde ausdrücklich etwas anderes vereinbart.

....
(Ort, Datum)

....
Unterschrift(en) des/der Mieter(s)

(*) Unzutreffendes streichen

Widerrufsformular
(Wenn Sie den Vertrag widerrufen wollen, dann füllen Sie bitte dieses Formular aus und senden Sie es zurück.)
An ....
(Name und Anschrift des Vermieters)

Hiermit widerrufe(n) ich/wir (*) den mit mir/uns (*) abgeschlossenen Mietaufhebungsvertrag.
Der Mietaufhebungsvertrag wurde am .... unterzeichnet.
Name des/der Mieter(s): ....
Anschrift des/der Mieter(s): ....

Unterschrift des/der Mieter(s) (nur bei Mitteilung auf Papier):
....

Datum: ....
(*) Unzutreffendes streichen

7 Räumungsklage und Zwangsvollstreckung

Mit Ablauf der Kündigungsfrist oder der Beendigung des wegen Eigenbedarfs befristeten Mietvertrags muss der Mieter Wohnung, Kellerräume und Garagen, soweit mitvermietet, vollständig räumen. Er muss sämtliche Einrichtungsgegenstände entfernen und den Zustand wiederherstellen, wie er beim Einzug gegeben war. Zur Räumungspflicht des Mieters zählt ebenfalls, dass er dem Vermieter sämtliche Schlüssel aushändigt, auch diejenigen, die er zusätzlich auf eigene Kosten anfertigen ließ.

Hat der Vermieter das Mietverhältnis wegen Eigenbedarfs gekündigt, reagiert der Mieter jedoch überhaupt nicht und zieht nicht aus der Wohnung aus, kann der Vermieter seinen Räumungsanspruch im Wege der Räumungsklage geltend machen.

7.1 Das taktisch richtige Vorgehen bei der Räumung

Der Vermieter darf auf keinen Fall eigenmächtig handeln und selbst die Wohnung ausräumen oder einfach das Wohnungstürschloss austauschen. Andernfalls macht er sich wegen Hausfriedensbruchs und Nötigung strafbar und seine Situation wird dadurch nicht besser. Im Gegenteil: Es kommt dann womöglich noch die Strafanzeige des Mieters hinzu.

Das Gesetz legt fest, dass sich das Mietverhältnis auf unbestimmte Zeit verlängert, wenn nicht eine Vertragspartei der Verlängerung innerhalb von zwei Wochen nach Ablauf der Mietzeit widerspricht (§ 545 BGB). Im Klartext: Wenn der Mieter nach Beendigung des Mietverhältnisses in der Wohnung bleibt und der Vermieter nicht innerhalb von zwei Wochen ab Kenntniserlangung, dass der Mieter nicht zum festgelegten Termin ausgezogen ist, der Fortsetzung des Mietverhältnisses widerspricht, ist die Kündigung hinfällig und der Vermieter muss erneut kündigen.

Hat der Vermieter den Mieter innerhalb der Frist von zwei Wochen zur Räumung aufgefordert oder Räumungsklage erhoben, ist dies als Fortsetzungswiderspruch zu werten. Allerdings kommt es im Fall der Räumungsklage für die Wahrung der Zweiwochenfrist nicht auf die Einreichung der Klageschrift bei Gericht, sondern auf deren Zustellung an den Mieter an.

Achtung

Der Vermieter sollte bereits in der Kündigung der stillschweigenden Verlängerung des Mietverhältnisses widersprechen und bei der ordentlichen Kündigung den Fortsetzungswiderspruch nach Ablauf der Kündigungsfrist wiederholen. Denn teilweise wird die Ansicht vertreten, dass der erforderliche zeitliche Zusammenhang zwischen dem Zugang der Kündigung mit Fortsetzungswiderspruch und dem Ende des Mietverhältnisses schon dann nicht mehr gewahrt ist, wenn eine Kündigungsfrist von drei Monaten verstrichen ist.

DIGITALE EXTRAS

MUSTER: FORTSETZUNGSWIDERSPRUCH GEMÄSS § 545 BGB

Franz Müller (Vermieter)
Eva Müller (Vermieterin)
Müllerstraße 3
80000 München

Per Boten an
Ernst Meier (Mieter)
Christine Meier (Mieterin)
Meierstraße 3
80100 München

München, den 4.8.2025

Mietverhältnis Meierstraße 3 in 80100 München
Fortsetzungswiderspruch im Sinne von § 545 BGB

Sehr geehrte Frau Meier, sehr geehrter Herr Meier,

wir haben Ihnen das Mietverhältnis über die Wohnung Meierstraße 3 zum 31.7.2025 gekündigt. Sie haben die Wohnung jedoch bis heute nicht geräumt.

Wir widersprechen einer stillschweigenden Verlängerung des Mietverhältnisses im Sinne von § 545 BGB und setzen Ihnen letztmalig eine Frist zur vollständigen Räumung der Wohnung bis 20.8.2025.

Wenn Sie diese Frist ungenutzt verstreichen lassen, werden wir Räumungsklage erheben.

Wir weisen Sie darauf hin, dass Sie verpflichtet sind, bis zur vollständigen Räumung Nutzungsentschädigung in Höhe der monatlichen Miete bzw. der bei einer Neuvermietung zulässigen Miete zu zahlen.

Wir behalten uns ausdrücklich die Geltendmachung eines weiteren Schadens vor.

Mit freundlichen Grüßen
Franz Müller (Vermieter)
Eva Müller (Vermieterin)

Ist das Mietverhältnis durch wirksame Kündigung beendet und räumt der Mieter nicht, schuldet er nicht mehr Miete, sondern »Nutzungsentschädigung« (§ 546a Abs. 1 BGB) in Höhe der vereinbarten Miete bzw. der höheren im Fall einer Neuvermietung zulässigen Miete (BGH, Urteil vom 18.1.2017, VIII ZR 17/16).

7.2 Erheben der Räumungsklage

Eine Räumungsklage kann der Vermieter erst dann erheben, wenn bei der ordentlichen Kündigung die allgemeine Kündigungsfrist verstrichen ist. Andernfalls besteht die Gefahr, dass er die Kosten der Räumungsklage tragen muss.

Hinweis

Die Räumungsklage auf künftige Räumung einer Mietwohnung ist vor Ablauf der Kündigungsfrist nur dann ausnahmsweise zulässig, wenn den Umständen nach die Sorge gerechtfertigt ist, dass der Mieter nicht rechtzeitig räumen wird (§ 259 ZPO). Dies ist der Fall, wenn der Vermieter das Wohnraummietverhältnis gekündigt hat und der Mieter klar zum Ausdruck bringt, dass er die Wohnung nicht räumen wird, zum Beispiel durch Erhebung des Kündigungswiderspruchs im Sinne von § 574 BGB mit der Begründung, der vom Vermieter angegebene Kündigungsgrund liege nicht vor. In diesem Fall ist eine Räumungsklage auch schon vor Ablauf der Widerspruchsfrist des § 574b BGB zulässig (AG Pforzheim, Urteil vom 9.11.2016, 3 C 129/16; OLG Karlsruhe, RE vom 10.6.1983, 9 RE-Miet 1/83).

Beispiel

Die Erhebung einer vorzeitigen Räumungsklage vor Ablauf der Kündigungsfrist gemäß § 259 ZPO ist ausnahmsweise auch dann zulässig, wenn der wegen Eigenbedarfs gekündigte Wohnungsmieter ankündigt, er werde nicht ausziehen, wenn er keine Ersatzwohnung findet. Dies setzt nicht voraus, dass der Mieter die Wirksamkeit der Kündigung bestreitet. Vielmehr reicht aus, wenn der Mieter mit dem Widerspruchsschreiben eindeutig zu erkennen gegeben hat, dass er gegenwärtig und bei unverändert bleibender Situation, nämlich der weiteren Erfolglosigkeit seiner Suche nach einer neuen Wohnung, auch im Zeitpunkt der Beendigung des Mietverhältnisses nicht zu einem Auszug aus der Wohnung bereit ist (BGH, Beschluss vom 25.10.2022, VIII ZB 58/21).

Hat der Mieter jedoch weder der Kündigung widersprochen noch ihre Wirksamkeit bestritten, so begründet sein bloßes Schweigen auf das Verlangen des Vermieters mitzuteilen, ob er fristgerecht ausziehen werde, nicht die Besorgnis, dass er die Wohnung nicht rechtzeitig räumen werde. Eine Klage des Vermieters auf künftige Räumung ist in diesem Fall unzulässig; beim Auszug des Mieters nach Eintritt der Rechtshängigkeit vor Ablauf der Kündigungsfrist tritt Erledigung der Hauptsache ein mit der Folge, dass dem Vermieter die Kosten der Räumungsklage zur Last fallen (AG Ulm, Beschluss vom 7.8.2006, 3 C 329/06). Gleiches gilt, wenn der Mieter lediglich auf etwaige Schwierigkeiten bei der Ersatzwohnraumsuche hinweist (AG Köln, Urteil vom 12.3.2008, 203 C 515/07).

Ignoriert der Mieter die Kündigung des Vermieters bis zum Ablauf der Kündigungsfrist, sollte der Vermieter mit der Räumungsklage nicht länger warten. Denn auf die Räumungsklage folgt nicht von heute auf morgen ein Räumungstitel (vollstreckbares Räumungsurteil oder Räumungsvergleich). Ein Gerichtsverfahren kann dauern. Doch erst wenn der Vermieter einen vollstreckbaren Räumungstitel hat, kann er den Gerichtsvollzieher mit der Zwangsräumung der Wohnung beauftragen. Die Zeit von der Einreichung der Räumungsklage bei Gericht bis zur Zwangsräumung durch den Gerichtsvollzieher kann sich erheblich in die Länge ziehen, zum Beispiel wenn dem Mieter Räumungsschutz gewährt wird.

7.3 Welches Gericht ist für Mietsachen zuständig?

Bei dieser Frage ist zwischen Wohnraummietverhältnissen und Geschäftsraummietverhältnissen zu unterscheiden.

Wohnraummietverhältnisse
Für Ansprüche aus einem Mietverhältnis über Wohnraum, zum Beispiel auf Räumung bei einer Kündigung wegen Eigenbedarfs, ist grundsätzlich unabhängig vom Streitwert in erster Instanz (§ 23 GVG) ausschließlich das Amtsgericht sachlich und örtlich zuständig, in dessen Bezirk sich die Wohnung befindet (§ 29a Abs. 1 ZPO). Dies gilt jedoch nach § 29a Abs. 2 ZPO nicht für Wohnraum der in § 549 Abs. 2 Nr. 1 bis 3 BGB genannten Art (vgl. Kapitel 5.2).

Nichtwohnraummietverhältnisse
Bei Nichtwohnraummietverhältnissen, zum Beispiel Geschäftsraummietverhältnissen, kommt es dagegen für die sachliche Zuständigkeit auf den Streitwert an (§ 23 Nr. 1 GVG). Bei einem Streitwert bis einschließlich 5.000 EUR ist das Amtsgericht zuständig, bei einem höheren Streitwert ist das Landgericht sachlich zuständig (§ 71 Abs. 1, § 23 GVG). Immer hat sich das Gericht mit der Streitsache zu befassen, in dessen Bezirk sich die Gewerberäume befinden (§ 29a Abs. 1 ZPO).

Berufung
Gegen das Endurteil erster Instanz kann Berufung eingelegt werden. Voraussetzung ist, dass der Wert des Beschwerdegegenstands über 600 EUR liegt oder das Gericht erster Instanz die Berufung im Urteil zugelassen hat (§ 511 ZPO).

Achtung

In einem Prozess vor dem Landgericht müssen sich die Beteiligten auf jeden Fall durch einen Rechtsanwalt vertreten lassen.

7.4 Die Kosten des Rechtsstreits

Für die Höhe der Kosten eines Rechtsstreits sind Gerichtskostengesetz (GKG) und Rechtsanwaltsvergütungsgesetz (RVG) maßgebend. Grundlage für die Berechnung der Gerichts- und Anwaltskosten ist der Gebührenstreitwert. Bei einer Räumungsklage ist der Streitwert grundsätzlich die Jahresnettomiete. Betriebskosten werden beim Streitwert nur dann berücksichtigt, wenn sie als Pauschale vereinbart sind und nicht gesondert abgerechnet werden (§ 41 Abs. 2, Abs. 1 Satz 2 GKG). Der Streitwert bei einer Klage auf Zahlung bemisst sich nach der Höhe des geltend gemachten Geldbetrags.

Wer im Prozess unterliegt, muss grundsätzlich alle Gerichts- und Rechtsanwaltskosten tragen, auch die der Gegenseite. Obsiegt eine Partei im Prozess nur teilweise, tragen die Parteien im Regelfall die Kosten anteilig.

7.5 Räumungstitel

Als Räumungstitel gelten vollstreckbare Gerichtsurteile und bestandskräftige Räumungsvergleiche. Wird der Mieter im Räumungsprozess zur Räumung verurteilt, stellt das vollstreckbare Gerichtsurteil einen Räumungstitel dar, mit dem der Vermieter den Gerichtsvollzieher mit der Zwangsräumung beauftragen kann. Aus einem rechtskräftigen Räumungsurteil kann der Gläubiger grundsätzlich 30 Jahre lang vollstrecken.

Die Vollstreckung eines Räumungsurteils kann wegen Verwirkung des Räumungstitels im Einzelfall problematisch werden, wenn der Vermieter über einen längeren Zeitraum den Verbleib des zur Räumung verurteilten Mieters in der Wohnung duldet und vom Mieter vorbehaltlos Monat für Monat die früher geschuldete Miete als Nutzungsentschädigung entgegennimmt. Ein Zeitraum von zwei Jahren, in dem die Räumungsvollstreckung unterlassen wird, kann hier ausreichen.

Eine Unzulässigkeit der Räumungsvollstreckung wegen Verwirkung kann der Vermieter dadurch vermeiden, dass er die Nutzungsentschädigung unter dem ausdrücklichen und wiederholten Hinweis entgegennimmt, dass er die Zwangsräumung lediglich aus sozialen Gründen vorläufig nicht betreibt.

7.6 Räumungsvergleich

Der Vermieter kann sich mit dem Mieter während des Räumungsprozesses in einem Räumungsvergleich vor Gericht einigen. Dieser beinhaltet, dass das Mietverhältnis zu einem bestimmten Zeitpunkt enden soll und die Wohnung bis dahin vollständig geräumt an den Vermieter herauszugeben ist. Die Parteien können auch weitere Regelungen treffen, zum Beispiel solche eines Aufhebungsvertrags (Näheres hierzu in Kapitel 6). Darin kann zum Beispiel vereinbart werden, dass der Vermieter auf die Durchführung von Schönheitsreparaturen verzichtet.

Eine gütliche Einigung mit dem Mieter kann ratsam sein, wenn die Erfolgsaussichten einer Räumungsklage ungewiss sind. Gegen einen wirksam gewordenen Räumungsvergleich können die Parteien grundsätzlich nicht mehr vorgehen. Der Vermieter kann sich also in aller Regel sicher sein, dass sich der Rechtsstreit nicht weiter in die Länge zieht. Der gerichtliche Räumungsvergleich stellt einen Schuldtitel dar, mit dem der Vermieter die Räumungsvollstreckung betreiben kann, falls der Mieter nicht zu dem im Räumungsvergleich vereinbarten Termin auszieht.

7.7 Räumungsfrist

Ist der Mieter durch Urteil zur Räumung von Wohnraum verpflichtet, kann ihm das Gericht auf Antrag oder von Amts wegen eine nach den Umständen angemessene Räumungsfrist gewähren (§§ 721, 794a ZPO). Vor Ablauf einer gewährten Räumungsfrist ist die Räumungsvollstreckung ausgeschlossen.

Hinweis

Bei einem Zeitmietvertrag gemäß § 575 BGB kann der Mieter über den Ablauf der Mietzeit hinaus keine Räumungsfrist beanspruchen (§ 721 Abs. 7 ZPO).

Der Mieter kann den Antrag auf Gewährung der Räumungsfrist nur bis zum Schluss der mündlichen Verhandlung stellen (§ 721 ZPO). Wurde der Antrag im Urteil übergangen, kann der Antragsteller Ergänzung des Urteils verlangen. Bis zur Entscheidung über die Gewährung einer Räumungsfrist kann das Gericht auf Antrag die Zwangsvollstreckung wegen des Räumungsanspruchs einstweilen einstellen.

Ist auf künftige Räumung erkannt und über eine Räumungsfrist noch nicht entschieden, kann dem Schuldner eine den Umständen nach angemessene Räumungsfrist gewährt werden, wenn er spätestens zwei Wochen vor dem Tag, an dem nach dem Urteil zu räumen ist, einen Antrag stellt.

Räumungsfrist kann das Amtsgericht auch auf Antrag gewähren, wenn sich der Schuldner in einem vollstreckbaren Räumungsvergleich zur Räumung des Wohnraums verpflichtet hat. Der Schuldner kann den Antrag auf Bewilligung einer Räumungsfrist bis spätestens zwei Wochen vor dem Tag stellen, an dem nach dem Vergleich zu räumen ist (§ 794a ZPO).

Auf fristgerechten Antrag kann der Richter die Räumungsfrist auch verlängern oder verkürzen. Der Antrag auf Verlängerung ist spätestens zwei Wochen vor Ablauf der Räumungsfrist zu stellen.

Die Darlegungs- und Beweislast für die tatsächlichen Voraussetzungen einer Verlängerung der Räumungsfrist nach § 721 Abs. 3 ZPO trägt der Mieter. Der pauschale tatrichterliche Verweis auf eine angeblich gerichtsbekannte Lage am Wohnungsmarkt reicht zur verfahrensfehlerfreien Begründung einer Verlängerung der Räumungsfrist nicht aus. Die bloße Einreichung von Bewerbungsunterlagen erbringt ohne Weiteres keinen hinreichenden Beweis dafür, dass sich der Mieter tatsächlich um Ersatzwohnraum bemüht hat (LG Berlin II, Beschluss vom 17.2.2024, 67 T 108/23).

Hinweis

Die Räumungsfrist darf insgesamt auf keinen Fall länger als ein Jahr sein. Die Jahresfrist berechnet sich im Urteilsverfahren vom Tag der Rechtskraft des Urteils oder, wenn nach einem Urteil auf künftige Räumung an einem späteren Tage zu räumen ist, von diesem Tag an; wurde das Verfahren durch Räumungsvergleich beendet, ab dem Tag, an dem nach dem Vergleich zu räumen ist.

Es liegt im Ermessen des Gerichts, ob es eine Räumungsfrist bewilligt, verlängert oder verkürzt. Bei seiner Entscheidung muss der Richter stets die beiderseitigen Interessen im jeweiligen Einzelfall gegeneinander abwägen.

Haben die Parteien einen Räumungsvergleich geschlossen, sind an die Voraussetzungen für die Bewilligung einer Räumungsfrist strengere Anforderungen zu stellen als bei einer Verurteilung zur Räumung. Hierbei können nur neue wesentliche Ereignisse, die nach Vergleichsabschluss eingetreten sind, die Gewährung einer Räumungsfrist nach § 794a ZPO rechtfertigen. Das Gericht kann dementsprechend eine Räumungsfrist gewähren, deren Lauf nach Ablauf der im gerichtlichen Räumungsvergleich vereinbarten Frist mit der Höchstdauer eines Jahres beginnt, wenn neue Tatsachen nach Abschluss des Räumungsvergleichs den Schutz des Schuldners rechtfertigen (LG Kiel, Beschluss vom 17.1.1992, 1 T 175/91).

Allerdings kann der Schuldner in einem gerichtlichen Räumungsvergleich wirksam auf die Gewährung einer Räumungsfrist verzichten.

Beispiel

Hat sich der Schuldner in einem gerichtlichen Vergleich zur Räumung von Wohnraum verpflichtet, so kann ihm das Amtsgericht auf Antrag keine Räumungsfrist bewilligen, wenn er auf Räumungsschutz, soweit gesetzlich zulässig, verzichtet hat, entschied das LG München I. Dies gilt sogar dann, wenn nach Vergleichsabschluss Sachverhalte eintreten, die der Schuldner beim Abschluss des Vergleichs nicht vorhergesehen hat oder nicht vorhersehen konnte (Beschluss vom 26.3.2008, 14 T 4822/08).

Entscheidungen über die Gewährung, Versagung oder Bemessung einer Räumungsfrist sind mit sofortiger Beschwerde anfechtbar (§ 721 Abs. 6 ZPO).

7.8 Räumungsschutz durch das Vollstreckungsgericht

Auch wenn eine gewährte Räumungsfrist einer Räumungsvollstreckung nicht mehr entgegensteht, kann das Amtsgericht – also das Vollstreckungsgericht – dem zur Räumung verurteilten Mieter auf dessen Antrag unter besonderen Voraussetzungen noch Vollstreckungsschutz, sogenannten Räumungsschutz, gewähren (§ 765a ZPO). Das Vollstreckungsgericht kann die Zwangsvollstreckung ganz oder teilweise aufheben, untersagen oder einstweilen einstellen. Der Mieter muss den Antrag spätestens zwei Wochen vor dem festgesetzten Räumungstermin stellen, es sei denn, die Gründe für den Antrag sind erst danach entstanden oder der Schuldner war unverschuldet an der rechtzeitigen Antragstellung verhindert.

Die Gewährung von Vollstreckungsschutz auf Antrag des Mieters kann in folgenden Fällen in Betracht kommen:

- bei Selbstmordgefahr des Mieters (BGH, Beschluss vom 24.11.2005, V ZB 24/05; LG München I, Beschluss vom 15.3.2023, 14 T 3233/23),
- wenn der Mieter glaubhaft vorbringt, die Wohnung nicht räumen zu können, weil er krank ist oder durch die Räumung schwere gesundheitliche Nachteile erleiden würde,
- wenn der Mieter in Kürze in eine andere Wohnung einziehen wird und ihm ein zweimaliger Umzug innerhalb kurzer Zeit nicht zuzumuten ist.

Bei der Entscheidung über die Gewährung von Vollstreckungsschutz muss der Richter die Interessen des Betroffenen und die Vollstreckungsinteressen des Vermieters gegeneinander abwägen. Besteht zum Beispiel bei einer Räumungsvollstreckung eine konkrete Suizidgefahr für einen Betroffenen, ist sorgfältig zu prüfen, ob dieser nicht auch auf andere Weise als durch Einstellung der Räumungsvollstreckung wirksam begegnet werden kann (BGH, Beschluss vom 14.6.2007, V ZB 28/07). Das kann zum Beispiel die Unterbringung des Mieters in einer psychiatrischen Einrichtung sein. Auch der Gefährdete selbst muss das ihm Zumutbare tun, um die Risiken zu verringern, die für ihn im Fall der Vollstreckung bestehen (BGH, Beschluss vom 4.5.2005, I ZB 10/05, NJW 2005, 407).

7.9 Zwangsräumung

Besteht aufgrund eines vollstreckbaren Urteils oder rechtswirksamen Vergleichs die Pflicht des Mieters zur Räumung, ist auch eine eventuell gewährte Räumungsfrist verstrichen und macht der Mieter dennoch keine Anstalten auszuziehen, bleibt nur noch die Zwangsräumung durch den Gerichtsvollzieher. Um ihn zu beauftragen, benötigt der Vermieter regelmäßig eine vollstreckbare Ausfertigung des Räumungstitels.

Tipp

Schon vor Beauftragung des Gerichtsvollziehers sollte der Vermieter überprüfen, wer außer dem Mieter in der zu räumenden Wohnung lebt. Denn der Gerichtsvollzieher kann grundsätzlich die Räumung erst betreiben, wenn alle selbstständigen Mitbesitzer wie Untermieter, Ehegatte, Lebensgefährte oder volljährige Kinder im Räumungstitel benannt sind (BGH, Urteil vom 25.6.2004, IX a ZB 29/04). Allerdings kann der Vermieter einen Räumungstitel gegen einen Dritten auch im Wege der einstweiligen Verfügung nach § 940a Abs. 2 ZPO erwirken.

Bevor der Gerichtsvollzieher einen Räumungstermin bestimmt, stellt er dem Vermieter einen Vorschuss in Rechnung, der die voraussichtlichen Kosten für die Beauftragung des Speditionsunternehmens sowie die Einlagerungskosten deckt. Das kann sehr teuer werden. Zwar hat der Vermieter gegen den Mieter einen Anspruch auf Erstattung der Zwangsräumungskosten, doch der ist oft gerade in den Fällen, in denen dem Mieter wegen Zahlungsverzugs gekündigt wurde, nicht realisierbar. Deshalb ist es wichtig für den Vermieter, die Kosten für die Zwangsräumung möglichst gering zu halten.

Berliner Räumung nach § 885a ZPO

Mit der sogenannten Berliner Räumung hat der Vermieter die Möglichkeit, die Zwangsvollstreckung auf die Besitzverschaffung an den Räumen zu beschränken (§ 885a ZPO). In diesem Fall verschafft der Gerichtsvollzieher dem Vermieter beim Zwangsräumungstermin nur den Besitz an den Räumen und lässt alle Gegenstände in der Wohnung. So kann der Vermieter die Kosten für die Spedition, den Abtransport und die Einlagerung der Gegenstände sparen. Es fallen dann unter Umständen nur Kosten für den Gerichtsvollzieher sowie den Schlosser an.

Achtung

Führt ein Gerichtsvollzieher auftragsgemäß eine beschränkte Vollstreckung nach dem Berliner Modell (§ 885a ZPO) durch, ist der Titel verbraucht. Danach kann der Gläubiger nicht mehr von dem Gerichtsvollzieher verlangen, dass er nachträglich bewegliche Sachen wegschafft und verwahrt sowie Müll entsorgt, entschied das AG Dortmund (Beschluss vom 20.5.2022, 244 M 410/22).

Bei der Berliner Räumung nach § 885a ZPO hat der Gerichtsvollzieher in dem Protokoll die frei ersichtlichen beweglichen Sachen zu dokumentieren, die er bei der Vornahme der Vollstreckungshandlung vorfindet. Er kann bei der Dokumentation auch Bildaufnahmen in elektronischer Form herstellen (§ 885a Abs. 2 ZPO). Hierbei ist die Hinzuziehung einer Arbeitshilfe zur Fotodokumentation (Fotograf) der frei ersichtlichen beweglichen Sachen und die anschließende Berechnung der entsprechenden Auslagen durch den Gerichtsvollzieher nicht zu beanstanden (AG Osnabrück, Beschluss vom 20.11.2023, 41 M 229/23).

Bewegliche Sachen, die nicht Gegenstand der Zwangsvollstreckung sind, kann der Gläubiger jederzeit wegschaffen, um sie zu verwahren. Hingegen kann er bewegliche Sachen, an deren Aufbewahrung kein Interesse besteht, zum Beispiel Müll, jederzeit vernichten. Hinsichtlich vorgenannter Maßnahmen hat der Gläubiger nur Vorsatz und grobe Fahrlässigkeit zu vertreten (§ 885a Abs. 3 ZPO).

Fordert der Schuldner die Sachen beim Gläubiger nicht binnen einer Frist von einem Monat nach dem Räumungstermin heraus, kann der Gläubiger die Sachen verwerten. In welcher Art und Weise er dies tun kann, richtet sich nach den Vorschriften über Hinterlegung, Versteigerung und Verkauf gemäß § 372 ff. BGB. In der Regel wird eine öffentliche Versteigerung durch den Gerichtsvollzieher oder eine andere dazu berechtigte Person stattfinden. Sachen, die sich nicht verwerten lassen, können, müssen aber nicht vernichtet werden (§ 885 Abs. 4 ZPO).

Unpfändbare Sachen und solche, bei denen ein Verwertungserlös nicht zu erwarten ist, sind auf Verlangen des Schuldners herauszugeben (§ 885a Abs. 5 ZPO).

Der Gerichtsvollzieher weist den Gläubiger und den Schuldner mit Mitteilung des Räumungstermins auf die Bestimmungen des § 885a Abs. 2 bis 5 hin (§ 885a Abs. 6 ZPO).

Die Kosten der Zwangsvollstreckung trägt der Schuldner (§ 788 ZPO).

Abkürzungsverzeichnis

AG	Amtsgericht
AktG	Aktiengesetz
BAG	Bundesarbeitsgericht
BayObLG	Bayerisches Oberstes Landesgericht
BEG IV	Viertes Bürokratieentlastungsgesetz
BGB	Bürgerliches Gesetzbuch
BGBl.	Bundesgesetzblatt
BGH	Bundesgerichtshof
BVerfG	Bundesverfassungsgericht
GBO	Grundbuchordnung
GbR	Gesellschaft bürgerlichen Rechts
GenG	Genossenschaftsgesetz
GG	Grundgesetz
GKG	Gerichtskostengesetz
GmbHG	GmbH-Gesetz
GVG	Gerichtsverfassungsgesetz
HausTWG	Haustürwiderrufsgesetz
HGB	Handelsgesetzbuch
KG	Kammergericht
LG	Landgericht
MiSchuV	Mieterschutzverordnung
OLG	Oberlandesgericht
RE	Rechtsentscheid
RVG	Rechtsanwaltsvergütungsgesetz
SigG	Signaturgesetz
StGB	Strafgesetzbuch
StPO	Strafprozessordnung
VerfGH	Verfassungsgerichtshof
ZPO	Zivilprozessordnung
ZVG	Zwangsversteigerungsgesetz

Stichwortverzeichnis

Die Autorinnen

Kathrin Gerber ist Rechtsanwältin und Fachanwältin für Miet- und Wohnungseigentumsrecht sowie Fachanwältin für Steuerrecht und hat ihre Rechtsanwaltskanzlei in München. Sie ist als Beraterin bei Haus und Grund München tätig. Darüber hinaus verfügt sie über langjährige Seminarerfahrung.

Andrea Nasemann ist Rechtsanwältin und hat ihre Rechtsanwaltskanzlei in München. Sie ist als Beraterin bei Haus und Grund München tätig.

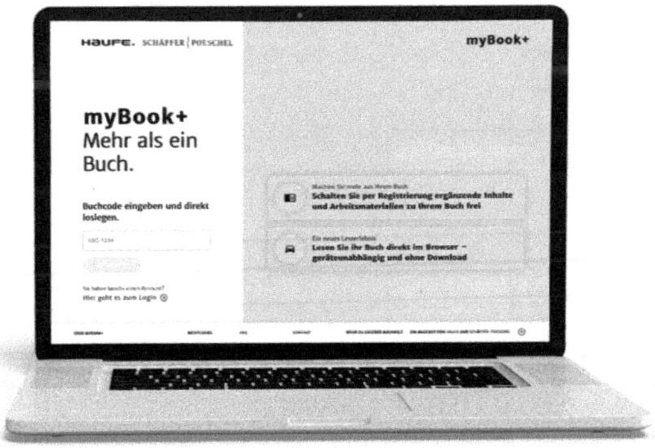

Ihre Online-Inhalte zum Buch: Exklusiv für Buchkäuferinnen und Buchkäufer!

- https://mybookplus.de
- Buchcode: JQL-37410